律师品牌机构
法务书系

海运租船合同与承运人相关法律风险问题研究

凡 超 周宇航 刘 舒 著

江苏大学出版社
JIANGSU UNIVERSITY PRESS

镇 江

图书在版编目(CIP)数据

海运租船合同与承运人相关法律风险问题研究 / 凡超,周宇航,刘舒著. —镇江:江苏大学出版社,2019.12

ISBN 978-7-5684-1331-2

Ⅰ. ①海… Ⅱ. ①凡…②周…③刘… Ⅲ. ①国际海运－租船合同－合同法－风险管理－研究 Ⅳ. ①D997

中国版本图书馆 CIP 数据核字(2019)第 296391 号

海运租船合同与承运人相关法律风险问题研究
Haiyun Zuchuan Hetong yu Chengyunren Xiangguan Falü Fengxian Wenti Yanjiu

著　者/凡　超　周宇航　刘　舒
责任编辑/柳　艳
出版发行/江苏大学出版社
地　　址/江苏省镇江市梦溪园巷 30 号(邮编:212003)
电　　话/0511-84446464(传真)
网　　址/http://press.ujs.edu.cn
排　　版/镇江文苑制版印刷有限责任公司
印　　刷/虎彩印艺股份有限公司
开　　本/710 mm × 1 000 mm　1/16
印　　张/19.25
字　　数/370 千字
版　　次/2019 年 12 月第 1 版　2019 年 12 月第 1 次印刷
书　　号/ISBN 978-7-5684-1331-2
定　　价/60.00 元

如有印装质量问题请与本社营销部联系(电话:0511-84440882)

序

《中华人民共和国海商法》（以下简称《海商法》）第一条明确规定："为了调整海上运输关系、船舶关系，维护当事人各方的合法权益，促进海上运输和经济贸易的发展，制定本法。"这是《海商法》的立法宗旨与法律调整意义。

海上运输是进出口货物的主要运输方式，更是国际贸易的连接渠道。相关统计资料显示，我国85%以上进出口货物是通过海上运输完成的。随着我国"一带一路"倡议的渐次拓展，海上运输的功能更加凸显，《海商法》的适用价值进一步提升。

"海上运输关系"，主要是指承运人、实际承运人和托运人，收货人或者旅客之间，船舶出租人和承租人之间，承拖方和被拖方之间的法律关系；"船舶关系"，主要是指船舶所有人、经营人、出租人和船舶承租人之间，抵押权人和抵押人之间，救助方和被救助方之间，保险人和被保险人之间的法律关系。以上各关系方的权利义务主要是通过签订合同实际履行的，除非《海商法》的条款没有明确规定，合同签订必须符合《海商法》的调整原则与具体规定。

《海商法》第四十二条规定："承运人"，是指本人或者委托他人以本人名义与托运人订立海上货物运输合同的人；"实际承运人"，是指接受承运人委托，从事货物运输或者部分运输的人，包括接受转委托从事此项运输的其他人。《海商法》第一百二十八条规定：船舶租用合同，包括定期租船合同和光船租赁合同，均应当书面订立。《海商法》第一百二十九条规定：定期租船合同，是指船舶出租人向承租人提供约定的由出租人配备船员的船舶，由承租人在约定的期间内按照约定的用途使用，并支付租金的合同。《海商法》第一百四十四条规定：光船租赁合同，是指船舶出租人向承租人提供不配备船员的船舶，在约定的期间内由承租人占有、使用和营运，并向出租人支付租金的合同。

从海运贸易实践来看，船舶是海上运输的主要工具，承租人租用船舶也主要是用于直接运送自己的货物，或者承运第三人的货物，并产生货物运输关系。同时，船舶租用合同也不同于一般的财产租赁合同，因为在船舶租用合同关系中，一方面船舶的支配权、管理权均属于出租人，另一方面合同的主要条款基本上是约定货物运输问题的，实质上体现了运输合同的基本特征。例如：在定期租船合同下签发的提单，仅具有货物收据和物权凭证的作用，出租人和承租人之间的权利义务由租约确定，一方不得以提单的记载作为违约的抗辩。但是，当提单权利人为第三人时，出租人与提单持有人之间的关系则由提单记载的内容来确定，出租人不得援引租约对抗第三人。如果出租人将租约的内容并入提单，则租约对提单持有人便具有法律约束力。

毋庸置疑，从《海商法》的以上规定及我国海上货物贸易实践来看，承运人、实际承运人在"海上运输关系"中，以及船舶租用合同在"船舶关系"中，均具有基础性、关键性、实质性的地位与作用。

可以说，在海上货物运输法律制度中，承运人责任制度与船舶租用合同制度是其核心内容。《海商法》第四十六条至第六十五条，是关于承运人责任及免责事由的具体规定。但是，关于承运人履行相关义务的规定，《海商法》的许多条款均有涉及。《海商法》第一百二十七条至第一百五十四条，是关于船舶租用合同主要条款的规定，几乎每个条款项下均有相应的义务性条款，并明确了责任承担方式。由此可见，承运人、实际承运人在"海上运输关系"中，以及船舶租用合同在"船舶关系"中，均存在法律风险的防范问题。显然，这是一个颇具理论意义与实践价值的研究领域。

《海运租船合同与承运人相关法律风险问题研究》一书，从风险与法律风险的基本概念着眼，以企业法律风险的典型案例为评析载体，深入分析法律风险的类型、识别方法、形成路径，以及法律风险的管理目标与防控管理体系。在此基础之上，紧紧围绕租船合同的类型与法律风险、租船合同中的提单及其法律风险、承运人归责原则及其适用风险、承运人责任限制规范的法律风险等相关问题进行梳理和论述，研究框架简明，层次清晰，具有较强的问题意识与较高的适用价值。本书在海商法研究领域是不多见的研究成果，值得一读。

是为序！

路漫律师品牌机构创始人　董家友

2019 年 11 月 18 日于南京

目　录

第一篇
风险与法律风险理论

风险的基本概念是对众多领域和学科关于风险概念、内涵的抽象，是风险基本内涵的集中体现。依据不同的标准，风险可以划分不同的类型，不同类型的风险具有一定关联性。法律风险可以看成是众多风险类型中的一种，具有自身独特的内涵、形成路径与形态。

第一章　风险与法律风险的基本概念

第一节　风险的基本概念

当下的人类社会，以互联网、人工智能、生物科技、新材料等为代表的现代科技正以前所未有的速度向前发展。而随着现代科学技术的飞速发展，作为一种不可阻挡的趋势，全球化浪潮正扑面而来。与此同时，随着人类生产力的突飞猛进，大规模工业化运动在全球展开，人类影响和改造自然环境的能力极大提升，由此导致人类赖以生存的生态环境变得极为脆弱。科技发展、全球化、生态环境脆弱，使得人类社会风险事故频发，人类已经进入风险社会。在现代社会，风险作为一种人类社会中的客观现象，已经日益频繁地发生在各种领域中。对风险的关注与研究，引发了不同学科、不同行业的兴趣。"现在，风险引起了众多领域学者的兴趣：毒理学、心理学、经济学、社会学、工程学、法学等。"① 对风险概念的表述，不同学科各有侧重。而风险的基本概念，应该是对各种学科中风险概念内涵的抽象，应该反映风险概念的最本质内涵。

---

① ［西］J. A. L. 塞雷佐，［西］J. L. 洛汉，万丹：《对风险概念的一种哲学伦理学分析》，《伦理学研究》，2017 年第 2 期。

一、什么是风险

（一）风险的概念

人们在日常生活中所说的风险，其基本含义是指一种可能会发生也可能不会发生的不好的结果。这种不好的结果，可以依据具体语境不同，表现为各种具体形态。比如，如果我们是在探讨过马路的风险，那么这种不好的结果就是一种遭遇车祸的身体伤害；如果我们是在探讨股市投资的风险，那么这里的不好的结果就是亏损；如果我们是在探讨国际关系的风险，那么这里的不好的结果就是冲突与战争。也就是说，风险主要是指一种有害结果发生的不确定性，而这种不好的结果具体内涵取决于我们使用"风险"一词时的语境。

据说在远古时代，人类出海打鱼，最怕遇到大风。因为在海上航行，大风掀起大浪容易打翻渔船，造成船倾人亡的惨剧。可以说，"风"造成的"险"是全部种类的"险"中破坏性最大、最令人印象深刻的一种。在英语中，"风险"一词是"Risk"。"Risk"通常被认为是源自意大利语的"Risco"一词。意大利语中的"Risco"与撕破（Rips）、暗礁（Reef）或礁石（Rock）等相关，犹如形容大海中航行的船舶因为遭遇大风大浪而触礁、被撞裂、撕碎的危险。因此，从语义学上看，汉语中的"风险"与英语中的"Risk"，在描述风险的基本内涵时，具有一定的共通性，一定程度上具有异曲同工之妙。

从学术角度看，不同的学科对风险的定义各有侧重。经济学是最早关注风险概念的学科之一。1895 年，美国学者海尼斯（Haynes）在其所著的《风险——一项经济因素》一书中对风险给出了一个初步的定义，认为"风险"一词在经济学家和其他学术领域中并无任何技术上的内容，它意味着损害的可能性。保险学也是较早关注风险的学科。1901 年，美国学者威雷特（A. H. Willett）在其博士论文《风险与保险的经济理论》中首次给出了一个完整的风险定义：风险是关于不愿发生事件发生的不确定性之客观体现。威雷特认为风险是一种不以人的意志为转移的客观现象，风险的本质是不确定性。管理学则是当下最主要的研究风险的学科。在管理学中，风险作为一种不确定性与经营管理目标联系在一起，即管理学是将风险这种不确定性视为一种影响管理目标实现的变量。如我国《中央企业全面风险管理指引》（2006 年）将风险界定为：未来的不确定性对企业实现其经营目标的影响。美国 COSO① 在 1992 年发布的《内部控制——整合框架》及在 2004 年出台的《企业风险管理——整合框架》中均认为：风险是源于内部或外部的影响目标实现的事故或事件。风险是一个事项将会发生并给目标实现带来负面影响的可能性。除了经济学、保险学、管理学，哲学也是关注风险的学科。哲学上对风险定义的描述是："风险概念与确定性概念是互补的。风险是不确定性的温和形式，对风险的计算是试图将不确定性置于控制之下。因此，风险代表着所能够合理达到的确定性程度的衡量。"② 在自然科学中，工程学是唯一涉及风险研究的学科。在工程学中，风险被认为是一种危险发生的可能性与程度。如我国的《系统安全性通用大纲》（GJB 900 - 90）对风险给出如下定义："用危险可能性和危险严重性表示的发生事故的可能程度。"可以看出，虽然不同学科对风险的定义有所侧重，但基本都认为作为一种客观现象的风险是一种伤害、损失发生的可能性，风险一旦发生，就会产生损失。

　　综上所述，无论是从生活中的约定俗成使用"风险"一词，还是从语义学角度审视"风险"，以及从不同学科的学术视角看"风险"，首先，风险是一种不以人的意志为转移的客观现象，具有其内在的演进的逻辑路径；其次，风险是一种不确定性，以区别于必然发生的确定性；再次，风险作为一种不确定性，是指某种不好的结果如伤害、损失等发生的不确定性。因此，应该认为，风险是一种客观存在，是指某种特定的不好的结果发生的可能性及这种不好的结果发生后产生的伤害或者损害后果的结合体。

　　但这里有一个值得探讨的问题，风险作为不好的结果发生的不确定性，

---

① COSO 是美国反虚假财务报告委员会下属的发起人委员会（The Committee of Sponsoring Organizations of the Treadway Commission）的英文缩写。2004 年，COSO 发布了《企业风险管理——整合框架》，并以此作为企业内部控制的新框架。

② ［西］J. A. L. 塞雷佐，［西］J. L. 洛汉，万丹：《对风险概念的一种哲学伦理学分析》，《伦理学研究》，2017 年第 2 期。

意味着这种不好的结果可能发生，也可能不发生。只有当这种不好的结果实际发生时，才会产生伤害或者损害的后果。而当这种不好的结果没有实际发生时，则只能产生另外两种后果中的一种，即要么既没有损失，也没有收益，即平手；或者要么没有损失，但有收益，即获利。这种情形至少在经济学上是一种司空见惯的现象。例如，某人投资 100 万元买入一只股票。依照前述的风险的定义衡量，此时某人投资股票的风险即股票是否下跌具有不确定性。但股票下跌是不确定的，也就意味着某人投资 100 万元买入股票后，该股票可能下跌，也可能持平，还可能上涨。如果没有出现下跌，则股价要么持平，要么上涨。在股价持平或者上涨的情况下，某人实际上并没有出现亏损，甚至有可能出现盈利。因此，至少从经济学视角看，风险一词的含义中所谓的"损失发生的不确定性"，其实包含着"收益发生的不确定性"。甚至，我们不需要通过上述的股票投资实例来说明和推导"风险一词的含义中所谓的损失发生的不确定性，其实包含着收益发生的不确定性"这一结论，而是可以直接从"损失发生的不确定性"这句话本身经由逻辑推理直接得出上述结论。因为从逻辑上说，损失发生的不确定性即意味着收益可能发生，也就是"损失发生的不确定性"这句话本身就包含着"收益发生的不确定性"的意思在内。

实际上，在经济学发展的早期，经济学家就一直将风险与利润视为一种相联系的现象进行研究。萨伊（Jean-Baptiste Say）在其《政治经济学新概论》第四版中将利润视为承担风险的奖励；库塞尔·赛纳耶（J. G. Courcelle-Seneuil）则坚持利润不是工资，而是出于对风险的承担；杜能（Johann Heinrich Von Thünen）在其名著《孤立国同农业和国民经济的关系》中，将利润定义为满足利息、保险和管理的工资之后的剩余，该剩余由两部分构成：对某种风险的偿付和经理人劳动的超额生产力。① 因此，有学者认为，风险概念有狭义风险概念与广义风险概念之分。日本学者龟井利明认为，风险不只是指损失的不确定性，而且还包括盈利的不确定性。这种观

---

① 蒋云贵：《法律风险理论与法学、风险学范式及其实证研究》，中国政法大学出版社，2015 年，第 11 页。

点认为风险就是不确定性，它既可能给活动主体带来威胁，也可能带来机会，这就是广义风险的概念。笔者认为，至少在经济学层面，将风险划分为广义风险与狭义风险是成立的。经济学中常说的一句话即"风险与收益呈正比"，这里的风险就是广义的风险概念。"财务风险有广义的定义和狭义的定义，决策理论学家把风险定义为损失的不确定性，这是风险的狭义定义。"[①]因此，在经济学上的风险概念层面，前述的关于风险是某种特定的不好的结果发生的可能性及这种不好的结果发生后产生的伤害或者损害后果的结合体，是狭义的风险概念。对经济学之外的其他学科层面的风险概念而言，虽然从逻辑上说损失发生的不确定性也意味着收益可能发生，即损失发生的不确定性也意味着收益发生的不确定性，但在经济学之外的其他学科层面的风险概念中，即便损失没有实际发生，一般也不会出现产生收益的现象。更何况从严格意义上讲，损失没有实际发生其实不是真正的风险，而是风险隐患。[②]因此，基于全局意义上的风险基本概念而言，笔者并不赞同划分广义风险与狭义风险。也就是说，风险概念划分为广义风险与狭义风险，是经济学上风险概念特有的现象。

（二）风险的要素

所谓风险的要素，是指从构成要件上看风险包括哪些具体环节。风险要素其实是基于结构主义哲学对风险概念进行解剖的产物。不同学科乃至同一学科的不同学者在风险概念看法上的差异，导致了不同的风险要素学说。笔者认为，可以将这些对风险的要素不同看法的观点概括为三要素说和两要素说。① 三要素说。三要素说中具体又分为两种观点。第一种观点认为，风险的构成要素包括发生的概率、损失结果和现实状态三个方面。"风险这一术语意味着现实中一个有害状态的概率（有害效果）可能作为自然事件或人

---

① 臧永琪：《论企业财务风险的规避》，《现代经济信息》，2010 年第 2 期。

② 这里存在着一个在很多其他场合同样存在的现象，即概念使用上的约定俗成带来的不周延性。虽然风险的概念中明确了风险包含着损害发生的后果这一要素，且正是以这一要素将风险这个概念与风险隐患这个概念区分开来。但是，至少在日常生活中，甚至在学术场景中，我们很多时候是不区分风险隐患与风险这两个概念的，而是将风险隐患也直呼为风险。

类活动的结果而发生。这一定义暗示人类可能并且的确会在行动（或事件）及它们的结果间建立因果联系，如果避免或更改因果事件或行动，有害结果可以避免或减轻。因此，风险的定义应包括三个要素：有害结果、发生的概率和现实状态。"① 在发生的概率、损失结果和现实状态三要素中，发生的概率反映的是风险的不确定性，损失结果是风险区分于风险隐患的要件，而现实状态是指风险的发生是一种客观现象，是风险客观性的体现。第二种观点认为，风险的构成要素包括风险因素、风险事故和损失三要素。"通常而言，风险是由风险因素、风险事故和损失三者构成的统一体，风险因素引起或增加风险事故，风险事故发生可能造成损失。风险因素是指引起或增加风险事故发生的机会或扩大损失幅度的条件，是风险事故发生的潜在原因；风险事故是造成生命财产损失的偶发事件，是造成损失的直接的或外在的原因，意味着损失的可能成为现实，即风险发生，起着媒介作用；损失是指非故意的、非预期的和非计划的经济价值的减少。"② 与第一种三要素观点从风险内在结构视角解剖风险构成要素不同，第二种观点其实是从风险发生过程这个风险外部视角看待风险要素的。应该说，第一种观点更符合结构主义哲学上关于事物构成要素的认知，更合理地揭示了风险的构成要素。② 两要素说。两要素说认为风险的构成要素包含不确定性和损失。有学者认为，风险就是不确定性对目标的影响，是某一特定危害事件发生的可能性和后果的组合，即风险由可能性和危害事件的后果两个要素构成。③ 与三要素说相比，两要素说缺少现实状态这一反映风险客观性的要素，显得缺少足够的周延性，欠缺说服力。

综上所述，在风险构成要素上，笔者认为，将风险的构成要素概括为发生的概率、损失结果和现实状态三个方面，比较合理地反映了风险概念的内涵。

---

① 蒋云贵：《法律风险理论与法学、风险学范式及其实证研究》，中国政法大学出版社，2015 年，第 5 - 6 页。

② 高志宏，党存红：《企业法律风险管理导论》，东南大学出版社，2014 年，第 20 页。

③ 胡月亭：《关于危险源等相关概念的梳理整合及类型划分》，安全管理网，http://www.safehoo.com/Item/1511643.aspx,2019 年 10 月 6 日。

（三）风险与相关概念

1. 风险与不确定性

几乎所有关于风险的定义，都强调风险是一种不确定性。那么风险这个概念是不是与不确定性完全同义？在这个问题上，早有学者提出了自己的看法。综合学者们的看法，风险与不确定性至少在两个方面有所区别：第一，风险只是广义的不确定性中的一种情形，逻辑上属于广义的不确定性这个种概念的属概念。早在 1921 年，美国芝加哥学派的创始人、芝加哥大学教授、20 世纪最有影响力的经济学家之一的富兰克·奈特（Frank H. Knight）在其经典名著《风险、不确定性和利润》一书中首次明确区分了风险与不确定性。按照奈特的看法，广义的不确定性包含可度量的不确定性与不可度量的不确定性。而真正的不确定性或者说狭义的不确定性是指不可度量的不确定性。风险作为一种不确定性是指可度量的不确定性。第二，风险是一种对不确定性客观状态的描述，而不确定性是主体对风险状态的主观判断。1964 年，美国明尼苏达大学的 C. 小阿瑟·威廉斯（C. Arthur Williams）和迈克尔·L. 史密斯（Michael L. Smith）教授在《风险管理与保险》一书中分析了风险和不确定性的区别，认为风险是客观的状态，而不确定性是认识风险者的主体判断。

2. 风险与危险、事故

首先，就风险与危险的区别而言，二者的区别主要表现为客观性上的差异。虽然我们说风险是一种客观现象，具有客观性，但这里指的是风险的发生有其内在的客观逻辑和规律，不以人的意志为转移。但一般而言，风险往往掺杂着一定的人为的主观因素，比如风险往往是因为人的大意、疏忽或者管理上的缺陷等而发生。而危险的存在是一种自然现象或者状态，与人的主观过错没有关系。如氰化钾是一种剧毒的化合物，充满危险。这种危险作为一种客观存在，与人的主观过错没有任何关系。也即是说，风险的客观性比危险要弱。故对风险可以问责，而危险通常不具有问责性。"对于危险来说，危害的来源可归结为环境，而对于风险来说，这样的危害原来是一种人类行为或疏忽所导致的后果。因此，这个差异点在于问责性，因为可将风险理解为危险的一种特殊表现。"① 其次，就危险与事故的区别而言，危险是事故发生前的原因或者导致事故的隐患，而事故是危险转化为损害结果的产物。再次，就风险与事故的关系而言，事故就是风险的一种形态，就是风险本身。但风险不限于事故，还包括其他不好的结果，例如亏损等。

3. 风险与危险源、风险隐患

首先，顾名思义，危险源是指危险的源头，对应英文中的"Hazard"。《职业健康安全管理体系要求》（GB/T 28001 - 2011）中，危险源被定义为：可能导致人身伤害和（或）健康损害的根源、状态或行为，或其组合。危险源一般可分为两种：即能量或有害物质所构成的危险源与人的不安全行为或物的不安全状态以及监管缺陷等构成的危险源。第一种危险源与前述的危险概念同义，是一种客观存在的自然现象，如高速行驶的高铁（因具有强大的动能而危险）、高空坠物（因具有强大的势能而危险）、巨大噪声（致聋的危险）、强光（致盲或者灼伤的危险）、电、剧毒化合物、煤气罐（易燃易爆的危险）等。第一种危险源是导致风险发生的根源，是"罪魁祸首"。第二种危险源是指人的不安全行为或物的不安全状态以及监管缺陷等。这种危险源是防控、屏蔽第一种危险源，影响第一种危险源作用发挥中的人为疏忽、缺陷或漏洞，正是这些人为疏忽、缺陷或漏洞致使约束、屏蔽能量或有害物质的屏障失效，导致能量或有害物质的失控，从而造成风险发生。例如，高铁路网不设置物理隔离设施或者设置的物理隔离设施出现破损而不及时修复，致使耕牛闯入高铁路网引发列车倾覆的风险；剧毒氰化钾管理措施不完善导致氰化钾丢失引发中毒事故的风险；使用煤气罐违反操作规程而引发煤气罐爆炸的风险等均属于第二种危险源。其次，风险隐患其实就是第二种危险源。顾名思义，隐患即隐藏的危险源。《职业安全卫生术语》（GB/T15236 - 1994）把事故隐患定义为"可导致事故发生的人的不安全行为、物的不安全状态及管理上的缺陷"。劳动部1995年出台的《重大事故隐患管理规定》将事故隐患定义为"劳动场所、设备及设施的不安全状态，人的不安

---

① ［西］J. A. L. 塞雷佐，［西］J. L. 洛汉，万丹：《对风险概念的一种哲学伦理学分析》，《伦理学研究》，2017 年第 2 期。

全行为和管理上的缺陷"。国家安监总局 2008 年颁布的《安全生产事故隐患排查治理暂行规定》中对事故隐患定义为"生产经营单位违反安全生产法律、法规、规章、标准、规程和安全生产管理制度的规定，或者因其他因素在生产经营活动中存在可能导致事故发生的物的危险状态、人的不安全行为和管理上的缺陷"。从上述风险管理的规章、标准关于风险隐患的定义可以看出，至少在安全管理领域的风险隐患是指人的不安全行为、物的不安全状态，或管理上的缺陷，二者恰恰是第二种危险源的含义。风险隐患可以划分为潜在型风险隐患和现实型风险隐患。潜在型风险隐患是指工作、行动、项目开始前通过例行的风险排查已经查明的风险隐患，如高铁列车在理性维修时发现一个关键部件螺丝松脱，该螺丝松脱可能会导致列车出轨翻车。现实型风险隐患是指工作、行动、项目开始前通过例行的风险排查没有查明，在工作、行动、项目进行过程中发现的风险隐患，如高铁列车在开出站台后司机觉察列车前进形态、声音出现异样而紧急制动停车，紧急检查后发现一个关键部件螺丝松脱，避免了一场即将发生的高铁翻车事故。再次，就风险与危险源、风险隐患的关系而言，危险源、风险隐患是风险发生的原因和条件，风险是危险源、风险隐患的现实发生的结果表达。风险发生在逻辑上和时间先后上均呈现"危险源（第一种危险源）→潜在型风险隐患→现实型风险隐患→风险事故→损害后果"的层次递进链条。以高铁风险为例，因为高铁速度快、动能大，构成危险源（第一种危险源）；高铁列车关键部件出现可能导致高铁脱轨事故的螺丝松脱，在例行检修阶段之前发现，是出现了潜在型风险隐患；在例行检修阶段之后至高铁出轨事故发生之前发现，是出现了现实型风险隐患；现实型风险隐患如果没有排除，出现了高铁出轨发车事故，是风险的实际发生。上述风险发生的层次递进链条中，危险源（第一种危险源，也即危险）对应风险概念三要素中的现实状态，反映了风险的客观性；潜在型风险隐患和现实型风险隐患对应风险概念三要素中的发生的概率，反映了风险的不确定性；风险事故与损害后果对应了风险概念中的损失结果，反映了风险的损失性。

二、风险的特性

风险的特性是风险概念的本质属性，是区分风险独立于其他概念的之所在。我们认为，风险的特性可以概括为客观性、不确定性、损失性、泛在性与高发性、可控性和相对性。其中客观性、不确定性、损失性是风险内在构成要素的反映，泛在性与高发性、可控性和相对性是对风险与外部世界之间关系的表达。

（一）客观性

风险的客观性是风险的本质属性。风险是客观世界必然发生的现象，是事物发展规律的体现。风险的发生，不以人的意志为转移。风险的客观性首先体现在风险发生的基本原因——危险源（前述的第一种危险源，也即危险）是一种客观存在，是自然规律作用的产物。人类无法改变危险源的存在，无法减少危险源的危害程度。比如，氰化钾作为一种剧毒化合物，其毒性是无法改变的客观存在。其次，风险的客观性还体现在"危险源→潜在型风险隐患→现实型风险隐患→风险事故→损害后果"的层次递进链条中。即在这一基于逻辑关系的递进链条中，如果不加入人工阻止的因素，例如通过风险排查消除潜在型风险隐患，就会发展为现实型风险隐患，进而发展为风险事故。这一从危险源发展到风险事故的过程正是事物客观规律的体现。

（二）不确定性

风险的不确定性是指风险的发生具有一定的或然性，即在一定程度上风险的发生是偶然的，是一种随机现象。通常情况下人们无法精确预见到风险于何时发生、以何种方式发生、出现何种具体的风险发生后果。因为风险的发生固然是客观世界事物发展规律作用的结果，但是人类并未系统、完整、精确地掌握这些客观规律。有学者认为风险的不确定性可以分为客观不确定性和主观不确定性，客观不确定性和主观不确定性的结合导致预期结果和实际结果之间发生偏离，从而形成风险。从风险形成机理来看，风险是客观不

确定性与主观不确定性的统一体。"风险的不确定性包括客观不确定性和主
观不确定性。客观不确定性是指风险事件结果本身的不确定性，但结果的可
能性是确定的，它使未来事件产生实际结果差异；而主观不确定性是人们对
事件认识或估计上的不确定性，包括结果的可能性均为不能确定，它使人们
对未来事件产生预期结果差异。"① 需要说明的是，风险的不确定性与风险
的客观性并不矛盾。当我们说风险的客观性时，是从客观世界的全局、从长
远的时间阶段对风险的特质的判断；而当我们谈论风险的不确定性时，是从
风险这一具体事物本身、从较短的特定的时间阶段对风险特质的判断。就是
说，从客观世界的宏观视角看，在一个相当长的时间范围内判断，风险的发
生是一种必然性，是确定的；但从风险这一具体事物本身入手，在一个特定
的、短暂的时间范围内判断，风险的发生，包括何时发生、何地发生、如何
发生等都充满不确定性。

（三）损失性

如前文所述，除了经济学领域存在的广义风险概念这个唯一的例外，风
险都必须具备损失性特征。所谓风险的损失性，是指风险发生的结果是一种
不好的结果，即风险发生的结果带来的是一种伤害、损失等构成的不利的情
形。风险的损失性对应的是风险三要素中的损失结果这个要素。风险损失性
是区分风险与风险隐患的风险特征。

（四）泛在性与高发性

风险作为一种客观存在的现象，是与人类相伴相生的一种事物。对人类
而言，风险无处不在。这是风险泛在性的最好写照。风险的泛在性是就空间
范围而言的。风险是一种广泛存在的现象，可以说从自然界到人类社会，从
日常生活到工作生产，从经济、社会发展到政治、法律等，风险无处不在。
风险的高发性是指就时间范围而言，风险发生的频率越来越高。虽然自从人

---

① 蒋云贵：《法律风险理论与法学、风险学范式及其实证研究》，中国政法大学出版社，2015年，
第6-7页。

类社会诞生开始风险作为一种现象就与人类伴生，但与古代社会相比，因为科学技术的进步、全球化的推进以及人类赖以生存的生态环境的脆弱，现代社会的风险种类越来越繁杂，危险源越来越多，风险隐患越来越多，风险发生的概率越来越高。德国社会学家乌尔里希·贝克（Ulrich Beck）曾经指出，工业社会在为人类创造巨大财富的同时，也为人类带来了巨大的风险，人类进入一个以风险为本质特征的风险社会。在作为风险社会的现代社会，风险呈现高发性的特点。例如，在这样一个大数据时代，随着互联网、人工智能技术的突飞猛进，数据的失窃风险以及盗窃数据引发的风险交织发生，几乎无时不刻不在困扰着我们的生活。与传统社会中丢失一张身份证的损失可能仅仅是花费重新办理身份证的工本费与时间成本不同，在互联网时代，当下高度发达的互联网技术渗透金融、商事登记制度情形下，丢失的身份证可能被人拿去通过网络借款、注册公司，丢失一张身份证就可能意味着名下突然多了一笔互联网金融债务，甚至多了一家可能带来巨额风险的公司。

【相关案例】　大数据时代的数据失窃风险与盗窃数据风险——元光公司利用网络爬虫技术盗窃谷米公司数据案①

深圳市谷米科技有限公司（以下简称谷米公司）和武汉元光科技有限公司（以下简称元光公司）都是经营公交出行的互联网科技公司。两家公司通过开发手机 APP 软件分别为用户提供公交车实时定位、公交路线查询、路线规划、实时公交信息地理位置等服务。谷米公司运营名为"酷米客"的实时公交 APP。谷米公司和公交公司合作，在公交车上安装谷米公司自行研发的 GPS 设备，在公交车行驶过程中定时上传公交车实时运行时间、位置等信息至谷米公司服务器。当"酷米客" APP 使用者向谷米公司服务器发送查询需求时，"酷米客" APP 从后台服务器调取相应数据并反馈给用户。由此，"酷米客" APP 拥有后台强大的数据服务支持，定位精度高、实时误差小等优势明显超越了元光公司营运的"车来了"公交 APP。为了扭转不利的竞争局面，元光公司法定代表人邵凌霜授意并指使公司员工陈昴、刘江红、刘坤

---

① 深圳市南山区人民法院（2017）粤 0305 刑初 153 号；广东省深圳市中级人民法院（2017）粤 03 民初 822 号。

朋、张翔利用网络爬虫软件获取谷米公司服务器内的公交车行驶位置信息、到站时间等实时数据。陈昴另外聘请了第三方公司的技术人员协助将谷米公司的 APP 加密系统攻破。张翔负责编写爬虫软件程序。刘坤朋负责不断更换爬虫程序内的 IP 地址，使用变化的 IP 地址获取数据，防止被元光公司察觉。刘江红负责编写程序，利用刘坤朋设置的不同 IP 地址及张翔编写的爬虫程序向谷米公司发出数据请求，大量爬取谷米公司开发的智能公交 APP "酷米客"的实时数据，日均 300 万至 400 万条。元光公司将窃取的公交车大数据存入自己公司的服务器，供给自己公司营运的 "车来了"公交 APP 使用，从而使得 "车来了" APP 能和 "酷米客" APP 一样能够为用户提供精准、及时的公交车运行信息，让 "车来了" APP 用户获得了 "酷米客" APP 用户一样的用户体验，谷米公司原本存在的竞争优势消失殆尽。

这一案件既暴露了互联网时代大数据失窃的风险，也同时暴露了互联网条件下盗窃大数据的风险，还涉及互联网爬虫技术运用的风险。首先，本案暴露了互联网条件下大数据失窃的风险。本案中谷米公司通过在公交车上安装 GPS 设备收集公交车运行的实时大数据，存储在公司服务器中，以随时通过 "酷米客" APP 提供给用户。但是这些公交车运行大数据在传输、加工、存储过程中，隐藏着遭受黑客攻击和被窃取数据的风险。元光公司正是运用黑客手段，通过破解 "酷米客" APP 的加密系统，利用爬虫技术爬取谷米公司大数据。谷米公司数据失窃，使得公司原本在公交出行领域的领先优势荡然无存，给自己的营运造成了重大损失。其次，本案暴露了互联网条件下盗窃大数据的风险。元光公司利用爬虫技术未经对方许可爬取谷米公司公交车运行大数据，并将这些大数据运用于自己的经营活动，构成了不正当竞争。深圳中院判决元光公司违反了市场竞争所应当遵循的诚实信用原则和公认的商业道德，损害了谷米公司的合法利益，构成对谷米公司的不正当竞争，判令元光公司赔偿谷米公司 50 万元。此外，因为元光公司采用黑客技术破解谷米公司数据加密系统而非法侵入谷米公司服务器，获取谷米公司公交车大数据，涉嫌非法获取计算机信息系统数据的刑事犯罪，深圳市南山区人民法院判决邵凌霜、陈昴、刘江红、刘坤朋、张翔构成非法获取计算机信息系统数据罪。再次，本案也暴露了互联网爬虫技术运用的风险。网络爬虫（Web Crawler），也称网络蠕虫，是互联网时代一项运用非常普遍的网络信息搜索技术，早期主要用于网络搜索引擎。网络爬虫技术是通过遍历网络内容，按照指定规则提取所需的网页数据，并下载到本地形成互联网网页镜像备份的程序。网络爬虫技术可以按照程序预先设定的规则，自动抓取互联网上的网页内容，再将抓取到的网页内容进行备份、加工、存储。与最初主要用于互联网搜索引擎相比，今天的网络爬虫技术已经进一步发展，应用场景越来越广泛。例如，运用网络爬虫技术通过关键词抓取、加工新闻信息。著名的手机新闻APP"新闻头条"就是利用网络爬虫技术，通过一定的人工智能技术向用户推送头条新闻。在当下高发的电信诈骗案中，存在一个专门收集、贩卖个人信息的产业链，而很多收集个人信息的公司也是通过网络爬虫技术获取个人信息的。长期以来，网络爬虫技术的使用一直遭受着违法与合法边界模糊的困扰，是一项充满风险的互联网技术。如有学者认为，网络爬虫技术在使用环节存在侵入计算机系统内部、破坏计算机系统、非法获取计算机系统信息三个方面的风险。[①] 本案中元光公司正是运用了网络爬虫技术，非法获取了谷米公司的公交车大数据，并因此而承担了不正当竞争的法律风险。而元光公司法定代表人和四名员工被深圳市南山区法院判处非法获取计算机信息系统数据罪，除了是因为使用了黑客技术破解谷米公司"酷米客"APP加密系统外，使用网络爬虫技术也是其中原因之一。

（五）可控性

风险虽然是一种不以人的意志为转移的客观发生的必然现象，但这不意味着人不可以干预和控制风险。风险的可控性是指人可以在摸清风险发生规律的基础上，通过利用风险发生的规律，运用一定的风险管理手段，阻止、延缓、改变风险的发生。在"危险源→潜在型风险隐患→现实型风险隐患→风险事故→损害后果"的层次递进链条中，人们可以通过风险的排查找出潜在型风险，从而阻断风险事故的发生。也可以通过一定的补救手段，消除现

[①] 李慧敏，孙佳亮：《论爬虫抓取数据行为的法律边界》，《电子知识产权》，2018 年第 12 期。

实型风险隐患，从而阻断风险事故的发生。随着科技的进步，人类对未知世界认知能力的进一步提升，人类预防、干预、阻止风险的风险管理能力越来越强，风险的可控性也随之会得到很大提升。当然，根据事物发展的相对性原理，在人类预防、干预、阻止风险的风险管理能力越来越强劲的过程中，风险种类也在增加，风险类型也在复杂化，这在一定程度上延缓了风险的可控性的提升。

（六）相对性

风险发生的相对性的基本含义即风险是相对的，没有绝对化的风险。这主要包括两重含义：第一，对不同的主体而言，其个体差异决定了其承受风险的能力有重大不同，因此，某些事物或者行为对一些人而言是风险，对另外一些人而言，却不是风险。比如，意外落水对不会游泳者而言有生命危险，但对会游泳的人而言，却几乎没有什么危险；一些高难度、高危险度的极限运动，对普通人而言，是巨大的风险，但对经过专业训练的人员而言，其风险就要小得多。再例如，一些对未成年人而言充满风险的行为，对成人而言却没有风险或者风险很低。第二，对至少在经济学领域中的风险概念中成立的广义风险概念而言，风险与收益是相对的对象，风险和收益呈现一定的相关性。没有风险，就没有收益；风险越大，收益越大；风险越小，收益越少。"风险的这种相对性，使得我们应对风险保持正确的应对态度和认识理念。"[①]

三、风险的防范

风险防范是指有目的、有意识地通过风险排查、风险评估、风险沟通、风险控制等风险管理措施，防范、减轻、化解、阻止风险事故的发生，减少或者消除风险事故的损失，削弱风险事故发生的影响程度。风险防范的原理是运用风险三要素中的风险发生的概率体现出的风险的不确定性，以外部人工风险管

---

① 高志宏，党存红：《企业法律风险管理导论》，东南大学出版社，2014 年，第 21 页。

理措施切断"危险源→潜在型风险隐患→现实型风险隐患→风险事故→损害后果"的层次递进链条,阻遏风险发生的逻辑,进而达成风险控制的目的。

（一）风险排查

所谓风险排查,本质上是对危险源及风险隐患的排查,即通过调查、摸底、统计、现场检查等方式,掌握全部危险源、风险隐患的种类、数量、分布、危险程度与性质等各种具体情况。风险排查为风险防范提供了赖以决策的关于风险的基础数据库,是进行风险防范的基础,也是确保风险防范成功的关键,在整个风险防范链条中起着基础性作用。不同专业、不同行业的风险排查在具体的排查方法与流程上,具有各自的专业、行业特点。一些行业发布有适用于本行业和本专业的风险排查规范性文件、技术规则与标准乃至部门规章等法律规范。以企业经营管理风险的风险防范为例。财政部会同证监会、审计署、银监会、保监会于 2008 年制定的《企业内部控制基本规范》(财会〔2008〕7 号)第二十二条和第二十三条分别规定了企业经营管理的内部风险识别与外部风险识别应该关注的因素。企业识别内部风险,应当关注的因素包括:董事、监事、经理及其他高级管理人员的职业操守、员工专业胜任能力等人力资源因素;组织机构、经营方式、资产管理、业务流程等管理因素;研究开发、技术投入、信息技术运用等自主创新因素;财务状况、经营成果、现金流量等财务因素;营运安全、员工健康、环境保护等安全环保因素;其他有关内部风险因素。企业识别外部风险,应当关注的因素包括:经济形势、产业政策、融资环境、市场竞争、资源供给等经济因素;法律法规、监管要求等法律因素;安全稳定、文化传统、社会信用、教育水平、消费者行为等社会因素;技术进步、工艺改进等科学技术因素;自然灾害、环境状况等自然环境因素;其他有关外部风险因素。

（二）风险评估

风险评估是在风险排查的基础上,由专家等专业技术人员对风险的危险程度、性质、种类、风险发生的概率、风险发生后的损失大小、风险发生后的影响力大小与影响的范围、风险发生后的后续影响效应等运用特定行业的专业知识和专业方法，做出科学评估的过程。风险评估是对风险排查收集的风险资料的吸收消化，是在风险排查基础上进一步甄别、分析风险的基础数据，从而更真实、准确、全面地掌握风险的全部实然状况，为风险控制提供解决方案。不同专业、不同行业的风险评估在具体的评估方法与流程上，具有各自的行业、专业特点。一些行业发布有适用于本行业和本专业的风险评估规范性文件、技术规则与标准乃至部门规章等法律规范。以企业经营管理风险的风险防范为例，《企业内部控制基本规范》（财会〔2008〕7号）中第二十四条、第二十五条分别规定了企业经营管理风险的风险评估方法以及风险评估结果的运用。依照第二十四条的规定，企业应当采用定性与定量相结合的方法，按照风险发生的可能性及其影响程度等，对识别的风险进行分析和排序，确定关注重点和优先控制的风险。同时，企业进行风险分析，应当充分吸收专业人员，组成风险分析团队，按照严格规范的程序开展工作，确保风险分析结果的准确性。依照第二十五条的规定，企业应当根据风险分析的结果，结合风险承受度，权衡风险与收益，确定风险应对策略。

企业应当合理分析、准确掌握董事、经理及其他高级管理人员、关键岗位员工的风险偏好，采取适当的控制措施，避免因个人风险偏好给企业经营带来重大损失。

（三）风险沟通

风险沟通是风险防范中的重要一环。所谓风险沟通是指由专家等专业人员利用自己的专业知识和所掌握的风险评估信息，就风险事件与民众沟通，回应民众对风险的疑虑，分析、解释风险事件的真实状况，以让民众确立对风险事件的客观、公正、全面、科学的认知。"风险沟通指个体、群体和公共机构之间就风险问题进行信息和意见交换的互动过程，它涉及风险性质的多重信息以及其他表达关切、意见的信息，或者对于风险信息及管理风险做出的法律制度安排反应的信息。"[1] 美国国家科学院（National Academy of Sciences）对风险沟通给出了如下定义：风险沟通是个体、群体以及机构之

---

[1] 张湖波，等：《冲突信息条件下的风险沟通建模与仿真》，《管理学报》，2019年第7期。

间交换信息和看法的相互作用过程。这一过程涉及多侧面的风险性质及其相关信息，它不仅直接传递与风险有关的信息，也包括表达对风险事件的关注以及相应的反应，或者发布国家或机构在风险管理的法规和措施等。风险沟通的主要思想在于强调风险管理中政府机构和专家有责任通过与公众的交流和沟通来消弭公众与专家之间的风险认知差异，即专家通过进行细致的解释，释疑解惑，与公众进行风险沟通，提高公众对风险的认知和理解。

风险沟通制度源自美国。长期以来，风险防范的专业性决定了其主要采用以专家为中心的风险管理模式进行。经过专业性的风险排查、风险评估得出的风险防治结论，社会大众往往因为没有得到合理、细致的解释而产生误解，对本来危险性不大的技术风险事件往往因为错误认知而夸大风险，从而在原本很小的技术风险事件之外，制造更严重的诸如舆情事件、社会动荡等社会风险事件。美国环保署署长拉克尔肖斯（William D. Ruckelshaus）最早注意到这种现象。1983 年 6 月 22 日，拉克尔肖斯在美国国家科学院的一次演讲中提出，环保署为保护公众的健康和环境而设立的一些标准应该建立在对相关风险的科学评估基础之上，但是必须把对风险的科学评估过程同对评估结果的使用过程区分开来，原因在于专家对风险的科学评估同公众对风险的主观感知之间存在差距，而公众对风险的主观感知是风险管理过程中不可忽视的影响因素。因此，专家必须承担向公众解释风险的责任。为了有效管理风险，必须通过风险沟通使公众也能够参与到决策过程中来。[1] 拉克尔肖斯的贡献在于揭示了公众对专业性很强的风险评估的理解能力的不足本身就是风险隐患之一，指出了单纯依赖专业人员而将普通民众排除在风险评估之外的缺陷。正是拉克尔肖斯的讲话推动了风险沟通制度在美国的实施。"拉克尔肖斯的观点提出之后，逐渐得到政府机构、科学界和市民社会的认同。与此同时，风险沟通的理念也被应用于风险管理的实践当中。"[2] 美国环境保护署也确立了适用于环境领域的风险沟通制度。

在我国，一方面学术界近年来早已开展了对风险沟通的研究，在风险沟

---

① Ruckelshaus, W. D. Science, Risk, and Public Policy[J]. Science, 1983, 221: 1026 - 1028.
② 华智亚:《风险沟通: 概念、演进与原则》,《自然辩证法通讯》, 2017 年第 3 期。

通方面取得了一定的理论共识；另一方面，相关法律、规章、规范性文件等也为风险防范中进行风险沟通提供了一定的规范依据。例如，现行的《环境保护法》《环境影响评价法》等涉及环境风险防范的法律中，相关条款规定在实施环境影响评价时，环境影响评价机构需要对项目可能造成的环境不良影响征求项目所在地附近的公众意见。虽然没有直接规定风险沟通，但从内容上看，此类条款实际上已经间接包含了风险沟通的内容。同时，《企业内部控制基本规范》（财会〔2008〕7号）第四十条第一款的规定，也部分含有风险沟通的内容。《企业内部控制基本规范》第四十条第一款规定："企业应当将内部控制相关信息在企业内部各管理级次、责任单位、业务环节之间，以及企业与外部投资者、债权人、客户、供应商、中介机构和监管部门等有关方面之间进行沟通和反馈。信息沟通过程中发现的问题，应当及时报告并加以解决。"另外，风险沟通的概念已经出现在一些地方政府的特定行业的风险防范规范性文件中。如2012年上海市政府发布的《上海市食品药品安全"十二五"规划》的附件《上海市食品药品安全"十二五"规划名词解释》中就提到：风险交流，即风险沟通，是指风险评估者、管理者以及其他相关各方为了更好地理解风险及相关问题和决策而就风险及其相关因素相互交流信息。

（四）风险控制

在风险排查、风险评估的基础上，经过必要的风险沟通，最终依照不同种类风险的具体情况，采用风险规避、风险转嫁、风险降低、风险承受等方式实现风险控制。在企业经营管理风险控制方面，《企业内部控制基本规范》第二十六条第一款规定："企业应当综合运用风险规避、风险降低、风险分担和风险承受等风险应对策略，实现对风险的有效控制。"

1. 风险规避。作为应对风险的一种常用的方法，风险规避是指通过计划的变更来消除风险或风险发生的条件，保护目标免受风险的影响。风险规避并不意味着风险的完全消除，而是通过采用不同的方法，降低风险出现的概率，或者减少风险出现后的损失。针对不同行业的风险而言，风险规避的方法不一而足。既可以通过事前消除风险出现的原因即风险隐患来回避风险，也可以通过改变行为的方式比如改变工作地点、工艺流程等来回避风险，还可以通过改变行为的时间来回避风险，甚至在必要时，取消整个行为从而回避风险。在企业经营管理风险规避方面，《企业内部控制基本规范》第二十六条第二款规定："风险规避是企业对超出风险承受度的风险，通过放弃或者停止与该风险相关的业务活动以避免和减轻损失的策略。"

2. 风险转嫁。顾名思义，所谓风险转嫁是指将风险转移给第三方，由第三方承担风险损失的风险控制方法。通常情况下，风险转嫁这种风险控制方式适用于无法通过改变或者取消引发风险的行为的方式规避风险，而又必须实施引发风险的行为的场合。风险转嫁的关键是需要确保能够成功地将风险转嫁出去，这就需要风险转嫁具备足够的正当性基础，比如风险转嫁具备足够的法律上的依据。例如，保险其实就是一种合法的风险转嫁方式。再如，《合同法》第一百四十二条规定："标的物毁损、灭失的风险，在标的物交付之前由出卖人承担，交付之后由买受人承担，但法律另有规定或者当事人另有约定的除外。"出卖人为了转嫁合同标的物毁损、灭失的风险，就可以通过尽早完成标的物的交付将风险转嫁给买受人。另外在一些行业的风险防范措施中，即使没有明确的风险转嫁的法律依据，只要不违反法律的基本原则与精神，也可以凭借经济实力等成功实施风险转嫁。如在当下的中美贸易战中，面对美国施加的惩罚性关税，有实力、居于主导地位的中国出口企业就可以要求美国进口商承担关税成本，将贸易战风险转嫁给美国进口企业。同时，在企业经营管理风险转嫁方面，《企业内部控制基本规范》第二十六条第四款规定了与风险转嫁类似的风险分担制度。该第二十六条第四款规定："风险分担是企业准备借助他人力量，采取业务分包、购买保险等方式和适当的控制措施，将风险控制在风险承受度之内的策略。"

3. 风险降低。风险降低是指在无法规避风险和转嫁风险的情况下，通过特定的措施尽可能降低风险发生后造成的损失。风险降低是一种部分承担风险损失的风险控制方式。例如，在金融风险防范中，可以将金融资产、实物资产或信息资产分散放置在不同地方，以降低遭受灾难性损失的风险。再例如，在企业经营管理风险防范方面，《企业内部控制基本规范》第二十六条第三款明确规定了风险降低，该第二十六条第三款规定："风险降低是企业在权衡成本效益之后，准备采取适当的控制措施降低风险或者减轻损失，将风险控制在风险承受度之内的策略。"

4. 风险承受。风险承受是一种别无选择的风险控制方法，即既必须实施引发风险的行为，又无法采用风险规避、风险转嫁、风险降低等方式控制风险，就只能以承受风险损失的方式实施引发风险行为。一般而言，风险承受应该在实施风险行为的行为主体的风险承受能力的范围之内，且应该在风险承受前做好预案，在风险承受后尽可能减少风险的影响。《企业内部控制基本规范》第二十六条第五款规定了企业经营管理领域的风险承受："风险承受是企业对风险承受度之内的风险，在权衡成本效益之后，不准备采取控制措施降低风险或者减轻损失的策略。"

第二节　风险的类型及其相互关系

针对不同行业、不同专业领域的各种风险，依据不同的标准可以将其划分为不同的类型。而不同类型的风险，彼此之间维持着密切的联系。

一、风险的主要类型

依据一定的标准对风险进行类型划分，是风险研究的基本方法。"风险分类不仅在讨论风险时有用，而且使得风险既可分解成可以管理的单元又能用于报告，并且这些单元能够组合起来用于风险敞口的计量。"[①] 然而鉴于不同专业、不同领域的风险种类繁多，各具特色，风险的类型化研究的进展似乎并不突出。反映在风险类型的划分上，就表现为风险类型的划分标准杂乱，没有统一的权威性的风险类型划分标准，甚至有时存在划分标准的雷同，划分的风险类型周延性不足。例如，有学者根据风险的性质不同，将风险划分为纯粹风险和机会风险。纯粹风险指那些只有损失机会

———————————————

① ［美］詹姆斯·林：《企业全面风险管理：从激励到控制》，黄长全译，中国金融出版社，2006年，第16页。

　　而没有获利可能的风险，即这种风险的结果只有"损失"和"无损失"两种。如火灾、地震、车祸等灾害性的风险一般都属于纯粹风险。机会风险指那些既有损失机会，又有获利可能的风险。如价格风险、汇率风险、利率风险、投资风险等金融性风险属于机会风险。很显然，这种纯粹风险和机会风险的划分，与非经济类风险与经济类风险的划分完全雷同。因为正如前文所述，只有在经济类风险中广义的风险概念可以成立。再例如，常见的一种风险划分方法是根据风险的来源不同将风险划分为外部风险和内部风险。外部风险是指来自外部的风险，包括自然风险、社会风险、政治风险、经济风险和技术风险等。内部风险是指源自于其自身的经营业务的风险，包括战略风险、财务风险、经营风险、法律风险等。首先，风险来源作为分类标准本身就可能存在问题。因为一般情况下风险来源是多样化的。将经营风险、法律风险列为内部风险就很难具有说服力，因为经营风险和法律风险可能不仅仅是来源于内部的风险，而是和外部世界有着密切的关联。其次，将财务风险、经营风险、法律风险并列，可能存在着这些种类的风险的交叉重叠问题。另外，有学者依照风险作用的对象不同，将风险划分为财产风险、信用风险、人身风险、责任风险等。财产风险是指导致财产毁损、灭失和贬值的风险。信用风险是指在经济交往中，因对方违约致使合同无法履行时造成经济损失的风险，即失信风险。人身风险是指人们因生、老、病、死、残等原因而导致经济损失的风险。责任风险是指依法对他人所遭受的人身伤害或财产损失应负法律赔偿责任或未履行契约应负合同赔偿责任的风险。很明显，这四种类型的风险在外延上存在交叉，人身风险其实就是一种责任风险。而财产风险也可以视为责任风险。在学理层面上讲，学界对风险类型划分存在一定的混乱，与此同时，相关风险管理的制度规范对风险种类的划分也存在明显差异。例如，2006年国资委发布的《中央企业全面风险管理指引》中将企业风险分为战略风险、财务风险、市场风险、运营风险和法律风险。

　　应该说对风险进行类型划分本身就存在一些难以克服的矛盾。一方面，确定划分风险种类的标准可能存在难以克服的周延性缺陷问题，例如，法律风险在风险分类标准上就可能与大多数其他种类的风险如经济风险、金融风险等交叉。这是因为，在一个法治社会，几乎绝大部分种类的风险都涉及法律问题，可以归结为法律风险。另一方面，划分风险类型前，应该先明确风险主体，否则会发生因为风险主体不确定从而无法确定全部待分类的风险范围，从而可能会出现遗漏分类对象的问题。因为不同主体的风险种类其实存在一定差异。例如，国家作为风险主体，与作为市场主体的企业面临的风险显然不一样。而在大部分情况下，风险分类者并没有明确风险主体，而是脱离了风险主体对风险分类泛泛而谈。风险管理理论将风险分为自然风险、社会风险、经济风险、技术风险、政治风险的划分方法，是一种基于宏观视角对风险进行的划分，更适合或者接近以国家这类风险宏观主体为风险主体而进行风险划分。对企业这类风险的微观主体而言，这种划分显得过于粗略。

笔者认为，在主要考虑以企业作为风险主体的情况下，可以将风险划分为自然风险、技术风险、财务风险、战略风险、运营风险、市场风险、政策风险、政治风险、法律风险等类型。这种划分，既参考了风险管理理论比较宏观的风险划分方法，又尽可能照顾企业这类风险微观主体面临的风险的多样性与复杂性。虽然上述划分因划分风险的标准并非单一、划分出的风险种类繁多而出现不同的风险类型在外延上的交叉现象，但仍不失为一种可采用的分类方法。一方面，采用单一划分标准划分风险类型虽然能确保分类的周延性，但却不一定能囊括实际中的众多风险类型；另一方面，正如前文所述，这种风险类型的出现存在外延上交叉是一种难以避免的现象。

1. 自然风险。自然风险是指由于自然力的不规则变化引起的种种现象而造成财产损失及人身伤害的风险。如瘟疫、虫灾、地震与由极端天气或者气候变化引发的海啸、水灾、火灾、风灾、雹灾、冻灾、旱灾等自然灾害等都可能会对企业经营构成自然风险。自然风险的特征是：其形成往往较难以控制；其影响广泛，破坏力巨大，破坏结果具有共沾性，遭受自然风险造成的都是群体性损失。一般而言，自然风险是人类认知风险的最直观、最生动的手段，绝大多数人关于风险的认知都是建立在自然风险的基础上。但这里需要说明的是，虽然自然风险被定义为基于自然原因引发的风险类型，但从科学视角分析，自然风险并非纯粹是由自然原因引发的。例如海啸、水灾、火灾、风灾、雹灾、冻灾、旱灾等自然灾害等自然风险的发生，既可以是极端天气导致，也可以是气候变化导致，而气候变化的主因几乎普遍被认为是人类经济活动排放的温室气体引发温室效应，地球变暖。因此，在一定意义上说，自然风险中也掺杂着社会原因。

2. 技术风险，是指伴随着科学技术的发展、生产方式的改变而发生的风险。通常技术风险包括两种不同的情形。第一种是技术本身的风险，即企业在技术研发、技术应用上的风险。如企业未能赶上技术进步的潮流，未能找准技术研发的正确路径，或者选择了错误技术战略与技术发展方向，或者技术落后等。"根据从技术活动过程所处的不同阶段，企业面临的技术风险一般可分为技术设计风险、技术研发风险和技术应用风险。技术设计风险是指技术在设计阶段，由于技术构想的不全面导致技术系统存在先天'缺陷'而引发的各种风险……技术研发风险是指在研发阶段，由于外部环境的变化、技术研发人员的知识有限、技术的难度和复杂性所导致技术研发失败的风险。技术应用风险是指由于技术成果在产品化、产业化的过程中带来的一系列不确定性所产生的负面影响或效应。"① 这种技术风险其实与企业的战略风险在概念外延上有交叉。第二类是技术带来的风险，即因为技术本身的瑕疵、错误等引发诸如生态灾害、环境事故等。技术风险主要是指这类风险。如 1986 年苏联的切尔诺贝利核电站因为核技术落后引发核反应堆爆炸而发生核污染事故。

3. 财务风险。财务风险是指企业因借入资金而产生的丧失偿债能力的可能性和企业利润（股东收益）的可变性。对企业这类风险主体而言，财务风险往往是一种高发的风险类型。资金犹如企业的血液，对企业的经营活动非常重要。如果出现资金短缺导致资金链断裂，企业的财务风险就会爆发。通常情况下，企业财务风险的发生一方面与企业自身的经营水平和经营活动有关，另一方面也和宏观经济形势如金融监管力度、货币政策等高度相关。以

---

① 白文华：《企业风险管理制度建设》，上海交通大学出版社，2015 年，第 4 页。

近年来不断，出现严重财务风险的互联网金融 P2P① 为例，一方面这些 P2P 企业存在虚假项目、自融等严重违规经营问题，导致企业出现财务危机；另一方面，央行、银监会等金融监管部门对 P2P 监管标准的提高如 P2P 合规性要求提高以及监管执行趋于严厉，则直接导致了相当数量的 P2P 企业出现重大财务危机而破产清盘。

4. 战略风险。战略风险可理解为企业整体损失的不确定性。顾名思义，战略风险即企业战略层面的风险，其往往涉及企业长远发展规划、发展策略、企业核心竞争力，从根本上关乎企业生存和企业发展的长期效益。战略风险是企业风险中最需要予以重视的风险类型。针对关乎企业生死存亡的企业战略风险频发的现实，2004 年 COSO 在 1992 年发布的《内部控制——整合框架》基础上，又发布了《企业风险管理——整合框架》，并以此作为企业内部控制的新框架。与《内部控制——整合框架》仅仅从企业业务层面设计企业内部控制框架不同，《企业风险管理——整合框架》在《内部控制——整合框架》基础上增加了企业战略风险管理的内容，从企业战略管理层面设计企业内部控制新框架。历史上唯一一位同时荣膺诺贝尔经济学奖和计算机领域最高奖项图灵奖的当代美国科学家、管理学家赫伯特·西蒙（Herbert A. Simon）将战略风险的来源和构成分为运营风险、资产损伤风险、竞争风险、商誉风险。赫伯特·西蒙认为企业的运营风险、资产损伤风险、竞争风险、商誉风险构成战略风险的闭合链：当出现严重的产品或流程失误时，企业的运营风险就转变为战略风险；如果是对实施战略有重要影响的财务价值、知识产权或者是资产的自然条件发生退化，资产损伤就变成一种战略风险；产品或服务与众不同的能力受损伤的竞争环境的变化，竞争风险就会变成战略风险。商誉风险是上述三个方面的综合结果，当整个企业失去重

---

① P2P 是英文 *peer to peer lending*（或 *peer-to-peer*）的缩写，意即个人对个人（伙伴对伙伴），又称点对点网络借款，属于互联网金融产品的一种。P2P 小额借贷是一种将非常小额度的资金聚集起来借贷给有资金需求人群的一种商业模式，是由网络信贷公司（第三方公司、网站）作为中介平台，借助互联网、移动互联网技术提供信息发布和交易实现的网络平台，把借、贷双方对接起来实现各自的借贷需求。2019 年 9 月 4 日，互联网金融风险专项整治工作领导小组、网贷风险专项整治工作领导小组联合发布《关于加强 P2P 网贷领域征信体系建设的通知》，支持在营 P2P 网贷机构接入征信系统。

要关系方的信心而使价值减少时，就产生了商誉风险。赫伯特·西蒙关于战略风险的内涵的观点几乎是管理学界的通说。

5. 运营风险。这里所说的运营风险显然与前述的战略风险存在一定的重叠关系。但笔者认为，这里的运营风险更多的是从企业日常运营的角度描述的运营风险，而非关乎企业生死存亡的战略层级的运营风险。一般来说，所谓运营风险是指企业在运营过程中，由于外部环境的复杂性和变动性以及企业对环境的认知能力和适应能力的有限性，而导致的运营失败或使运营活动达不到预期的目标的可能性及其损失。运营风险发生的直接结果就是企业出现亏损。

6. 市场风险。所谓市场风险，是指由于市场及相关的外部环境的不确定性而导致企业市场萎缩、达不到预期的市场效果乃至影响企业生存与发展的一种可能性。同样，这里的市场风险与前述的战略风险存在外延上的交叉。因此，笔者认为，这里的市场风险主要是指企业日常经营层面的市场风险，从而与企业战略风险中的市场风险有所区分。市场是企业盈利的来源，是企业赖以生存的土壤，但是市场的波动是市场最基本的特质。市场波动直接反映为商品或者服务的价格变化。而商品或者服务的价格变化决定着企业是盈利还是亏损以及盈利或者亏损的幅度。导致商品或者服务价格变化的市场波动，具体来说有以下现象：市场利率、汇率、股票、债券等基础资产市场价格的不利变动或者急剧波动而导致商品或者服务的价格变化；消费者的需求变动，如消费者选择偏好的变化等；竞争对手的行为，如竞争对手的降价促销；政策、法规的变动，如政府通过优惠信贷、减免税、出口补贴、消费信贷等产业政策来鼓励某些产业的发展，会影响该产业提供的商品或者服务价格，典型的例子是近年来新能源汽车补贴政策极大降低了新能源汽车的价格；不确定与不对称的信息，即因为市场信息不对称引发的商品或者服务价格变动情形。影响市场波动的因素如此之多，足见市场风险是企业面临的一种常态化风险，具有较高的发生频率。

7. 政策风险。政策风险是因为政府政策变化带来的风险，也是一种普遍存在的风险类型。但一般而言，在法治程度较高、政府管制相对较少的国家，政策风险相对较低，反之则相反。我国当下已经初步建立起与社会主义市场经济相适应的法律体系，法治建设仍处于发展完善阶段，而且我国长期以来就具有行政主导的传统，政府对市场的干预较深。因此，企业面临的政策风险还是维持着一定的风险发生概率。尤其对一些像诸如房地产行业这样的政府干预较深的行业而言，政策风险就更为突出。

8. 政治风险。政治风险通常是涉外企业面临的风险。其最初是用来指国际投资中外国企业在投资东道国面临的东道国政治不稳定、国有化、征用、社会动荡、政权更迭、战争，以及东道国与外国企业所在国关系恶化等给投资带来的风险。实际上，随着国际贸易的广泛发展以及近年来以 WTO 为代表的多边国际贸易体制屡屡遭受破坏、国际贸易关系日益政治化，对于进行国际贸易业务的一般国内企业来说也存在政治风险。

9. 法律风险。法律风险是指因为风险主体的违法行为或者其他不当的行为以及因为法律变化而带来的风险。通常情况下，法律风险的后果表现为法律责任的承担。法律风险与前述的很多风险类型存在概念外延上的交叉。

二、风险类型的关联性

自然风险、技术风险、财务风险、战略风险、运营风险、市场风险、政策风险、政治风险、法律风险等风险类型的划分，并不意味着不同类型的风险之间是彼此割裂、没有联系。相反，不同类型的风险存在密切的关联性。这种关联性可以从以下几个方面进行理解：第一，特定种类风险内部中细分出的风险种类之间具有关联性。例如，前述的战略风险中包含的四种风险类型就是彼此高度关联，构成一个闭合循环。"运行风险、资产损失风险、竞争风险和商誉风险是循环的，一方的不完善都会导致整体的崩溃。"① 第二，上述关于风险类型的划分本身，就在一定程度上体现了不同类型风险的关联性。上述将风险划分为自然风险、技术风险、财务风险、战略风险、运营风险、市场风险、政策风险、政治风险、法律风险等风险类型，并非基于单一风险分类标准做出的具有严格周延性的分类，而是结合风险管理实际中的约

---

① 杨柳：《企业战略管理的理论演变与战略风险探析》，《中国管理信息化》，2018 年第 15 期。

定俗成、风险发生的现状等，基于多种分类标准的结合而进行的分类。因此，上述不同类型的风险之间客观上存在一定的外延交叉重叠现象。一定程度上，这本身就是不同类型风险关联性的一种表现形式。例如，战略风险与营运分析、市场风险因为存在一定的外延交叉关系，因而具有密切的关联性。第三，对系统性风险而言，风险之间有系统逻辑关联，对非系统性风险而言，风险之间有基于哲学中物质世界普遍联系上的关联。依照风险影响范围，上述自然风险、技术风险、财务风险、战略风险、运营风险、市场风险、政策风险、政治风险、法律风险等各种类型的风险可以划分为系统性风险和非系统性风险。对系统性风险而言，各种类型的风险同处在系统中，共同对系统的稳定造成伤害，因此各种系统性风险之间存在明显的系统逻辑关联，一旦某一系统性风险被触发，就会引发其他类型的系统性风险。而对非系统性风险而言，虽然不存在明显的系统逻辑关联，但非系统性风险之间也并非毫无联系，而是存在着基于哲学上物质世界普遍联系的关联。

具体而言，不同类型的风险之间的关联性主要体现在以下三种形式：

1. 一种风险引发另一种风险。系统性风险之间具有系统风险的逻辑关联，一旦发生一种系统性风险，必然会引发另一种系统性风险。而即便是非系统性风险，也存在一种风险的发生引发另一种风险的可能性。就是说，风险之间具有传导性。所谓"屋漏偏逢连夜雨"说的就是这个道理。风险之间的传导性会导致一种风险引发另一种风险。在这样一个科技高速发展，科学技术是第一生产力被不断阐释和证明的时代，由技术风险引发运营风险、战略风险是一种常见的一种风险传导到另一种风险的现象。

【相关案例】　诺基亚公司的技术风险①

2013 年 9 月 3 日，成立 150 年，最辉煌时 2000 年市值最高达 3 030 亿欧元的诺基亚公司被以 71.7 亿美元卖给微软。诺基亚作为全球第一的手机品牌，为何在短短 13 年时间就从神坛跌落？这其中最主要的原因就是因为诺基亚一次次遭遇了严重的技术风险，在技术研发上不断选错技术发展方向，

---

① 关于诺基亚的技术风险，详情可参见刘帅、吴银平：《百年兴衰诺基亚：揭秘手机帝国为何轰然倒下》，中国经济出版社，2015 年。

最终导致技术风险引发企业的运营风险和战略风险，被迫自降身价委身他人。诺基亚在模拟机转 2G 手机时期凭借技术优势超越了摩托罗拉，成了 2G 时代的手机霸主。但在 3G 手机技术来临时，诺基亚一而再、再而三地选错公司的技术研发与应用方向。首先在手机操作系统方面，当更开放、更先进的 Android 操作系统横空出世时，诺基亚仍固守塞班系统。其次，当手机触屏时代来临、触屏技术横扫天下时，诺基亚依然闭目塞听，固守手机物理按键。再次，在移动互联开放平台方面，当苹果和谷歌的应用商店这种开放的移动互联网平台被市场证明是极大的技术成功时，诺基亚却固守互联网移动平台的封闭性，其早于苹果的应用商店一年于 2007 年推出的全球首个移动互联网平台 Ovi Store，却没有任何开放性可言。诺基亚幻想在 Ovi Store 移动互联网平台上整条产业链上下通吃，为了推出基于位置的服务，诺基亚不惜花巨资收购导航软件企业、地图企业甚至相关的运营网站，最终使得花费 150 亿美元巨资打造的 Ovi Store 因为缺乏开放性而完败。正是诺基亚至少三次的严重技术风险，引发其运营风险和战略风险，最终导致被低价收购的命运。

2. 一种风险转变为另一种风险。在企业风险发生后的演变过程中，有可能会出现另外一种风险之间关联的形态，即此风险转换为彼风险。之所以会出现这种情况，是因为在风险发生后，可能会随着风险的不断发酵而发生性质上的变化，最终导致出现风险类型的转换。其中，最常见的一种风险转变为另一种风险的情形是由营运风险、法律风险转变为战略风险、政治风险。

【相关案例】　中兴通讯法律风险转换为政治风险

2012 年 3 月，美国德克萨斯州法院向中兴通讯的美国子公司发出传票，以中兴通讯违反美国制裁的法律违法向伊朗出售电信设备为由，针对中兴通讯立案调查，由此引发了中兴通讯的运营风险。在经过长达 6 年多的反反复复后，2018 年 6 月中兴通讯和美方达成《替代的和解协议》，这份 2018 年 6 月 8 日起生效的和解协议规定，中兴通讯向美方支付合计 14 亿美元民事罚款，为中兴通讯设定 10 年暂缓执行对中兴通讯销售禁令的监察期，美方向中兴通讯派驻执行和解协议的监察人员。中兴通讯事件中，企业最初面临的风险是以经营合规性缺失形式表现出的运营风险与法律风险，但随着风险的发酵，中兴通讯与美国的纠纷演变为中美之间的贸易纠纷中的一个重要问题，最终中兴通讯事件的最终解决，也是在中美贸易战谈判的大框架下落实了最终的解决方案。能够让特朗普在制裁中兴通讯上，从此前口气强硬的"七年禁售一天也不能少"，到得以松动，是建立在中美政府相互妥协的基础上的。① 因此，中兴通讯最初面临的运营风险与法律风险，在事件的中后期已经演化为政治风险。有学者认为，中兴通讯事件本质上是美国对中国发展高科技的"中国制造 2025"战略的打压。"因此美方诉求的实质是遏制以中兴通讯公司为代表的'中国制造 2025'规划的实施，阻止我国沿着全球价值链实现进一步的产业升级。"②

3. 一种风险被控制，阻止了另一种风险的发生。即具有关联性的不同类型风险，在一种风险发生后不久即被成功处置，就会阻断风险的蔓延，阻止了另一种风险的发生。这一不同类型风险之间的关联性其实其第一种情形的反向发展，是风险之间关联性的消极体现，在此不再赘述。

三、企业发展风险——以华为公司为例

华为作为当下中国乃至全世界的明星企业，其由一家成立于 1987 年的生产用户交换机（PBX）的香港公司的销售代理公司，成长为 2018 年营收超过 1 000 亿美元、排名第 211 名的世界 500 强企业，40 多年的企业发展史，就是一部活生生的企业发展风险教科书。2000 年，当华为营收高达 220 亿元、利润 29 亿元、位居全国电子百强首位的时候，任正非写了一篇《华为的冬天》的文章。在这篇至今一直被许多著名大公司在公司管理中奉为圭臬的雄文中，任正非开篇即说："公司所有员工是否考虑过，如果有一天，公司销售额下滑、利润下滑甚至会破产，我们怎么办？我们公司的太平时间太

---

① 魏雅华：《中兴通讯给我们上了怎样一课》，《企业研究》，2018 年第 8 期。
② 李计，罗荣华：《基于"中兴事件"案例视角的中美经贸未来发展》，《中国流通经济》，2019 年第 7 期。

长了，在和平时期升的官太多了，这也许就是我们的灾难。泰坦尼克号也是在一片欢呼声中出的海。而且我相信，这一天一定会到来。面对这样的未来，我们怎样来处理，我们是不是思考过。我们好多员工盲目自豪，盲目乐观，如果想过的人太少，也许就快来临了。居安思危，不是危言耸听。"作为华为的创始人和华为的灵魂，任正非身上藏着与生俱来的风险意识。而任正非身上与生俱来的风险意识，让他对华为进行了40多年成功的风险管理。也正是华为40多年成功的风险管理，成就了华为40多年的成功和辉煌。可以说，华为的发展史，就是一部风险发生、发展史。梳理华为的企业风险和风险管理历史，就可以追踪企业风险发生发展的基本脉络。

（一）企业发展过程中，风险无处不在

风险源自危险源、风险隐患的客观存在。风险是一种与企业生存相伴的客观现象。在企业发展过程中，风险无处不在。在华为的成长史上，就不断遭遇风险。1990年，华为处在创业初的大幅度扩张期，市场的开拓，产品产量的提升，都需要更大规模的流动资金，一时让华为流动资金捉襟见肘，华为的财务风险似乎一触即发。面对风险，任正非创造性地提出了员工内部持股的企业内部融资计划。公司向入职华为一年以上的员工按照任职年限与职位、职级以不同数量配售华为内部股份，员工用年终奖购买。必要时也可以由华为担保，由员工向银行申请"助业贷款"购买。华为采取这种方式融资，一方面解决了公司的财务风险，另一方面增强了员工的归属感，稳住了创业团队。1998年华为将市场拓展到中国主要城市，之后开始加大力度布局海外市场。2000年华为海外市场销售额突破1亿美元，并在瑞典首都斯德哥尔摩设立研发中心。正当华为准备在海外市场大展手脚之际，世界范围内巨大的互联网经济泡沫在2000年轰然破裂，电信、IT行业遭受重创。宏观经济环境的恶化，让刚刚投入重金全面布局海外市场的华为遭受重大困难，一场运营风险在步步紧逼。任正非果断指挥华为采取了一系列的运营风险防范措施。任正非认为，面对外部因素引发的运营风险，需要从内部着手进行风险防范。为了增强企业的凝聚力，强化华为的内部激励机制，华为又独创了名为"虚拟受限股"的期权改革。虚拟受限股票是指华为授予员工的一种虚

拟的股票，员工可以据此享受一定数量的分红权和股价升值权，但是没有所有权，也没有表决权，不能转让和出售，在员工离开企业时自动失效。员工购买"虚拟受限股"，可以由华为担保向银行申请"助业贷款"。与原来的员工内部持股相比，虚拟受限股有效地克服了老员工吃老本、不思进取的问题，其激励功能进一步增强。与此同时，华为还同步采取了其他一些激发员工创业、增强公司凝聚力的激励措施。例如，下调应届毕业生底薪，拉开员工之间的收入差距；新员工不再派发长期不变"一元一股"的股票；老员工的股票也逐渐转化为期股；员工从期权中获得收益的大头不再是固定的分红，而是期股所对应的公司净资产的增值部分。通过强化内部激励机制，华为化解了公司的运营风险。刚刚闯过互联网经济泡沫破裂引发的运营风险，2003年非典爆发，而华为所处的深圳地处非典爆发的重灾区，一时间华为的出口业务几乎停滞，企业经营遭受重创。面对这一场自然风险，华为内部以运动的形式号召公司中层以上员工自愿提交降薪申请，同时进一步实施管理层收购，稳住员工队伍，共渡难关，共克时艰。正是靠这种上下一心、众志成城的凝聚力，华为安然渡过了这场自然风险。在华为遭遇财务风险、运营风险、自然风险的同时及之后，还有一场一直处在酝酿中的法律风险与华为相伴。早在华为首次实行员工内部持股之时，这一为了化解企业财务风险的举措就差点酝酿出一场法律风险。当时，由于华为经营业绩良好带来的丰厚利润，持有内部股份的员工获得了丰厚的股权分红回报。股权分红、奖金与工资一起构成员工全部收入。由于各种原因，华为这种创新性的内部持股计划，引发了社会舆论强烈关注。其中有一种观点认为华为是在非法集资。面对这一可能爆发的法律风险，一方面华为的管理团队积极与政府部门沟通，做了细致的说服解释工作，积极回应舆论关切；另一方面，当时深圳作为特区的宽松改革氛围，客观上帮助了华为克服这场酝酿中的法律风险。当时的深圳特区体改委专门发红头文件，特许华为这种内部持股模式，为华为的内部持股模式背书，彻底化解了这场酝酿中的法律风险。然而，2011年以来，一种质疑华为通过"助业贷款"和关联交易违规融资的声音又甚嚣尘上。一些人认为，华为让员工以个人消费贷款的名义向银行申请"助业贷款"用以购买华为内部股，是一种变相扩大公司信用，向银行转嫁风险的金融违规行为，涉嫌违法。还有一些人指控华为通过与子公司的内部关联交易，增加子公司利润，从而让子公司从银行获取更多授信，进而让华为从银行贷更多款项。面对这些可能酿成一场法律风险的质疑与指控，华为一方面通过公关部门积极向社会进行必要的解释说明，另一方面心无旁骛地研发新型产品、拓展市场，增强公司经营业绩。随着华为公司经营的飞速进步，公司实力日益雄厚，员工助业贷款还款比例大幅提升，上述质疑中的问题自然化解，酝酿中的法律风险也逐渐得到消解。可以看出，在华为公司的成长历程中，风险无处不在。

（二）企业发展越快，风险越大；企业发展越大，风险越大

很大程度上，风险是促进企业发展的关键变量。企业的发展，就是防范、化解、控制每一个风险，进而取得每一个成功。企业发展得越快，企业取得的成绩越大，面临的风险也越大，由企业经营层面的市场风险、财务风险等风险上升为关乎企业生死存亡层面的战略风险、政治风险。这从华为的发展史上也可以很好地体现出来。

当今的华为，作为5G技术第一方队的领跑者，在长期以来被以美国为代表的西方国家霸占的通信技术领域占据了一大块战略高地。这在美国眼里，是中国企业动了其奶酪，必欲置华为于死地而后快。2019年5月，美国商务部以华为与伊朗交易为由，基于《出口管理法案》将华为纳入"实体清单"，标志着美国政府对华为的打压到了歇斯底里的阶段，也是华为遭遇的政治风险最严峻的时刻。华为被列入《出口管理法案》中的"实体清单"，意味着所有美国企业要与华为交易，必须先获得美国政府的特别许可。所有外国企业如果其与华为交易的产品或者服务中有25%以上美国技术或者美国零部件的成分，也需要适用上述美国政府特别许可的规定。这种铁幕般地围堵一家企业，可谓空前绝后。

追溯美国政府打压华为的历史，可以清晰地勾勒出华为因为发展太快，发展得太成功而招致美国打压的政治风险的脉络。早在2001年，随着中国加入WTO，华为开始开拓美国市场。当时华为踌躇满志地制定了"三步走"战略：首先安营扎寨，进入美国市场；其次获得一些外围合同；最后打入以

AT&T、Verizon、Sprint、T-Mobile 为首的主流运营商市场。在美国经过几年的精耕细作，华为逐渐在中小企业中打开市场，美国 Leap、Clearwire 公司、东北无线网络公司开始采购华为的 3G 设备、调制解调器等电信设施和服务。然而，华为在全球市场的成功，引起了竞争对手的打压和美国政府的围堵。2003 年 1 月，美国思科公司以华为侵犯其专利为由将华为告上联邦法庭。2004 年，诉讼以华为、思科各自发表声明和解而收场。2010 年，摩托罗拉又以华为窃取其技术起诉华为，此案最后也以双方的和解结束。2010 年 5 月，华为试图收购加利福尼亚州一个破产公司 3Leaf 的部分资产，被美国相关部门阻挠。2010 年秋，美国运营商 SprintNextel 为其网络升级招标，在国会和美国商务部的直接干预下，本可以中标的华为却失之交臂。2012 年 10 月 8 日，美国国会众议院情报委员会发布了一份有关华为、中兴设备可能危害美国国家安全的调查报告，毫无根据地宣称华为的产品损害美国国家安全。2017 年 12 月 20 日美国 18 名国会议员向联邦通信委员会（FCC）主席发送联名信，要求 FCC 对美国电信运营商 AT&T 与华为的合作协议展开调查。由此，AT&T 被迫取消与华为的合作协议，导致华为手机无法通过 AT&T 进入美国市场。迫于美国政府的压力，2018 年 3 月，美国最大的电子产品零售商百思买停止销售华为的产品。2018 年 8 月，特朗普签署美国《2019 财年国防授权法案》。该法案第 889 条要求，禁止所有美国政府机构从华为购买设备和服务。2018 年 12 月 1 日，在美国政府要求下，加拿大警方将在温哥华机场转机的华为首席财务官孟晚舟逮捕，美国政府指控孟晚舟在涉及伊朗的交易中误导跨国银行，并向加拿大提出引渡要求。更让人觉得奇葩的是，2018 年以来，美国政府上至总统、国务卿，下至一般官员，动用一切外交资源，利用一切外交场合，肆意污蔑华为设备存在安全性问题。采用包括施加政治压力在内的各种手段，威胁要求各国不得采用华为的 5G 设备，不得与华为合作。此种举一国之力，而进行污蔑、诽谤、陷害、打压一家民营企业的行为，在国际关系史上实为罕见。

美国如此打压华为、给华为制造如此严重的政治风险和战略风险的唯一原因，是华为发展得过于强大，是华为占领了 5G 技术的高地。换句话说，华为唯一的错误，是因为太成功，是华为的成功招致了巨大的政治风险和战略风险。将华为的境遇与联想的境遇进行对比也可以从侧面印证上述结论。长期以来，联想这家所谓的高科技企业，一直以扮演 IT 行业的装配工角色而自满。以柳传志、杨元庆为代表的联想高层，从来就没有想过和西方企业在核心技术领域进行竞争。当华为面对美国芯片禁售与安卓系统禁用而宣布早已着手进行芯片自主开发、早已开发了鸿蒙系统时，彼时的杨元庆就公开以幸灾乐祸的口吻宣称联想不做芯片，不做系统。联想这样不掌握核心技术、毫无斗志的企业，对美国维持自己的技术优势不构成危险，所以美国从来就没有给联想制造政治风险与战略风险。2004 年联想收购 IBM 的个人电脑业务，2014 年联想收购摩托罗拉的移动业务，都没有遭遇美国政府太多阻挠而成功完成收购。也就是说，联想之所以没有遭遇华为那样的政治风险与战略风险，恰恰是因为其没有发展壮大。

某种程度上，今日华为肩头承受的政治风险与战略风险，其实是应该由我们整个国家、民族来承受的。华为不是在为自己奋斗，任正非更不为个人名利在奋斗。他们其实是在为我们这个国家、民族的崛起而承受风险和负担。只是，当华为在以一家企业之力防范、化解、控制这个世界上最大的强权国家施加的巨大政治风险、战略风险时，我们的政府、民族、国家似乎可以做得更多一点。

（三）企业发展风险可以管理和控制

华为 40 多年的企业成长历史就是一部成功的企业发展风险管控史。华为的实例证明，企业发展风险是可以管理和控制的。华为的先进企业管理体制、企业文化与激励机制、公司执行力方面，都为风险防范和控制提供了有力支撑。首先，华为很早就不惜代价建立世界一流的先进管理体制。凭借着超前的风险管理意识，早在华为首次遭遇财务风险前，华为就从公司管理层面设计了科学的企业管理体制，为企业的风险管理提供了制度基础。1998年，成立仅十年的华为引入 IBM 参与华为 IPD 和 ISC 项目的建立，5 年期间共计花费 4 亿美元，优化了公司的管理流程。此外，华为早在 1998 年就开始与 IBM 展开深度合作，完成了产品到市场的流程管理。除了 IBM，华为还曾聘请过埃森哲（Accenture）、波士顿（The Boston Consulting Group）、普华永道（Pricewaterhouse Coopers Consultings）、美世（Mercer）和合益（Hay Group）等咨询公司。2007 年开始，华为聘用埃森哲启动了 CRM（客户关系管理）。2014 年 10 月，华为和埃森哲已正式签署战略联盟协议，共同面向电信运营商和企业信息与通信技术（ICT）两大市场的客户需求开发，并推广创新解决方案。此外，华为通过与普华永道、IBM 的合作，不断推进核算体系、预算体系、监控体系和审计体系流程的变革。其次，在企业文化与激励机制层面，华为闻名于世的"狼文化"就是基于浓郁的风险意识的企业文化。生于忧患，死于安乐。华为"狼文化"的核心是基于风险意识而强调公司内外的无处不在的竞争意识。任正非常说："十年来我天天思考的都是失败，对成功视而不见，也没有什么荣誉感、自豪感，而是危机感。"而在激励机制方面，华为的员工内部持股制度又吸引了一流人才加入华为，极大地增强了公司的竞争力，提升了华为抵御、防范风险的能力。"在企业文化上坚持'狼性'文化与现代管理理念相结合，其薪酬和人力资源管理上的创新是吸引众多优秀人才进入华为的重要原因，其中股权激励扮演着重要角色。"[1] 再次，在执行力方面，华为超强的执行力也保障了风险防范和控制的成功。2019 年 5 月 16 日，美国商务部正式将华为列入"实体清单"的消息发出几个小时后，华为就第一时间发出致全球员工的公开信和致全球客户的公开信。在致全球员工的公开信中，华为指出"实体清单"事件的本质"是美国政府出于政治目的持续打压华为的最新一步"，表示"时间将会揭开虚伪的面具，阴霾过后阳光必然普照"，安抚员工情绪。在给全球客户的信中，华为表达了对客服负责的精神，表示"已经建立一整套严密有效的业务连续性管理体系，可以确保华为绝大部分产品在极端情况下继续服务我们的客户"，第一时间提振客户信心。之后，华为海思发出第三封公开信，宣布华为早就预料到要遭受美国的芯片断供制裁，未雨绸缪，已经成功研制了华为自己的芯片，在芯片方面安排了"备胎"，以此鼓舞士气，展示实力。

当下全球化虽然遭遇了一定的挫折，但从长远来看，全球化的趋势不可逆转。在全球化背景下，中国企业要发展，就要不断经历并小心应对企业发

---

① 谢琳，等：《危机下的股权激励——以华为公司为例》，《中国人力资源开发》，2009 年第 6 期。

展风险。"经济全球化犹如一把双刃剑，它使我国民族企业拥有广阔的发展
空间的同时，也给其带来巨大的挑战。这种挑战不仅来自全球的经济和技术
竞争，还来自世界政治格局动荡而引发的风险，以西方国家出于政治目的而
进行的经济掣肘尤甚。"① 风险不可怕，关键是企业应该增强风险防范与控
制能力。华为在控制和管理企业发展风险上的成功，可以为其他企业提供
借鉴。

第三节　法律风险的概念与特征

在一个法治社会，在一定的意义上，几乎所有其他类型的风险都可以视
为法律风险。法律风险产生的依据是法律规范。法律风险有其独特的内涵和
形成路径。法律风险有着不同的风险形态。

一、法律风险的内涵

（一）法律风险的概念

对如何定义法律风险，当下的风险管理理论界和实务界都存在着不同的
看法。首先，在风险管理理论界对法律风险的看法就存在一定分歧，大体有
四种不同的看法。① 认为法律风险是一种商业风险。例如，英国商业风险
管理者蒂姆·博依斯（Tim Boyce）（2004）在其《商业风险管理的第一本
书》中从风险管理角度出发，将企业法律风险看作是商业风险。② 认为法
律风险是一种违法的后果。如国内有学者认为结合对风险的定义，我们认
为，法律风险是指因为行为人不懂法、不守法、不用法而带来的否定性评
价，并给其带来物质上、精神上、身体上、声誉上的损失。② ③ 认为法律风
险是以为不规范行为引发的风险。例如，向飞、陈友春（2006）在《企业法

---

① 王晓航：《经济全球化背景下民族企业的危机传播——以华为"实体清单"事件为例》，《新闻
　研究导刊》，2019 年第 15 期。
② 高志宏，党存红：《企业法律风险管理导论》，东南大学出版社，2014 年，第 23 页。

律风险评估》中将企业法律风险定义为法律实施过程中，由于行为人做出的具体法律行为不规范导致的，与其所期望达到的目标相违背的法律不利后果发生的可能性。④ 认为法律风险主要是一种违反法律的风险，但也包含其他的一些情形。例如，有学者认为，企业法律风险是指基于法律规定或合同约定，由于企业外部法律环境变化或法律主体的作为及不作为，而对企业产生负面法律责任或后果的可能性。① 这种看法认为法律风险不完全等于违法风险。导致法律风险的行为除了违法行为之外，还包括自甘冒险行为以及法律的不确定性、法律环境的不完善性以及法律监控活动的不规范性导致的行为，在一定程度上还包括违反道德的行为。可以看出，上述四种看法中，除了第一种看法外，其他三种看法都不否认违反法律的行为是法律风险中最主要类型，三者的差别在于法律风险除了包含违法行为外，是否还存在其他情形以及这些其他情形的具体内容。

其次，在风险管理实务层面，对法律风险内涵的看法也存在一定的差异。在国外风险管理实务界，国际律师协会认为，法律风险是指主要由下列原因引起的使一个机构招致损失的风险：（a）有缺陷的交易；（b）结果使一个机构招致责任或其他损失（比如终止合同）的请求（包括对请求的抗辩或反请求）或其他事件；（c）未能采取适当措施保护一个机构所拥有的资产（比如知识产权）；（d）法律的变动。全球企业法律顾问协会对法律风险的定义是：企业所承担的发生潜在经济损失或其他损害的风险。标准化管理委员会颁布的《企业法律风险管理指南》（GB/T27914 – 2011）中将企业法律风险定义为：基于法律规定、监管要求或合同约定，由于企业外部环境及其变化，或企业及其利益相关者的作为或不作为，对企业目标产生的影响。

综上可知，无论是法律风险管理理论界还是法律风险管理实务界，虽然在法律风险的具体范围等方面存在差异，但大部分观点认为引起法律风险的主要原因是因为行为具有违法性，而法律风险后果主要就是违反法律的法律责任。

---

① 陈丽洁，等：《企业法律风险管理的创新与实践——用管理的方法解决法律问题》，法律出版社，2009 年，第 35 页。

【相关案例】　神雾集团的法律风险①

1966 年出生的吴道洪是著名的燃烧技术专家，亚太地区燃烧与能源利用（APISCEU）国际委员会委员，同时拥有两家在深圳的上市公司（神雾环保和神雾节能），他是神雾集团公司董事长兼总裁。2018 年吴道洪以 12 亿美元身家排名《福布斯》全球亿万富豪榜第 1867 名。但是短短一年多后的 2019 年 9 月，吴道洪的神雾集团遭遇重大法律风险，其旗下两家曾经市值之和达 600 多亿元的上市公司市值已经缩水 95% 以上。吴道洪及其神雾集团更是被法院列为失信人，资产遭遇大面积冻结，官司缠身。

1994 年，吴道洪获得北京航空航天大学博士学位后，进入中国石油大学做博士后。在中国石油大学攻读博士后期间，吴道洪以自己的七项专利技术为依托，创办了北京神雾喷嘴技术有限公司，向冶金、化工、陶瓷等高能耗企业出售烧嘴、燃烧器等节能产品。凭借着过硬的技术，1999 年，神雾公司年收入就达 900 万元。2005 年，吴道洪以 4 300 万元闪电收购了具有石化甲级资质的专业设计院华福工程有限公司。2007 年，吴道洪再次震惊业界，收购了国有的江苏省冶金设计院。彼时的吴道洪，内心怀着这样一个坚定的目标——将神雾建成世界 500 强企业。

公司的发展离不开资本的助推。2010 年，神雾开始 B 轮融资，从软银中国拿到 3 000 万美元。2011 年，由优势资本、中路资本和汉理资本共同进行了 C 轮投资。C 轮融资的融资额从未披露。但从 C 轮融资上述投资机构的高管纷纷入驻神雾董事会看，融资额应该不小。在资本的裹挟下，2014 年起，吴道洪陆续控股了九家公司。科学家出身的吴道洪似乎变身为一个资本高手，通过一系列让人眼花缭乱的重组合并，吴道洪把 9 家子公司合并为神雾集团。神雾集团旗下神雾环保、神雾节能分别在 2014 年和 2016 年借壳上市。上市 3 年，神雾环保股价累计上涨超 7 倍，至 2017 年 3 月市值最高点时达 379 亿元，神雾节能市值最高也超过 300 亿元。

---

① 有关神雾集团法律风险更多详情，可参见林夏淅：《两年毁掉 350 亿，神雾背后隐藏着什么？起底神雾财务造假术》，相关链接：腾讯网 https://new.qq.com/rain/a/20191001A05U0S，2019 年 10 月 15 日。

神雾集团发展之所以如此迅猛，并非在于公司经营业绩优秀，而是另有"秘诀"。第一个"秘诀"是通过关联交易虚增上市公司利润。通过设立项目公司，与项目公司之间进行一系列的关联交易来实现业绩上涨、股价飙升。以神雾环保为例，2017年关联公司贡献的销售额在全年营收中的占比高达73%。神雾集团的关联公司乌海洪远和新疆胜沃这两家关联公司占据了大客户前两位，仅乌海洪远一家就为神雾环保贡献了超50%的销售业绩。另一个"秘诀"是虚增货币资金。2019年5月底，神雾环保连同吴道洪、神雾集团被证监会立案调查。2019年9月6日证监会下发的决定书称，神雾环保2017年一季报、半年报、三季报货币资金列报数分别虚增不少于15.75亿元、8.35亿元和12.47亿元。更进一步地讲，神雾集团就是通过财务造假来实现公司业绩提升。

财务造假是严重的违法犯罪行为，涉嫌违反我国《证券法》第六十三条、第一百九十三条，《会计法》第十三条、第四十三条，《刑法》第一百六十条、第一百六十一条、第一百八十条、第一百八十二条、第一百八十四条、第二百二十四条、第二百二十九条等。如果财务造假构成犯罪，可能涉及的罪名包括合同诈骗罪、欺诈发行股票债券罪、出具证明文件重大失实罪或者提供虚假证明文件罪等。吴道洪及其神雾集团的财务造假违法行为还处在发酵过程中，事件的最后发展结果还充满不确定性。但可以确定的是，吴道洪及其神雾集团的行为已经引发了重大的法律风险，涉嫌违法犯罪，需要承担相应的风险后果。目前神雾集团市值的重大贬值，便就是这种法律风险的损害后果的一部分。

（二）法律风险的特征

1. 法律风险的客观性

风险的客观性决定了法律风险的客观性。法律风险作为风险的一种类型，作为风险的属概念，当然具备作为种概念的风险的一般属性。同时，法律的客观性与法律行为的客观性，也构成法律风险客观性的基础。法律风险的客观性表现为法律关系主体因行为目的不达而尽失成本费用的客观存在，同时也表现为其人身财产损害及承担法律责任的客观实在性。

2. 法律风险的不确定性

不确定性是风险的基本内涵，是风险的本质属性之一。风险的不确定性决定了法律风险的不确定性。法律风险作为风险的属概念，自然应该具备作为种概念的风险的一般属性。法律风险的不确定性同样与法律的不确定性相关联。法律的不确定性虽非法律的本质属性，但在一定程度上其确实是一种现实存在。法律的不确定性可以表现在法律规范本身可能存在的不确定性、法律修订与废止等法律变化的不确定性、法律实施中自由裁量的不确定性等诸多方面。法律的不确定性也在一定程度上构成了法律风险不确定性的基础。

3. 法律风险的价值性或损失性

风险的损失性决定了法律风险的价值性或损失性。法律风险的价值性或损失性体现在承担法律风险的主体以承担法律责任的方式承受法律风险的后果，而承担法律责任会导致价值的减少，具备损失性。承担法律责任包含民事责任、行政责任和刑事责任。行政责任和刑事责任通常会导致人身自由被剥夺或限制，甚至生命或法律主体资格被剥夺。承担违约金、赔偿损失等民事责任，罚款、没收非法所得等行政责任，以及罚金、没收财产的刑事责任均会导致行为人财产的减少。

4. 法律风险后果的强制性

法律由国家强制力保证实施的，使得其对社会主体具有普遍约束力。具体到企业，在日常经营活动中，如果某些企业的行为违反法律法规，或者侵害其他企业、单位或者个人的合法权益，就会诱发法律风险的爆发，其结果势必承担相应的民事、行政，甚至刑事等法律责任。法律责任的强制性特点，使得此时的企业必然要承担其相应的不利后果，面临法律制裁。

5. 法律风险原因的多元性

一方面，法律风险原因的多元性表现在大多数情况下，法律风险因违法而发生，而违法的形态具有多样性，违法原因、违法结果种类繁多；另一方面，法律风险原因的多元性还表现在，虽然一般情形下法律风险多因人们的违法行为而产生，但法律风险不等同于违法风险。除了违法行为之外，法律风险还可能因违规、违约、侵权、怠于行使权利以及行为不当等原因而引起。① 其中违规风险是因违反规范性文件等规定（如招投标违规）引起的风险。违约风险是违反合同约定、不履行或者不适当履行合同义务引起的风险。侵权风险是因侵犯他人合法权益引起的风险。怠于行使权利风险是未及时或未适当行使法定权利或合同约定的权利引起的风险。行为不当风险是指行为虽不属于违规、违约、侵权、怠于行使权利等四种情形，但是基于法律原因，其行为带给企业不利后果的风险，如不当的民事诉讼行为。另外，法律风险还包括因为法律的变化而引发的风险。由此可见，导致法律风险发生的原因是广泛的。

6. 法律风险与其他风险的关联性

如前文所述，不同类型的风险之间具有关联性。在企业风险体系中，许多风险并不是截然分开的，往往可能互相转化，存在交叉和重叠。法律风险与其他风险的关联性正是这种不同类型风险之间关联性的体现。法律风险与其他各种类型的风险联系密切，高度相关。比如政策风险、市场风险、汇率风险里往往也包含有法律风险。而在不同形式的法律风险之间也存在高度的关联性。

7. 法律风险的可预见性

首先，风险的可控性为法律风险的可预见性提供了基础。法律风险作为风险的属概念，同样具有可控性。而法律风险的可控性正是法律风险的可预见性的基础。其次，法律风险的可预见性取决于法律的可预见性。作为行为规范的法律规范正是凭借其可预见性为人们的行为提供指引。法律风险由法律规定或约定的原因产生，法律风险的后果是承担法律规定的法律责任，而这些都是可以预见的。法律风险属于可认知的风险，是可以在风险发生前进行风险预测，并通过改变行为而改变的风险。

8. 法律风险的规范性

与自然风险毫无规范性可言不同，法律风险具有规范性。法律风险的最

①　陈丽洁，等：《企业法律风险管理的创新与实践——用管理的方法解决法律问题》，法律出版社，2009 年，第 38 - 39 页。

主要根据是法律规范。引发法律风险的原因、承担法律风险的后果都是基于法律规范的规定。因此，法律风险具有规范性。

二、法律风险的形成路径

大体上，风险的形成路径决定了法律风险的形成路径。如前文所述，一般情形下，风险是遵循"危险源（第一种危险源）→潜在型风险隐患→现实型风险隐患→风险事故→损害后果"的层次递进链条演进和发生的。因此，法律风险也大体遵循这一风险演进路径而生成。但同时，法律风险的形成路径又具备自身的一些特点。具体而言，法律风险的形成路径是：

1. 存在相关法律规范，为法律风险提供规范依据。法律规范是法律风险产生的主要原因和依据。没有特定的法律规范，自然不会产生特定的法律风险。以企业人力资源管理中的法律风险为例，现实中一些企业出于节省人力成本考虑，不与员工签订劳动合同。如果我国《劳动合同法》对此没有规定，那么这一行为就不存在法律风险。但是，《劳动合同法》以相关具体条款规制了不签劳动合同的行为，就意味着这一行为可能生成法律风险。《劳动合同法》第八十二条规定："用人单位自用工之日起超过一个月不满一年未与劳动者订立书面劳动合同的，应当向劳动者每月支付二倍的工资。"这就意味着企业不签劳动合同的行为，可能引发向员工支付双倍工资的法律风险。《劳动合同法》第三十七条规定："劳动者提前三十日以书面形式通知用人单位，可以解除劳动合同。劳动者在试用期内提前三日通知用人单位，可以解除劳动合同。"《劳动合同法》第九十条规定："劳动者违反本法规定解除劳动合同，或者违反劳动合同中约定的保密义务或者竞业限制，给用人单位造成损失的，应当承担赔偿责任。"这意味着企业要承受未签劳动合同的劳动者可以随时提出辞职，并且可以不用承担赔偿责任的风险。《劳动合同法》第十四条规定："用人单位自用工之日起满一年不与劳动者订立书面劳动合同的，视为用人单位与劳动者已订立无固定期限劳动合同。"这意味着企业可能因为未签劳动合同且达到一年期限而被迫和员工签订无固定期限劳动合同的法律风险。《劳动合同法》第三十九条规定，劳动者在试用期间被证明不符合录用条件的，用人单位可以解除劳动合同。这意味着对签了合同约定了试用期的员工，企业可以在试用期内以不符合录用条件为由随时辞退员工且不用支付经济补偿金。而未签劳动合同就不存在试用期的问题，辞退员工就必须给付经济补偿金。这意味着如果企业不签劳动合同，要承担试用期内辞退职工需要支付赔偿金的风险。另外，《劳动合同法》第七十七条规定："劳动者合法权益受到侵害的，有权要求有关部门依法处理，或者依法申请仲裁、提起诉讼。"企业不签订劳动合同的行为，可能遭受劳动者投诉、举报、仲裁、诉讼。这意味着企业不签劳动合同还可能要承受被举报、被诉讼的风险。

2. 存在违反法律规范的违法行为，即存在所谓的法律风险隐患。以不签劳动合同的法律风险为例，企业出现了不与员工签订劳动合同的事实，就是出现了这种法律风险隐患。

3. 出现法律风险事件。即法律风险隐患已经演进为现实的法律风险事件。例如，因为企业不签订劳动合同，员工已经依照《劳动合同法》相关规定，采取了举报、劳动仲裁、诉讼等行动，提出了诸如支付双倍工资、签订无固定期限合同等各种具体的权利诉求。

4. 承担法律风险后果。即企业承担自身违法的行为的法律责任。以不签劳动合同这种违法行为的风险隐患为例，员工提出的权利诉求，劳动仲裁、诉讼可能裁定企业败诉，企业承担诸如双倍支付工资、签订无固定期限劳动合同的法律责任，承受法律风险后果。

需要说明的是，上述法律风险的形成路径是一般情况下法律风险产生的路径，而非适用法律风险演进和生成的所有情况。特殊情况下，法律风险的演进和生成可以遵循另外一些模式。例如，对于因法律变化而导致的法律风险，其形成路径可能相对简单，即按照法律规范变化→法律风险发生→承担法律风险后果的路径发生。例如，近年来面对乱象丛生、野蛮生长的 P2P，央行、银监会等金融监管部门曾经在某一特定时间内出台相关 P2P 合规的规章与规范性文件，强化对 P2P 的监管，一夜之间提高了 P2P 合规标准，导致很多经营 P2P 的公司暴雷或者倒闭清盘，爆发法律风险。而这就是遵循法律规范变化→法律风险发生→承担法律风险后果的法律风险形成路径。

三、法律风险的主要形态

与风险可以基于不同的分类标准划分为不同的类型一样，法律风险同样可以基于不同的标准划分为不同类型，呈现形态的多样性。例如，根据引发法律风险的因素来源不同，可以分为外部环境法律风险和企业内部法律风险。所谓外部环境法律风险是指由于企业以外的社会环境、法律环境、政策环境等因素引发的法律风险。所谓企业内部法律风险是指企业内部管理、经营行为、经营决策等因素引发的法律风险。同时，还可以根据法律风险与企业的密切程度不同，可以分为直接法律风险和间接法律风险。直接法律风险是指由于企业自身的行为或企业直接参与的法律关系相对人的行为而产生的法律风险，如合同关系和劳动关系引起的法律风险。间接法律风险则是指企业由于受到其他法律关系的牵连而引起的法律风险，例如因担保发生的法律风险。另外，也可以根据法律风险导致的法律责任不同，分为刑事责任风险、民事责任风险、行政责任风险、单方权益丧失风险等。"因此，无论大型国际化集团，还是初创的小微企业，首先要审视的就应当是自身的刑事法律风险……"① 最后，还可以从风险主体行为的地域范围为标准，将法律风险划分为国内行为中的法律风险和国际行为中的法律风险。国内行为中的法律风险主要指违反本国法律带来的风险；国际行为中的法律风险就非常复杂，涉及外国法律的适用以及本国与外国的司法协助问题。如对外投资中的法律风险、境外并购中的法律风险、国际贸易中的法律风险等。笔者认为，基于一般学理角度对法律风险类型的划分，结合当下中国企业法律风险发生的实际，下列形态的法律风险是主要的法律风险类型：① 违规风险。即企业因为违反其他规范性文件、行业规定、技术规范以及其他规定而引发的法律风险。一般而言，其他规范性文件、行业规定、技术规范以及其他规定虽然并非严格意义上的法律，不是正式的法律渊源，但是这些规范具有很强的规范性，违反这些规定会承担相应的后果，这种后果往往与承担法律责任的后果没有实质差别。② 违法风险。这是法律风险的最典型形态，是法律风

---

① 韩轶：《企业刑事合规的风险防控与建构路径》，《法学杂志》，2019 年第 9 期。

险的主要类型。违法风险即因为企业存在违反法律的行为引发的风险。违法风险的后果是承担法律责任。依据违法风险中违法行为违反的法律不同，又可以分为违反民事法律的风险、违反刑事法律的风险、违反行政法律的风险等。违反民事法律的风险、违反刑事法律的风险、违反行政法律的风险的风险后果分别表现为民事责任的承担、刑事责任的承担和行政责任的承担。③ 违约风险。即风险主体违反合同约定而承担的法律后果。一般情形下，风险主体违反合同，需要承担违约责任，即违约责任是违约风险的后果。本质上违约风险仍然属于违法风险的一部分，因为违约责任仍然是一种法律责任。④ 侵权风险。即风险主体侵犯另一方人身权、财产权而以承担侵权责任表现出来风险后果的法律风险形态。同样侵权行为也是一种违法行为，侵权责任也是一种违法责任，故侵权风险本质上也是违法风险。⑤ 行为不当风险。这类风险是指除了违法、违约、侵权等行为之外的其他诸如违反道德、习俗、惯例等不当行为引发的风险。一般情形下，此类行为不当也可能引发风险主体以承担相应的法律责任的方式承担风险后果，对风险主体造成利益上的损失。故此类行为不当风险仍可以视为违法风险的一种特殊形态。⑥ 怠于行使权利风险。怠于行使权利风险即风险主体因为没有在法定期限内行使权利而导致的风险。很多情形下，法律规定了权利的除斥期间与消灭时效制度。如果未能在法定期限内行使权利，就会导致权利灭失的法律后果，而权利的灭失对当事人而言构成一种利益上的损失。例如，我国《继承法》第二十五条第二款规定："受遗赠人应当在知道受遗赠后两个月内，作出接受或者放弃受遗赠的表示。到期没有表示的，视为放弃受遗赠。" 如果受遗赠人在两个月内不行使接受遗赠的权利，就会发生丧失遗赠的后果，即受遗赠人因为怠于行使权利而承受了风险。再例如《民法总则》第一百八十八条第一款规定："向人民法院请求保护民事权利的诉讼时效期间为三年。法律另有规定的，依照其规定。" 如果风险主体没有在三年的诉讼时效内起诉，就可能丧失胜诉权，承担丧失胜诉权的风险后果。

第二章　法律风险管理概述

掌握法律风险管理的概念，需要结合法律风险管理的主体、目标、内容、原则进行理解。法律风险管理具有充足的必要性和特定的目标。进行法律风险防控需要构建法律风险防控队伍，依照法律风险防控的环节和方法进行。

第一节　法律风险管理的概念

对法律风险管理概念的理解，在理论上和实务中都存在一些不同的看法。应该在明确法律风险管理的主体、内容、原则的基础上，确立法律风险管理的定义。法律风险管理与全面风险管理、内部控制、合同风险管理等相关概念既有联系，也有明显的区别。法律风险管理具有充足的必要性。

一、什么是法律风险管理

要从严格的学术层面精准描述法律风险管理的含义，其实并不是一件容易的事。到目前为止，关于法律风险管理的概念，一方面在理论上没有形成通说，另一方面在法律风险管理实务中对法律风险管理的定义也不尽相同。例如，有学者认为，企业法律风险管理是在对法律风险主体的自身目标、状况及其所处环境进行充分了解的基础上，围绕企业的总目标、结合企业及所处行业的特点、企业外部因素等，采取综合、系统的手段充分利用法律所赋予的权利，以事前控制为主避免或降低企业法律风险不利后果的法律事务处理全过程。① 还有学者认为：企业法律风险管理是一个由决策层、管理层及其他相关人员参与的，在企业经营管理的各个环节识别、控制法律风险，为企业目标的实现提供安全保证的过程。② 在法律风险管理实务层面，COSO《内部控制——整合框架》中认为法律风险管理是通过将控制环境（Control Environment）、风险评估（Risk Assessment）、控制活动（Control Activities）、信息与沟通（Information and Communication）和监控（Monitoring）等五个相互关联的环节融为一体，构成企业内部控制体系并融入企业经营活动中的过程。2011 年国家标准化管理委员会发布的《企业法律风险管理指南》中的"5.1 概述"中认为法律风险管理是企业全面风险管理的组成部分，贯穿于企业决策和经营管理的各个环节。法律风险管理过程由明确法律风险环境信息、法律风险评估、法律风险应对、监督和检查等环节构成，而其中的法律风险评估环节又包括法律风险识别、法律风险分析和法律风险评价等 3 个步骤。可以看出，对诸如法律风险管理的主体、法律风险管理的内容、法律风险管理的方法、法律风险管理的原则、法律风险管理的目标以及法律风险管理与风险管理的关系等问题的理解，法律风险管理理论界与实务界的看法都不尽一致。我们认为，应该从以下几个方面把握和理解法律风险管理的概念：

第一，明确法律风险管理的主体。明确法律风险管理概念前，先要厘清法律风险管理主体。一般而言，法律风险管理的主体涉及两大类，即企业和非企业。企业作为广泛而主要的市场主体，时刻可能遭遇各种风险，因而其是最常见的法律风险管理主体。而非企业的法律风险管理主体主要指政府、事业单位、社会组织等。政府、事业单位、社会组织等在其存续或者运营过程中，也可能遭遇各种类型的法律风险，也需要进行必要的法律风险管理。

---

① 吴江水：《完美的防范——法律风险管理中的识别、评估与解决方案》，北京大学出版社，2010 年，第 66 页。

② 谢仁海：《企业法律风险管理的理论与实务》，江苏大学出版社，2012 年，第 6 页。

【相关案例】 **"郭美美事件"揭示的中国红十字会法律风险管理失误——社会组织作为法律风险管理主体①**

2011年6月20日，认证为"中国红十字会商业总经理"的新浪微博账户"郭美美 baby"发表的一则炫富微博"住大别墅，开玛莎拉蒂"，迅速引发公众对红会的质疑狂潮。6月21日郭美美在微博澄清自己所在的公司简称是"红十字商会"，只是与红十字会有合作关系，自己并非中国红十字会员工。6月22红十字会官方微博发表声明称郭美美事件与红十字会无关。新浪微博也迅速发表声明，称对郭美美的微博身份认证出现了错误。6月24日，红十字总会在官方网站宣称将启动法律程序维护红十字会的声誉。但一直到2年的诉讼时效届满（当时适用《民法通则》第一百二十条关于侵犯名誉权诉讼时效的规定），也不见中国红十字会起诉。2011年6月26日，郭美美再次在新浪微博发表声明称自己从未在中国红十字会工作，并对给红十字会造成的损害给予道歉。但几乎所有网民对各方这一连串的澄清和声明都不买账，质疑之声持续发酵，中国红十字会在公众中的形象一落千丈，遭遇重大的信任危机风险。2011年底，红十字会采取了系列改革措施：将公募基金职能剥离给基金会，建立社会监督委员会，撤销商业系统红十字会（即所谓的"商红会"），建立信息公开平台等。外界解读中国红十字会希望通过以上举措来缓解公众对中国红十字会的质疑，应对自身遭遇的信任危机。但是这些措施并没有多少效果。后中国红十字会又组织了由中国红十字会的书记、副书记、组织处长和四位来自司法界、商界、社科界以及监督部门的第三方人士等7人组成联合调查组，启动"郭美美事件"的正式调查。联合调查组最终发布的1 500字的调查报告，由于没有回应公众舆论关切的核心问题而被网友嗤之以鼻。2013年4月20日8点四川雅安芦山发生7.0级地震。4月20日16：40中国红十字会发布《中国红十字会救助四川雅安地震呼吁书》，呼吁社会各界行动起来捐款救灾，却引发大量网友"滚""不捐给郭美美"

---

① 本案例根据以下材料撰写：1. 林彬，于天姿：《网络民意导入政策议程的路径思考——基于"郭美美"事件的分析》，《管理观察》，2016年第14期；2. 张海兵：《公共危机对公益传播的促进意义——中国红十字会官方网站新闻内容为例》，《东南传播》，2017年第8期；3. 张东峰：《郭美美事件：在喧嚣舆情中发现真相》，《青年记者》，2018年第25期。

等留言。芦山地震灾后 12 小时内，红十字会仅收到区区 14 万元捐款。可见虽然过去了快三年，"郭美美事件"给中国红十字会造成的伤害仍在持续。

中国红十字会作为著名的社会组织，因郭美美这样一个 20 多岁的小姑娘的一则微博而遭遇重大风险。表面上看，对中国红十字会而言，这属于典型的"躺枪"。但实质上，郭美美引发的中国红十字会的风险事件，本质上有其内在合理性。公众之所以因郭美美一则炫富微博而质疑中国红十字会这样著名的社会组织，引发中国红十字会的信任危机风险，根本原因还是中国红十字会在长期运作过程中因账目不公开、商业红十字会涉嫌不当盈利等长期遭人诟病的流弊而积累的民怨。郭美美的炫富微博，只是这种民怨爆发引发中国红十字会风险的诱因。中国红十字会遭遇的这种公众信任危机风险，其实是一场典型的法律风险，应该通过法律风险管理予以应对。郭美美炫富微博盗用中国红十字会的组织名称，构成对作为社会组织法人的中国红十字会的法人名誉权的侵犯。从法律风险管理的角度来说，中国红十字会应该及时向法院起诉郭美美侵犯自己的名誉权。但在此案中，中国红十字会却只是在通过不断辟谣、采取一些无关紧要的制度改革、通过联合调查发布不具说服力的调查报告等相对缺乏力度、未能切中要害的手段处置这场法律风险。而对最能切中要害的起诉郭美美这一法律风险管理手段，其虽然曾经提及，但却一直没有付诸实施。因此，社会组织在运营过程中，也时刻可能遭遇法律风险，需要及时、正确地进行法律风险管理，社会组织也是法律风险管理主体。

不同的法律风险管理主体，其法律风险管理的内容与侧重点有所不同，法律风险管理内涵存在一定差异。例如，政府机关、事业单位、社会组织与企业的法律风险管理在法律风险管理的内容与侧重点方面肯定不一样。从逻辑学上看，一般认为法律风险属于风险的属概念，法律风险管理是风险管理的属概念。风险管理 20 世纪五六十年代起源自企业管理过程中，是作为市场经营主体最主要部分的企业为了追求经营效益的最大化、面对现代市场经济条件下风险隐患越来越多、风险系统越来越复杂的市场，出于规避市场上各种风险、避免和减少风险事故造成的损失而进行的有组织的排除风险隐患、预防风险事件发生的一系列管理活动。因此，作为管理学内容的风险管理，从其发展和兴盛的一开始，就主要是针对企业这种主体而设计的。虽然在现代社会这样一个各种风险彼此交织、风险隐患层层叠叠的风险社会，从政府机关、社会组织、企业乃至个人于国家，无不具有风险管理的必要而可以成为风险管理主体，但长期以来，作为一种约定俗成，在没有特别指明的情况下，风险管理的主体主要是指企业。依照法律风险管理是风险管理属概念的逻辑，除非特别指出，在一般情况下法律风险管理的主体都是指企业。同时，从法律风险管理起源与发展脉络看，其主体也主要是企业。随着现代社会法治治理体系的日趋复杂、庞大，法治治理理念日渐深入人心、法治权威不断强化，企业的经营活动越来越被置于日益细密、严苛的市场法治体系之下，企业所面临的各种风险很大程度上转化为法律风险。因而在企业进行风险管理过程中，企业法律风险管理成为其中十分重要的内容，并逐渐脱离企业风险管理而获得独立地位。企业法律风险管理最早在一些大型跨国企业中出现，并最终被绝大多数企业效仿。与企业风险管理主要涉及管理学知识，属于管理学知识体系有所不同，企业法律风险管理在涉及管理学知识的同时，更多涉及法学知识体系，属于跨越管理学和法学的跨学科知识体系。因此，虽然法律风险管理的主体不限于企业，但一般情况下，法律风险管理主要是是针对企业这种主体而言。除非特别说明，本书中所言的法律风险管理，也主要是针对企业这种法律风险管理主体而言的。

　　第二，法律风险管理的内容主要是消除企业经营过程中的违法行为与不当行为的隐患，避免因企业的经营管理行为违法、不当而承担相应的法律后果。法律风险管理作为风险管理属概念，最大的特点在于其管理的不是一般意义上的风险，而是法律风险。虽然如本书第一章第二节所提到的，一方面，在现代社会法治治理体系不断扩充、法治治理不断强化的背景下，几乎绝大多数其他风险最终都可以转化为法律风险，区分法律风险与其他风险的边界成为一件困难的事；另一方面，现实中各种类型的风险往往相互关联甚至互为因果，出现一种风险共生、伴生的现象，也增加了区分法律法规与其他类型风险的难度。但是如果我们严格遵循法律风险的基本内涵，以法律风险基本内涵为标准，还是可以大体上将法律风险从其他类型的风险中区分开来。区分法律风险与其他类型风险，是明确法律风险管理内涵的前提。"对于法律风险，我们不能作泛化的理解，而应当明确区分法律风险同其他风险的界限，对于风险伴生及风险互为因果的情况，我们要通过一些辨识因素和方法将法律风险剥离出来。"① 法律风险主要指的是行为涉嫌违法或者不当的风险，偶尔也包括法律急剧变化导致行为主体无法适应或者适应不当引起的风险。对企业而言，法律风险主要指的是企业的经营管理活动、企业内部的制度安排与内部管理活动、企业其他行为（如企业不当的起诉、应诉的诉讼行为、企业怠于行使权力导致权利灭失的行为等）等存在违法的隐患或者存在不当，可能使得企业需要因此承担相应的法律责任、导致利益损失或者其他损失（如商誉减损等）的风险。相应地，法律风险管理的内容主要就是在全面筛查、摸排企业法律风险隐患的基础上，经过对企业法律风险的专业评估，有针对性地通过诸如健全企业内部制度、规范企业内部管理行为、对特定事项（如合同）进行合法性审查、参与企业重大决策并提供法律决策咨询建议等一系列的措施，纠正企业违法、不当行为，消除企业法律风险隐患，并最终使企业免于承担违法、不当行为的法律后果，避免企业遭受经济损失或者其他损失。

第三，法律风险管理应该遵从依法管理、科学管理、动态管理的原则。首先，法律风险管理的原则应该建立在风险管理原则的基础上，是对风险管理原则的进一步凝练。由原国家质量监督检验检疫总局和国家标准化管理委员会 2009 年发布的《风险管理原则与实施指南》中，将风险管理的原则概括为：控制损失，创造价值、融入组织管理过程、支持决策过程、应用系统的、结构化的方法，以信息为基础，环境依赖、广泛参与、充分沟通、持续改进等原则。法律风险管理作为风险管理的属概念，其遵从的原则应该是风险管理原则进一步精炼的产物。因此，上述数量众多的风险管理原则不可能都作为法律风险管理原则。其次，法律风险管理原则应该具有一定的抽象性，不应该面面俱到。由国家标准化管理委员会发布，2012 年 2 月起实施的《企业法律风险管理指南》中的"企业法律风险管理原则"将法律风险管理

---

① 高志宏，党存红：《企业法律风险管理导论》，东南大学出版社，2014 年，第 28 页。

原则概括为：以企业战略目标为导向的原则、审慎管理的原则、与企业整体管理水平相适应的原则、融入企业经营管理过程的原则、纳入决策过程的原则、纳入企业全面风险管理体系的原则、全员参与、全过程开展的原则、持续改进的原则等 8 个法律风险管理原则。这 8 个法律风险管理原则几乎涵盖了法律风险管理的各个环节，面面俱到，缺少对原则背后理念的抽象，显得过于庞杂。

　　基于上述逻辑，我们认为法律风险原则应该包括 3 个原则：依法管理原则、科学管理原则和动态管理原则。依法管理原则是指法律风险管理本质上是以法律规范作为标准对企业营运各个方面进行的一种合规性管理，即以法律规范作为判断标准对企业各种经营管理行为进行的合法性判断。依法管理原则是区分法律风险管理与非法律风险管理的主要标志，也正是依法管理的原则决定了法律风险管理应该主要是法学学科研究的范畴，而不像风险管理那样主要是管理学研究的范畴。科学管理的原则是指法律风险管理在遵从依法管理原则、满足合法性要求的前提下，也应该满足合理性、效率性等要求。一方面，在企业各种经营管理活动满足合法性的前提下，从企业利润最大化这一企业经营宗旨出发，也应该满足合理性、效率性等要求。例如，对企业存在专利侵权的法律风险进行法律风险管理，在制订相关纠正专利侵权风险的方案时，就应该设计、选择执行起来最便捷、成本最小、最具有效率性的纠正专利侵权风险的方案，在确保纠正企业专利侵权风险、满足合法性要求的前提下，兼顾合理性、效率性；另一方面，在对企业某些不当行为的法律风险管理中，解决的不是违法性问题，而是单纯涉及合理性问题，这就更体现出科学监管原则的意涵。例如，在对企业不当做法进行法律风险管理时，企业作为原告起诉其他企业维护自身权益，就可能存在不同类型的诉权竞合。这可能包括专利侵权之诉与不正当竞争之诉的竞合、商标侵权之诉与不正当竞争之诉的竞合、合同之诉与侵权之诉的竞合等。此时法律风险管理的方案就应该按照利益最大化的考量，选择最有利于原告起诉、最有可能胜诉、保护的利益最大的起诉方式。动态管理原则是指对企业进行法律风险管理是一个持续不断的动态过程，要及时、不间断地进行法律风险管理。这是因为，企业的营运活动是一个持续不断的周而复始的活动，随着企业持续不断的运营，新的法律风险隐患会随着企业新的经营管理行为而出现，因此需要对企业进行持续不断的、及时的法律风险管理。

综上，我们认为，从法律风险管理的主体、法律风险管理的内容、法律风险管理的原则等方面看，法律风险管理是指企业围绕经营战略，以法律规范为标准，对企业各种层次各种类型的经营管理行为进行的持续性的排除法律风险隐患、纠正不当行为，从而避免企业损失的动态过程。

二、法律风险管理与相关概念

正确理解法律风险管理，需要恰如其分地界定其概念的内涵和外延。这其中很重要的一个问题是需要区分法律风险管理与相关概念。结合风险管理的理论研究与实践发展，全面风险管理、内部控制、合同风险管理等概念是与法律风险管理相关的概念，需要我们从概念的内涵和外延上与法律风险管理进行必要的厘清，以更好地把握法律风险管理概念的内涵。

（一）全面风险管理与法律风险管理

所谓全面风险管理（Comprehensive Enterprise Risk Management，CERM）是指基于企业运营的全局进行的企业经营全覆盖的风险管理。2006 年国务院国有资产监督管理委员会发布的《中央企业全面风险管理指引》第四条将全面风险管理定义为："所称全面风险管理，指企业围绕总体经营目标，通过在企业管理的各个环节和经营过程中执行风险管理的基本流程，培育良好的风险管理文化，建立健全全面风险管理体系，包括风险管理策略、风险理财措施、风险管理的组织职能体系、风险管理信息系统和内部控制系统，从而为实现风险管理的总体目标提供合理保证的过程和方法。"在国外，20 世纪90 年代全面风险管理首先兴起于一些大型跨国企业，继而被一般企业采用。全面风险管理旨在以系统论的风险管理方法，从企业运营的全局和所有环节管理和控制企业经营的全部风险，强调对风险的全过程无死角的全覆盖管理。"企业全面风险管理可以在企业整体层面制定风险战略，构建内控体系，完善风险管理制度，优化流程和组织职能，为企业构建风险管理的长效机制，从根本上提升风险管理的效率和效果，最终帮助企业实现风险管理的各项目标。"① 而国内对全面风险管理的引入是 2005 年左右的事情。随着 2001 年中国加入世贸组织，中国企业的海外经营活动开始越来越频繁。在这一过程中企业面临的风险也迥异于以往。企业营运面临的风险在量上有显著增加，在质上有显著变化，原来不太会出现的跨国经营带来的政治风险、法律风险乃至宗教文化风险开始出现。因此，在这一时期，主要通过由政府国资主管部门、证券监督管理机构、行业监督机构等制定的相关法律、法规、指引等推动，首先在一些跨国经营的大型央企建立和落实全面风险管理制度。2004 年 5 月，国务院国有资产监督管理委员会发布的《国有企业法律顾问管理办法》中首次出现了"法律风险防范"的表述。2006 年 6 月，国务院国有资产监督管理委员会发布《中央企业全面风险管理指引》，正式开始在中央企业推行全面风险管理。

　　需要明确的是，法律风险管理不等同于全面风险管理，而是全面风险管理中的主要内容。全面风险管理和法律风险管理是整体和部分的关系。"随着国内众多法律风险管理工作的实践，法律风险已经成为全面风险管理工作的重要组成部分，也是发展最快，也比较成熟的风险控制模块。"②《中央企业全面风险管理指引》第三条规定法律风险管理作为与战略风险管理、财务风险管理、市场风险管理、运营风险管理并列的 5 种风险管理之一。2011 年国家标准化管理委员会发布的《企业法律风险管理指南》中的"5.1 概述"中也指出"法律风险管理是企业全面风险管理的组成部分"。作为整体的全面风险管理中很多其他风险管理内容很难纳入到作为部分的法律风险管理内容的范畴。例如，关于财务风险管理，《中央企业全面风险管理指引》第十三条规定："在财务风险方面，企业应广泛收集国内外企业财务风险失控导致危机的案例，并至少收集本企业的以下重要信息（其中有行业平均指标或先进指标的，也应尽可能收集）：（一）负债、或有负债、负债率、偿债能

① 高志宏，党存红：《企业法律风险管理导论》，东南大学出版社，2014 年，第 50 页。
② 朱艳艳：《企业运营中法律风险防范的基本问题与比较研究》，天津科学技术出版社，2013 年，第 39 页。

力；（二）现金流、应收账款及其占销售收入的比重、资金周转率；
（三）产品存货及其占销售成本的比重、应付账款及其占购货额的比重；
（四）制造成本和管理费用、财务费用、营业费用；（五）盈利能力；
（六）成本核算、资金结算和现金管理业务中曾发生或易发生错误的业务流
程或环节；（七）与本企业相关的行业会计政策、会计估算、与国际会计制
度的差异与调节（如退休金、递延税项等）等信息。"很明显，上述条文中
提及的诸如负债、或有负债、负债率、偿债能力、现金流、应收账款及其占
销售收入的比重、资金周转率等引发的风险，基本上不是法律问题而是纯粹
的财务问题，不属于法律风险管理的内容。因此，不能基于法律风险概念的
弹性而将法律风险管理的内容无限扩张。如果将法律风险管理的内容无限扩
张，则法律风险管理就有可能混同于全面风险管理。将法律风险管理等同于
全面风险管理，只会造成法律风险管理概念的泛化。

（二）内部控制与法律风险管理

内部控制简称内控，其基本含义是指企业内部的控制运作。内部控制起
源自 20 世纪 20 年代，最初主要是作为一种基于企业财务会计角度、通过企
业内部有效的业务流程设计来控制企业财务风险的制度，最初的内部控制又
称内部会计控制。1949 年美国注册会计师协会首次对内部控制进行如下定
义："内部控制是企业为了保证财产的安全完整，检查会计资料的准确性和
可靠性，提高企业的经营效率以及促进企业贯彻既定的经营方针，所设计的
总体规划及所采用的与总体规划相适应的一切方法和措施。"随着内部控制
的发展，其开始超越财务会计领域，发展到企业管理的内部风险控制。1958
年美国注册会计师协会下属的审计程序委员会在其通过的第 29 号《审计程
序公告》中首次将内部控制划分为内部会计控制和内部管理控制。20 世纪
90 年代后，内部控制进入构建内部控制框架的发展阶段。1992 年 9 月，
COSO委员会发布《内部控制——整合框架》（即 COSO 报告），并于 1994 年
进行了增补。1992 年的《内部控制——整合框架》把内部控制宽泛地定义
为一个由主体的董事会、管理层和其他人员实施的、旨在为实现控制目标提
供合理保证的过程。2002 年美国《萨班斯-奥克斯利法案》出台。为了减少

不准确或者欺诈的财务报告，《萨班斯-奥克斯利法案》从法律角度强制性要求在美上市的公司向公众提供内部控制评价报告，并由审计师出具相关审计意见。为了反映《萨班斯-奥克斯利法案》的精神和要求，2004 年，COSO在《内部控制——整合框架》基础上又发布了新的企业内部控制架构——《企业风险管理——整合框架》（Enterprise Risk Management—integrated Framework，ERM 框架），进一步拓宽了内部控制的范围，将内部控制拓展到一般意义上的企业风险管理这一更宽泛的层面。2008 年 5 月，财政部、证监会、审计署、原银监会以及原保监会颁布了《企业内部控制基本规范》。该规范是上市公司必须施行的规则，对非上市公司的其他企业而言则是鼓励其施行。2010 年 4 月财政部、证监会、审计署、原银监会以及原保监会又发布了《企业内部控制配套指引》（该文件包含《企业内部控制应用指引》《企业内部控制评价指引》和《企业内部控制审计指引》3 个文件）。《企业内部控制配套指引》自 2011 年 1 月 1 日起在境内外同时上市的公司施行，自 2012 年1 月 1 日起在上海证券交易所、深圳证券交易所主板上市公司施行。从上述内部控制的起源、发展看，与全面风险管理相比，内部控制作为一种风险管理制度，其范围要比全面风险管理的范围小得多。一方面，从风险管理的范围看，法律风险管理比内部控制的范围大，而法律风险管理涉及企业经营管理全部领域。内部控制的范围主要局限于企业内部领域尤其是企业财务领域。在其诞生时期，内部控制就是针对企业财务风险管理的制度。随着内部控制制度的发展，虽然其由财务风险拓展到企业管理风险，但仍然明显偏向企业财务风险管理这一领域。即便 2004 年 COSO 发布《企业风险管理——整合框架》这一企业内部控制新框架后，仍然能看出内部控制主要偏重财务风险管理的特点。另一方面，就风险管理内容看，法律风险管理限于法律风险，而内部控制主要以财务风险为主，虽然包含法律风险，但不限于法律风险。因而，总体而言，内部控制与法律风险管理总体上呈现一种交叉关系。因此，我们在把握法律风险管理内涵时，也不能在严格限制法律风险概念内涵与外延的基础上过于限缩法律风险管理的范围。如果过于限缩法律风险管理的范围，则有可能使得法律风险管理类同于企业的内部控制。

（三）法律风险管理与合同风险管理

在法律风险管理实务层面，合同风险管理是其中非常常见的业务内容。合同风险管理（也称合同管理）是指企业对以自身为当事人的合同依法进行订立、履行、变更、解除、转让、终止以及审查、监督、控制等一系列行为的总称。合同风险管理本身是企业内部控制的重要环节。在一些特定行业如建设工程领域，合同风险管理作为项目管理的核心，既是一种风险管理手段，同时也是企业日常营运本身，是企业经营活动的有机组成部分。在国外，从 20 世纪 70 年代初开始，随着工程项目管理理论研究和实际经验的积累，合同风险管理作为一种风险管理手段越来越引起人们的重视。在我国，合同风险管理在企业风险管理和风险管理理论研究中，都占据重要位置。实务中，合同风险管理主要包括以下内容：① 参与合同订立。即参与合同的订立协商、谈判，审查合同订立主体资格，排除因合同主体导致合同无效的合同法律风险，确保合同的顺利订立。② 进行合同审查。即审查合同文本，通过对合同文本的逐条审查，依照《合同法》的规定，从合同形式和合同内容上对合同文本进行把关，排除合同文本在合同形式上的缺失，确保合同内容符合《合同法》的要求。③ 监督合同履行。即通过实时的不间断的对合同的流程管理监督合同的履行，及时发现和处置合同履行中出现的各种问题，排除合同履行中的法律风险。④ 参与合同纠纷处理。即在出现诸如违约等合同纠纷事件时，参与对合同纠纷的处理，通过采用协商、仲裁、诉讼等各种合法手段，寻求合同纠纷的合理解决，避免出现在违约索赔、纠纷处理谈判等过程中出现不当行为引发合同纠纷处置的法律风险，损害企业的利益。

一般而言，合同风险管理在管理内容上主要是法律风险，属于法律风险管理重要内容。因此，可以认为，法律风险管理与合同风险管理是一种整体与局部的关系，法律风险管理包含合同风险管理。我们在把握法律风险管理内涵时，也不能在严格限制法律风险概念内涵与外延的基础上过于限缩法律风险管理的范围，将法律风险管理限缩为合同风险管理。

三、法律风险管理的必要性

作为风险社会的现代社会，本就充斥着各种类型的风险。而大部分风险，都可以最终归结为法律风险。企业作为主要的市场主体，其经营管理活动无时无刻或多或少暴露在各种潜在的风险当中，从企业内部的诸如人事、财务、生产等管理制度，到企业的市场销售中的产品质量与消费者权益、市场竞争关系、政府监管，再到企业的环境保护、社会公益等社会责任，乃至企业的知识产权战略等经营战略等，都是可能发生法律风险事件的领域。面对这样一个风险丛生的世界，企业经营的第一要务首先就是要学会如何进行法律风险管理。"企业法律风险是企业在运营过程中不可避免的风险要素之一，也日益成为企业可持续发展的重要影响因素。鉴于此，消除法律风险问题也成为企业面临的重要任务。"① 另一方面，对当下中国的企业来说，随着中国经济发展的转型升级、国内市场日趋饱和以及"一带一路"倡议的进一步推进，越来越多的企业需要走出国门，进行全球布局与全球经营，这意味着企业的经营活动要承受更多的法律风险。"随着'走出去'战略的积极推行，中国企业海外投资在取得显著成效的同时，也面临巨大风险。其中既有政治风险、文化风险，也有商业风险、道德风险和法律风险，但多数风险最终都可以归结为法律风险。"② 对跨国经营的企业而言，进行法律风险管理就具有更强的必要性。因此，企业进行法律风险管理，以法律风险管理规避法律风险的发生，具有现实必要性。具体而言，企业法律风险管理的必要性体现在以下三个方面：

（一）法律风险管理是实现企业经营目标的需要

每一个企业从设立之初，都会确立企业自身的经营目标。虽然不同行业的企业以及同一行业的不同企业的经营目标可能各有其具体内容，但总体而

---

① 卫德佳，陈旭：《企业法律风险的量化评价模型构建及应用》，《统计与决策》，2017 年第 16 期。
② 刘贵祥，麻锦亮：《中国企业"走出去"法律风险及其司法应对》，《法律适用》，2013 年第 5 期。

言，企业最基本的经营目标是寻求利润，实现企业利润最大化。而要做到这一点，需要企业的经营活动顺风顺水，不出现法律风险事件。因为如果企业遭遇法律风险，出现法律风险事故，不但可能影响企业赚取利润的经营目标的实现，甚至有可能沉重打击企业的生存能力，使得企业的持续经营能力不足。对一些规模较小的企业而言，则更是如此。"我国中小企业的平均寿命较低，很大一部分原因在于抗击法律风险能力的不足。"[1] 而要做到不出现法律风险事件，唯一的途径是通过法律风险管理预防和控制法律风险。只有通过法律风险管理，才能消除法律风险隐患，规避法律风险事故，避免或者降低法律风险事故的损失，继而确保企业的持续经营能力，实现企业经营目标的需要。

（二）法律风险管理是履行企业社会责任的需要

现代社会既是风险社会，同时也是法治社会，法律的影响无所不在，包含企业的经营管理活动在内的一切人的行为都是法律调整的对象。从这个角度看，公司的运营其实是在法治的边界内按照法律的规则进行，企业的经营本身，就是法律风险管理的一部分。"在一定程度上，现代企业是法律引导与规范的产物，企业经营管理活动从法律层面上来说就是组织并进行法律风险防控的行为。"[2] 企业正常的经营行为，本身就是排除了违法性的法律风险管理行为，是受到法律保护的行为，也是企业履行守法义务和承担守法经营社会责任的结果。而企业的违法经营行为，则可能是企业法律风险爆发的风险事件，是没有进行法律风险管理的产物，同时也是企业未能承担社会责任的结果。因此，从这个意义上说，法律风险管理是履行企业社会责任的需要。

（三）法律风险管理是保护企业经营者的需要

企业如果因为没有法律风险管理而出现法律风险事件，就需要承担相应

---

① 本书编写组：《中小企业法律风险防范与案例分析》，河北人民出版社，2014年，第8页。
② 本书编写组：《中小企业法律风险防范与案例分析》，河北人民出版社，2014年，第9页。

的法律责任。这种法律责任涵盖从民事责任、经济责任、行政责任到刑事责任的各种类型。如果企业爆发的法律风险事件属于触犯刑律的犯罪行为，则有可能让企业经营者因此而遭受刑事责任的风险。究其原因，一方面，导致企业因为刑事犯罪而出现法律风险事件的，可能就是因为企业经营者的犯罪行为所引发，因而在企业遭受相关风险事件损失时，让企业相关企业经营者承担相应的刑事责任。《刑法》第一百六十七条规定："国有公司、企业、事业单位直接负责的主管人员，在签订、履行合同过程中，因严重不负责任被诈骗，致使国家利益遭受重大损失的，处三年以下有期徒刑或者拘役；致使国家利益遭受特别重大损失的，处三年以上七年以下有期徒刑。"如果因为国有公司、企业的内部管理制度不规范等原因，导致国有公司、企业的直接负责的主管人员因严重不负责任在签订、履行合同过程中被诈骗，致使国家利益遭受重大损失，构成《刑法》第一百六十七条规定的签订、履行合同失职被骗罪，则在国有公司、企业承担这种被骗的经济损失的同时，国有公司、企业的直接负责的主管人员就要承担签订、履行合同失职被骗罪的刑事责任。另一方面，导致企业因为刑事犯罪而出现法律风险事件的，也可能是因为单位犯罪所引发。依照我国《刑法》第三十一条的规定，对单位犯罪，一般实行双罚制，刑法分则有特别规定的，实行单罚制。在实行双罚制的情况下，企业除了要承担因为单位犯罪导致的法律风险事件的损失，还要承担罚金处罚，企业中的直接负责的主管人员和其他直接责任人员同时承担单位犯罪的刑事责任。在实行单罚制的情况下，企业只需要承担因为单位犯罪导致的法律风险事件的损失，企业中的直接负责的主管人员和其他直接责任人员承担单位犯罪的刑事责任。也即是说，不管实行单罚制还是双罚制，企业经营者如果负有直接责任，都要为企业涉及单位犯罪的法律风险事件承担刑事责任。而在《刑法》规定的全部400多项罪名中，有100多项罪名即将近四分之一的罪名是企业经营者在经营企业过程中可能会触犯的罪名。因此，对企业经营者而言其实暗藏着十分凶险的企业法律风险。很大程度上，在风险刑法观念的影响下，法律风险管理中要求的企业经营的合规性主要是刑事合规。"刑事合规正是风险刑法以及全球化的结果。"① 而刑事合规的扩张，使得法律风险管理中刑事责任风险成为其中重要的组成部分。因此，企业法律风险管理不仅能让企业规避风险，消除或减少风险损失，客观上也发挥了保护企业经营者的作用。法律风险管理是保护企业经营者的需要。

【相关案例】　暴风集团法律风险事件②

2019 年 7 月 28 日，深圳创业板上市公司暴风集团发布的一则公告，让中国互联网界掀起一阵小小的舆论风暴。暴风集团的公告提到，公司实际控制人冯鑫因涉嫌犯罪被公安机关采取强制措施。

冯鑫何许人也？稍微熟悉一点中国互联网发展历史的人都知道，冯鑫可不是一个简单的人物，而是创立中国最大的互联网视频播放平台——暴风影音的暴风科技公司的创始人。暴风影音因其兼容性强、播放效果好而成为 PC 互联网时代几乎每个网民电脑上必装的影音播放软件。2015 年 3 月 24 日，作为国内第一家解除 VIE 结构回归 A 股上市的互联网公司，暴风集团高调在深圳创业板上市。彼时的暴风集团如日中天，上市 40 个交易日拿下 36 个涨停板。发行价 7 块多的暴风集团，股价最高上涨到 327 元，暴风集团市值一度超过 400 亿元人民币。暴风集团因此诞生了 10 个亿万富翁、31 个千万富翁、66 个百万富翁。而作为暴风集团创始人、董事长兼 CEO 的冯鑫，身家超过百亿。

但才短短两三年时间，就发生了颠覆性的改变。2019 年 9 月，上海检察微信公众号发布消息，上海市静安区检察院已经于 2019 年 9 月 2 日以涉嫌对非国家工作人员行贿罪、职务侵占罪对冯鑫批准逮捕。2019 年 10 月 30 日，暴风集团发布公告称，集团董事会已收到副总经理、首席财务官及证券事务代表的辞职报告。这意味着，除了被司法机关采取强制措施身陷囹圄的总经理冯鑫外，暴风集团的高管已经全部辞职。而 2019 年 11 月 5 日暴风集

---

① 李本灿：《刑事合规理念的国内法表达——以"中兴通讯事件"为切入点》，《法律科学》，2018年第 6 期。

② 关于暴风科技法律风险事件，详情可参见 1. 孙兵：《创业板"股王"之死》，《中国经济周刊》，2019 年第 15 期；2. 沈伟民：《复盘暴风集团上市三年》，《经理人》，2019 年第 4 期。

团的股价已经跌至 3.9 元。暴风集团市值较高峰时下跌超过 99%。

造成这一切的原因很多，其中一个很重要的原因就是暴风集团法律风险管理上的失败导致爆发法律风险事件，给企业造成巨大损失，让企业遭受毁灭性打击，同时让企业经营者遭受牢狱之灾。

2016 年，暴风集团发展正盛。冯鑫想让暴风集团进军当时热门的体育产业，决定收购欧洲的体育赛事版权公司 MPS。MPS 公司的全称是 MP&Silva，发家于帮 AC 米兰转播赛事，是全球体育版权市场的霸主之一。当时的 MPS 手握意甲、英超、美洲杯、解放者杯的全球播出权，公司估值 14 亿美元。

为了完成收购 MPS，暴风集团联合光大资本成立了上海浸鑫投资咨询合伙企业，由该企业设立一支总规模 52 亿元的产业并购基金"浸鑫基金"，同时设计了一个复杂的"优先—夹层—劣后"的结构：优先级 32 亿元，夹层 10 亿元，劣后级 10 亿元。其中劣后级的 10 亿元人民币由冯鑫自行募集，冯鑫也并未真实拿出 10 亿元，其中暴风集团和光大资本分别出资了 2 亿元和 6 000 万元。而在优先级方面，招商基金旗下的招商财富出资最多，达 28 亿元，其余 4 亿元由爱建信托出资。

2016 年 5 月，冯鑫如愿完成收购。但出人意料的是，收购完成后，被暴风集团纳入麾下的 MPS 却突然由原本的蒸蒸日上变成了走下坡路。MPS 与相关体育赛事联盟的版权和合约不断丢失。在 2017 年 10 月，MPS 失去意甲国际版权。2018 年 10 月，在收购不到两年后，MPS 被英国法院宣布破产清算。这意味着暴风集团投入的 52 亿元打了水漂。

暴风集团收购 MPS，如同一场骗局。冯鑫主导暴风集团收购 MPS，竟然没有竞业禁止条款，没有对赌协议。MPS 的原股东在高位套现获得大笔现金后，一边过着挥金如土的奢华生活，一边还成立了一家新的体育赛事版权公司 IMG，与 MPS 直接竞争。两年来，被收购后的 MPS 不断丢掉版权和合约，背后正是 MPS 的原股东捣的鬼。

被暴风集团拖下水的招商银行和光大证券，都是中央直接管理的国有重要骨干企业。招商银行的 28 亿元，光大证券的 6 000 万元，都是不折不扣的国有资产。几十亿元的国有资产就这样不明不白地让人"割了韭菜"，高层震怒，影响非同小可。于是，招商银行怒告光大证券，光大证券怒告暴风集团。之后更爆出光大资本的投资总监项通在 MPS 收购案中收受了 1 000 多万元回扣。先是项通被抓，接着光大证券董事长辞职，再之后便是冯鑫出事。

因暴风集团法律风险事件中冯鑫所涉案件尚在侦查环节，暂无结论。但从检察机关公布的对冯鑫批捕的罪名看，主要涉及对非国家工作人员行贿罪和职务侵占罪两个罪名。也就是说，依照目前检方掌握的证据，冯鑫在 MPS 收购案中涉嫌对非国家工作人员行贿罪和职务侵占罪。假如暴风集团有健全的法律风险管理制度，假如暴风集团对 MPS 收购案进行严格的法律风险管理，则这种明显存在诸如目标公司估值过高、收购协议没有对赌条款和竞业禁止条款等对收购人极为不利、隐藏巨大风险的收购案，根本无法通过法律风险管理的审查和评估，从而就不会有暴风集团收购 MPS，也就不会让暴风集团爆发今日的 MPS 收购案的风险事件，在给暴风集团造成巨大损失的同时，也让暴风集团的经营者冯鑫身陷囹圄。即便暴风集团收购 MPS 侥幸通过暴风集团的法律风险管理审查，冯鑫作为企业经营者对非国家工作人员进行行贿和职务侵占，也有可能被暴风集团的法律风险管理制止。这样即便出现暴风集团因为 MPS 收购案遭受巨大损失的风险事件，也不至于让暴风集团的企业经营者深陷牢狱。由此可见，暴风集团法律风险事件揭示了没有法律风险管理的沉痛教训，凸显了法律风险管理的必要性。

第二节　法律风险管理的目标

法律风险管理目标包括法律风险管理的总体目标、内部目标、外部目标。其中，法律风险管理的总体目标指导着法律风险管理的内部目标和法律风险管理的外部目标；法律风险管理的内部目标和法律风险管理的外部目标可以看成是法律风险管理总体目标的量化和分解。

一、法律风险管理的总体目标

如何确定和划分法律风险管理目标，理论上的看法存在一定的差异。如有学者认为：法律风险管理目标由法律风险发生前的管理目标和法律风险发生后的管理目标两个部分组成。法律风险发生前的管理目标主要是避免或减少法律风险形成的机会，法律风险发生后的管理目标主要是努力减少法律风险造成的损失。法律风险发生前的管理目标和法律风险发生后的管理目标二者有效结合，构成完整而系统的法律风险管理目标。法律风险管理目标包括法律风险管理总体目标、法律风险管理战略目标、法律风险管理阶段目标、法律风险管理具体目标四个有机联系的层次。而法律风险管理总体目标是指为企业战略服务，降低企业风险，减少企业损失，提高企业质效，增进企业价值，保证安全、合规、持续经营。[①] 还有学者认为：法律风险管理的目标主要有三个方面的内容：① 保驾护航，即为企业实现可持续稳定发展的战略提供基础保障。② 稳定发展，即控制企业法律风险成本压力释放的节奏，防止集中释放导致的波动。③ 降低成本，即降低企业法律风险成本，增加利润，提升企业核心竞争力。[②] 而在实务层面，《中央企业全面风险管理指引》确立了五项全面风险管理的目标。《中央企业全面风险管理指引》第十三条规定："企业开展全面风险管理要努力实现以下风险管理总体目标：（一）确保将风险控制在与总体目标相适应并可承受的范围内；（二）确保内外部，尤其是企业与股东之间实现真实、可靠的信息沟通，包括编制和提供真实、可靠的财务报告；（三）确保遵守有关法律法规；（四）确保企业有关规章制度和为实现经营目标而采取重大措施的贯彻执行，保障经营管理的有效性，提高经营活动的效率和效果，降低实现经营目标的不确定性；（五）确保企业建立针对各项重大风险发生后的危机处理计划，保护企业不因灾害性风险或人为失误而遭受重大损失。"虽然全面风险管理目标不等同于法律风险管理目标，但全面风险管理目标与法律风险管理目标具有很强的

[①] 高志宏，党存红：《企业法律风险管理导论》，东南大学出版社，2014年，第96页。
[②] 文川：《中微企业法律风险管理理论与实务》，云南大学出版社，2015年，第74页。

关联性。法律风险管理目标应该以全面风险管理目标为出发点和基础。

法律风险管理理论上和实务中对法律风险管理目标认知上有差异，是一种正常现象。一方面，法律风险管理概念本身存在的弹性，自然带来法律风险管理目标上的弹性；另一方面，不同行业、不同企业的法律风险管理目标设定本身就各有侧重。我们认为，法律风险管理的总体目标应该包括以下3个方面：① 避免损失。风险的本质属性之一在于其损失性，即风险的发生会给主体造成利益的减损。法律风险也是如此。因此，法律风险管理最主要的目标就是避免损失。法律风险管理正是通过一系列的预防措施、消除风险发生，或者减缓风险发生的程度，或者延缓风险的发生，从而完全避免损失、减轻损失或者延缓损失。只有在上述企图不能满足的情况下，才不得已接受风险发生的事实，但与此同时，还是会通过做好预案，尽力减轻或者消除风险发生后造成的损失。很大程度上，能否避免损失正是判断法律风险管理成功与否的主要标准。② 获取利润。与避免损失这一法律风险管理的目标不同，获取利润作为法律风险管理的目标，是容易被很多人忽视的一个目标。其实，获取利润作为法律风险管理目标完全不应该被忽视。首先，从一般的意义上讲，避免损失作为法律风险管理的目标，与获取利润具有相通性。避免了损失，与获取利润具有效果上的同一性，从这个角度看，类似于获取了利润。其次，获取利润、追求利润最大化是企业经营的最基本目标。企业作为市场主体的基本功能就是创造价值，通过创造价值产生了利润，企业获取利润，实现企业经营目标。法律风险管理可以视为企业经营活动的一部分，自然也应该遵从企业经营获取利润、追求利润最大化的企业经营的最基本目标，即获取利润应该是法律风险管理的目标。再次，最重要的一点在于，法律风险管理不等于在所有情况下都绝对地、无条件地将企业法律风险降到最低甚至彻底消除，而是需要结合企业经营的收益，来维持企业法律风险与企业经营战略之间的合理平衡。"建立企业法律风险防范机制的最终目标，并不是单纯追求所有法律风险的最小化。对于企业来讲，风险与收益往往是相互矛盾和对立的，高收益往往伴随着高风险，风险承受度与预期收益之间的矛盾是企业发展过程中必须妥善处理的问题。企业经营的根本目标是利益最大化，一味地降低和消除所有的法律风险，将造成企业商业机会的丧失和管理成本的增加，势必影响企业经营和发展。"① 正如本书第一章第一节所提到的，虽然在风险的概念上风险的不确定性主要是指损失的不确定性，损失性是风险本质属性，但是在经济学的早期发展中，一直就将风险与利润视为相互联系的现象进行研究。至少在经济学中，风险的不确定性不只是指损失的不确定性，而且还包括盈利的不确定性。而企业作为市场主体，其法律风险产生于生产经营的经济活动中，属于经济学上的风险概念范畴。因此，法律风险管理的目标中应该包含获取利润。事实上，企业的经营战略越是具有扩张性，则其法律风险越具有增加的潜在趋势。例如，在国家"一带一路"倡议带动下，很多企业由原来的国内经营拓展为跨国经营，自然意味着其承受的法律风险的增加。"在国家'一带一路'经济带建设的倡议背景下，越来越多企业需要走出去，因而会面临前所未有的刑事风险"。② 但企业这种法律风险的增加，是与企业获取利润的增加同步的。对企业进行法律风险管理，在控制法律风险的同时，让企业因为扩张的经营战略而获取更多利润，这显然正是企业法律风险管理实现获取利润这一目标的过程。若非如此，而是通过法律风险管理让企业实行消极的企业经营战略，甚至极端情况下，企业经营停滞，企业固然没有法律风险，但这显然不是法律风险管理的做法，现实中没有企业进行这样的法律风险管理。③ 提高企业管理水平。企业法律风险管理本身就是企业经营管理活动的一部分。法律风险管理的有效和成功，就是企业经营管理水平提高的表现。因此，提升法律风险管理水平，就是提高企业管理水平。提高企业管理水平是法律风险管理的目标之一。同时，如果企业能正确认识在经营管理中可能遇到的各种法律风险，并在经营管理的各个环节采取积极有效的防范措施对法律风险可能发生的具体管理过程进行干预，就可以在日常运营过程中促进提升企业其他方面的管理水平，进而提高企业的整体经营管理水平。

　　法律风险管理总体目标是对法律风险管理目标的高度抽象和凝练的产

---

① 文川：《中小微企业法律风险管理理论与实务》，云南大学出版社，2015年，第74页。
② 李本灿：《刑事合规理念的国内法表达——以"中兴通讯事件"为切入点》，《法律科学》，2018年第6期。

物。法律风险管理总体目标要得以实现，需要分解为法律风险管理内部目标和法律风险管理外部目标，通过法律风险管理的内部目标与法律风险管理的外部目标加以具体化，并进而得以实施。根据风险发生的场域不同，大体上可以将风险划分为企业内部风险和企业外部风险。内部风险即主要发生于企业内部经营管理环节的风险。《企业内部控制基本规范》第二十二条规定："企业识别内部风险，应当关注下列因素：（一）董事、监事、经理及其他高级管理人员的职业操守、员工专业胜任能力等人力资源因素。（二）组织机构、经营方式、资产管理、业务流程等管理因素。（三）研究开发、技术投入、信息技术运用等自主创新因素。（四）财务状况、经营成果、现金流量等财务因素。（五）营运安全、员工健康、环境保护等安全环保因素。（六）其他有关内部风险因素。"该条以列举企业内部风险因素的方式大体勾勒出了常见的企业内部风险。外部风险即主要发生于企业外部经营过程中或者发生在政治经济宏观领域的与企业经营相关的风险。《企业内部控制基本规范》第二十三条规定："企业识别外部风险，应当关注下列因素：（一）经济形势、产业政策、融资环境、市场竞争、资源供给等经济因素。（二）法律法规、监管要求等法律因素。（三）安全稳定、文化传统、社会信用、教育水平、消费者行为等社会因素。（四）技术进步、工艺改进等科学技术因素。（五）自然灾害、环境状况等自然环境因素。（六）其他有关外部风险因素。"该条以列举企业外部风险因素的方式大体勾勒出了常见的企业外部风险。在明确大多数风险最终可以转化为法律风险的情况下，则上述《企业内部控制基本规范》第二十二条列举的内部风险很大程度上是企业内部法律风险，对这些风险进行管理是内部法律风险管理；上述《企业内部控制基本规范》第二十三条列举的外部风险很大程度上是企业外部法律风险，对这些风险进行管理是外部法律风险管理。很明显，对企业内部法律风险的风险管理与对企业外部法律风险的风险管理，其风险管理的目标虽然都应该体现出法律风险管理的总体目标，但在具体目标内容上存在差异。对企业内部法律风险进行法律风险管理，是为了实现法律风险管理的内部目标。对企业外部法律风险进行法律风险管理，是为了实现法律风险管理的外部目标。

二、法律风险管理的内部目标

一般而言，法律风险管理的重心主要是在内部法律风险的管理。这是因为，与外部法律风险的管理缺乏足够的管理手段相比，内部法律风险在管理手段上更加充足。因此，法律风险管理的内部目标在承载法律风险管理总体目标的功能方面相较于法律风险管理的外部目标显得更加明显。

《企业法律风险管理指南》中的"5.2.3 内部法律风险环境信息"中指出："内部法律风险环境信息包括但不限于：企业的战略目标；企业盈利模式和业务模式；企业的主要经营管理流程活动、部门职能分工等相关信息；企业在法律风险管理方面的使命、愿景、价值理念；企业法律风险管理工作的目标、职责、相关制度和资源配置情况；企业法律事务工作及法律风险管理现状，其中对法律风险管理现状可从方针、组织职能和资源配置、制度和流程内控、沟通和报告、法律风险管理文化和技术手段等要素分析；内部利益相关者的法律遵从情况和激励约束方式；本企业签订的重大合同及其管理情况；本企业发生的重大法律纠纷案件或法律风险事件的情况，本企业相关的法律规范库和法律风险库；本企业知识产权管理情况；与法律风险及其管理相关的其他信息。"基于《企业法律风险管理指南》中的"5.2.3 内部法律风险环境信息"中对企业内部法律风险管理的描述，结合实践中企业对内部法律风险管理的实际，我们认为，企业主要的内部法律风险管理包括：合同法律风险管理；知识产权法律风险管理；投融资法律风险管理；市场营销法律风险管理；财务税收法律风险管理；人力资源法律风险管理；经营战略风险管理。与此相对应，企业法律风险管理的内部目标包括：合同法律风险管理目标；知识产权法律风险管理目标；投融资法律风险管理目标；市场营销法律风险管理目标；财务税收法律风险管理目标；人力资源法律风险管理目标；经营战略风险管理目标。从根本上说，企业法律风险管理的内部目标是在各种企业内部法律风险管理所在的领域建立一套合法的制度规范，消除违法的风险隐患，以减少、降低或者避免内部法律风险造成的损失。而这一根本目标也会根据各种内部法律风险管理所在的领域的具体状况进一步被分解为更多的不同的分目标。以合同法律风险管理目标为例，合同法律风险管理目标是为企业建立一套合法的企业内部的合同管理制度从而减少、降低或者避免合同法律风险的损失。在这一总目标下，又可以分解为不同种类的分目标，建立一套合法的企业内部的合同管理制度，从而减少、降低或者避免合同法律风险的损失的目标，可以分解为：建立合法的合同主体制度，排除合同主体方面法律风险的目标；建立合法的合同内容审查制度，排除合同内容方面法律风险的目标；建立合法的合同形式审查制度，排除合同形式方面法律风险的目标；建立合法的合同订立、审批、备案、履行监督、纠纷管理的流程管理制度，排除合同订立、审批、备案、履行监督、纠纷管理方面的法律风险的目标。

【相关案例】　融资法律风险管理失败——张兰丧失俏江南公司控制权案①

张兰，中国著名高端餐饮连锁企业俏江南公司的前董事长。2009年，张兰首次登上胡润餐饮富豪榜，排名第三，财富估值为25亿元。她却因为从私募股权公司鼎晖投资融资而陷入巨大融资风险，最终失去俏江南企业的控制权。

1987年大学毕业后不久，张兰出国到了加拿大。在多伦多，她靠着在餐馆刷盘子辛苦赚了第一桶金2万美元。1992年初，张兰利用在加拿大赚的2万美金做资本，在北京东四大街租下了一间102平方米的粮店，成立了"阿兰酒家"。后又在广安门开了一家"阿兰烤鸭大酒店"，在亚运村开了一家"百鸟园花园鱼翅海鲜大酒楼"。这些餐厅生意都不错，让张兰赚了不少钱。2000年4月，张兰转让了经营的三家大排档式低端餐饮，带着创业近10年攒下的6 000万元进军中高端餐饮业，创办了俏江南高端餐厅。俏江南以其高雅的就餐环境、高格调的就餐氛围为特色和卖点，其品牌层次迅速提升。

---

① 本案例根据互联网相关报道、自媒体文章撰写。因数量众多，在此不一一列出。但关于本案事实，需要说明如下：2016年北京市朝阳区人民法院曾经就张兰关于其因接受风险投资最终被迫于2014年从俏江南净身出户的报道对相关媒体提起的侵权诉讼制作调解书。从媒体报道中张兰一方披露的朝阳区法院调解书内容看，调解书只是否认了张兰并非净身出户，并未否定丧失俏江南控股权的事实。北京朝阳区人民法院的调解书恰恰印证了相关媒体关于本案整个事件的报道并非空穴来风。

甫一开业，俏江南生意就蒸蒸日上，在餐饮界迅速走红。张兰抓住时机，迅速进行扩张。一时间，大江南北，俏江南成了高端餐饮的标杆，一时风头无两，在全球范围内有 100 多家直营店。

俏江南高速扩张之下，巨大的资金投入，让张兰也逐渐感受到了资金的捉襟见肘。2008 年下半年，通过第三方介绍，风投界大名鼎鼎的鼎晖投资与张兰的俏江南首次有了交集。经过多次协商谈判后，双方达成股权融资协议。鼎晖投资出资 2 亿元人民币，获得俏江南 10.53% 的股权。当然和所有其他私募股权投资一样，张兰与鼎晖投资的融资合同中，包含着对赌协议这种回报保障条款。按照该对赌协议，张兰要保证俏江南于 2012 年之前在证券市场上市。如果不能上市，则张兰要确保鼎晖投资利润的情况下回购鼎晖投资的股份。

从鼎晖投资获得 2 亿元的融资后，俏江南加快了门店扩张步伐，宣布在 2 年内增加新店 20 家。张兰也高调接受媒体采访，宣称俏江南要在"下一个十年末进入世界 500 强"。也正是此一时期，号称"京城四少"之一的张兰的独子汪小菲迎娶明星大 S（徐熙媛），成为娱乐媒体追逐的头条。张兰、俏江南、汪小菲、大 S，客观上成了一个分不开的排列组合。俏江南显然因此增加了曝光率，提高了知名度。

张兰一开始将俏江南的上市计划瞄准了国内 A 股市场。2011 年 3 月，俏江南向中国证监会提交了 A 股上市的申请。但天不遂人愿。此时，国内证券市场对餐饮行业这种传统产业上市已经从政策上进行了限制。2012 年 1 月 30 日中国证监会正式终止俏江南 IPO 申请。张兰只得带领俏江南启动赴港上市计划。但香港投资人对俏江南的估值非常低，与张兰的期望值几乎天壤之别。因为双方预期相差过于悬殊，俏江南香港上市计划因此落空。

俏江南上市计划落空，意味着张兰对赌失败，触发当初股权融资合同约定的股份回购条款。张兰要按照约定的条件，以至少 4 亿元的代价回购 2008 年鼎晖投资投入的 2 亿元股份（其中 2 亿元是鼎晖投资的投资利润）。此时的张兰，绝对拿不出这样一笔钱来履行当初股权融资协议中的股份回购条款。于是张兰只能再次违约。张兰再次违约，又触发当初股权融资合同中约定的领售权条款。鼎晖投资作为 A 类优先股股东可以向第三方出售其持有的俏江南股份，张兰作为俏江南大股东，必须按照同样的条件，一起出售股份。也即是说，此时张兰虽然还是俏江南的大股东，但已经因为领售权条款被触发而丧失了公司的控制权，只能按照优先股股东的意志出售自己的股份。2014 年 4 月，欧洲私募股权基金 CVC 以 3 亿美元的价格收购了俏江南82.7% 的股权。按照当时的汇率折算，CVC 对俏江南的整体估值约为 22.1亿元，这一估值仅仅略高于鼎晖投资 2008 年入股时的 19 亿元估值。这就意味着，鼎晖出售自己那部分股权仅能保本，另外 2 亿元的差额部分需要张兰出售股份的所得款项来补偿。CVC 购买的俏江南 82.7% 的股权中，鼎晖投资出售了 10.53% 的俏江南股份，张兰因为领售权条款而被迫以同样的价格出售了 72% 的俏江南股份。张兰成为仅持股百分之十几的小股东。至此，张兰彻底丧失了自己创立 23 年的俏江南的控股权。

从本案中可以看出，正是因为俏江南公司的投融资法律风险这种内部法律风险管理失败，未能实现企业投融资法律风险管理的内部目标，导致俏江南的融资法律风险爆发，让公司创始人失去对公司的控制权，被迫退出公司。如果俏江南公司的法律风险管理有效运行，则很容易识别俏江南与鼎晖投资签订的股权融资中的对赌条款、投资收益保障条款、领售权条款中的法律风险。就对赌条款而言，约定俏江南于 2012 年之前在证券市场上市，风险极大。因为公司能否上市，不取决于俏江南本身，而是受到很多诸如政府上市审批、证券市场政策变化等不确定因素影响。将这样充满不确定性的事项作为合同条款，显然风险巨大。融资合同中的投资收益保障条款显然也充满风险，约定 4 年一倍的投资回报，显然过高，对俏江南而言是巨大的财务负担。而领售权条款也是如此，对俏江南非常不公平。而且最关键的是，对赌条款、投资收益保障条款、领售权条款构成连环风险，如同多米诺骨牌。触犯对赌条款，就引发收益保障条款生效。收益保障条款生效，极有可能触发领售权条款生效，从而导致公司控股权被迫转让。本案中，俏江南公司的创始人张兰正是这样一步步失去了对公司的控制权。

三、法律风险管理的外部目标

与法律风险管理的内部目标承载法律风险管理总体目标的功能一样，法律风险管理的外部目标也在承载法律风险管理总体目标的功能。法律风险管理的外部目标是对企业外部法律风险管理追求的目标。《企业法律风险管理指南》中的"5.2.2 外部法律风险环境信息"中指出："外部法律风险环境信息包括但不限于：本行业的业务模式及特点；国内外与本企业相关的政治、经济、文化、技术以及自然环境等；国内外与本企业相关的立法、司法、执法和守法情况及其变化；与本企业相关的监管体制、机构、政策以及执行等情况；与本企业相关的市场竞争情况；本企业在产业价值链中的定位及与其他主体之间的关系；企业主要的外部利益相关者及其对法律、合同、道德操守等的遵从情况；与企业法律风险及管理相关的其他信息。"基于《企业法律风险管理指南》中的"5.2.2 外部法律风险环境信息"中对企业外部法律风险管理的描述，结合实践中企业对外部法律风险管理的实际，我们认为，企业主要的外部法律风险管理包括：自然风险管理、政治风险管理、政策风险管理、社会风险管理、监管风险管理、第三方风险管理等。与此相对应，企业法律风险管理的外部目标包括：自然风险管理目标、政治风险管理目标、政策风险管理目标、社会风险管理目标、监管风险管理目标、第三方风险管理目标等。从根本上说，企业法律风险管理外部目标是通过对各种企业内部法律风险管理，在企业内部建立各种企业外部法律风险所在的领域的风险应对制度规范，以减少、降低或者避免外部法律风险给企业经营活动造成的影响，从而减少、降低或者避免外部法律风险的损失。而这一根本目标也会根据各种外部法律风险管理所在的领域的具体状况进一步被分解为更多的不同的分目标。但需要说明的是，企业法律风险管理的重心是对企业内部法律风险的管理。企业外部法律风险在很大程度上超出企业可以进行直接管理的能力范围，企业更多的是通过在企业内部建立相关的企业外部法律风险应对制度与措施来进行企业外部法律风险管理，而不是直接对企业外部法律风险进行风险管理。例如，对于监管风险中的政府监管行为，企业在一般情况下无法阻止监管风险的发生，而只能通过企业内部对监管风险的应对减少监管风险给企业造成的影响和损失。

【相关案例】 证大集团遭受 P2P 监管风险，创始人戴志康投案自首

2019 年 8 月 29 日，上海警方发布通告称，证大集团法定代表人戴志康已向警方投案自首。消息一出，整个金融界舆论哗然。虽然近年来 P2P 不断暴雷，但戴志康的倒下，还是让整个金融界震撼不小。因为戴志康不是一般的人物，他曾经是当今中国首富马云的房东，上海滩百亿级别的金融、地产大佬，号称"中国私募教父"。在 2007 年的福布斯中国富豪榜上，戴志康以 100 亿元身家排名第 65 位。

警方通报中称，戴志康作为实控人的证大集团，在未取得国家相关金融资质许可的情况下，通过旗下"捞财宝"线上理财平台（上海证大爱特金融信息服务有限公司）、"证大财富"线下理财门店（上海证大大拇指财富管理有限公司）向不特定社会公众非法吸收存款。证大集团在公司经营过程中存在设立资金池、挪用资金，且已无法兑付。截至 2019 年 7 月底，"捞财宝"平台累计交易金额 296.38 亿元，借贷余额 49.96 亿元，当前出借人数 28 031 人，当前借款人数 92 853 人。戴志康的窟窿有多大，外界不得而知，但从上述平台披露的数据看，肯定不会小。

戴志康此前的经历是一部追逐创造财富、充满传奇色彩的创业史。1987 年戴志康从中国人民大学国际金融专业硕士研究生毕业进入中国人民银行总行金融研究所，同年进入中信银行担任行长办公室秘书。1990 年戴志康南下当时大热的海南淘金，担任海南省证券公司的办公室主任。1992 年，戴志康受命组建中国第一家公募基金公司——富岛基金公司，并投资海南房地产，赚取了人生的第一桶金。但好景不长，1993 年在政府严厉的监管下，海南房地产泡沫破裂，戴志康将所赚的钱赔个精光。1995 年的"327 国债事件"，给了他翻身的机会，戴志康一把赚得 600 万元。此后戴志康进入当时炙手可热的股票市场，豪赚数亿元后，1997 年再次进入房地产市场，在杭州西湖边开发了"湖畔花园"的小区。1999 年马云正是在租赁的戴志康湖畔花园的房子里创办了阿里巴巴。2005 年，戴志康的证大集团开发了位于上海浦东的九间堂别墅项目，在中国高端地产项目中名噪一时。这一次，马云又成了戴

志康的业主，花了数亿元买了 850 平方米的九间堂别墅。2010 年，戴志康以 92.2 亿元人民币的天价，夺得上海外滩 8-1 地块，刷新了当时上海地王记录。这一次，戴志康再次遭受了房地产市场调控。因房地产调控政策趋严，戴志康的融资计划落空，被迫将"地王"转手给郭广昌的复星和潘石屹的 SOHO 中国。2014 年，证大集团地产业务业绩大幅下滑出现亏损后，戴志康于 2015 年卖出与其女儿持有的上海证大房地产有限公司 42.03% 股份，彻底离开房地产行业。离开地产行业后，戴志康看上了当时如野草般野蛮生长、几乎没有任何监管的 P2P。2014 年捞财宝成立，总部位于上海，股东为证大集团，戴志康则是实控人。

让人唏嘘不已的是，进入 P2P 行业短短几年事件，戴志康就落到了今日投案自首的这步田地。而让戴志康倒下的，正是近年来如暴风骤雨般严厉的 P2P 监管风暴。

中国第一家 P2P 诞生于 2007 年。随着互联网的普及和金融政策的开放，P2P 如雨后春笋般发展起来，2015 年高峰时一度超过 5 000 家。当时的 P2P 行业可谓无门槛、无标准、无监管的"三无"状态。因为几乎没有监管，这一本来就充满法律风险的行业因为爆发式增长而更加风险丛生，因为涉嫌高利贷、违法追债、平台恶意跑路而引发众多刑事案件，甚至一度成为一种社会问题。2016 年政府开始对 P2P 的监管，近几年监管政策更是日趋严厉。在严格的监管下，大量 P2P 平台倒闭、清退。截至 2019 年 10 月底，P2P 网贷行业正常运营平台数量下降至 572 家，几乎是高峰时数量的十分之一。

戴志康投案自首的结局，恰恰是对企业外部法律风险中的监管风险管理失败的结果。如果戴志康的证大集团的法律监管制度能够有效发挥作用，应该能在一定程度上降低 P2P 严格监管带来的风险。从法律风险管理角度看，P2P 的监管风险十分明显，企业完全应该早就有所预防和准备，制订相应的监管风险应对方案。一方面，作为一种新事物的 P2P 本身充满极高的刑事风险，稍有不慎，就可能涉嫌构成诸如《刑法》第一百九十二条规定的集资诈骗罪、第一百七十六条规定的非法吸收公众存款罪、第二百二十四条规定的合同诈骗罪；另一方面，P2P 如野草般野蛮生长，且引发一系列问题，带来社会普遍负面观感。因此，政府强化监管是早晚会发生的事件。如果戴志康认识到这一点，证大集团早一点进行 P2P 的市场监管风险管理，也许不至于落到今日这种不堪的结局。

【相关案例】 蔚来汽车遭遇法律与政策变化风险——李斌的蔚来汽车失速

李斌是中国出行领域投资的教父级人物。这个来自皖西南大别山区的太湖县、毕业于北京大学的互联网经济新贵，创立了著名的易车网、摩拜单车，孵化或投资了嘀嗒拼车、优信二手车、车和家、考拉 FM（车语传媒）、首汽约车等著名创投项目，赢得了"出行教父"的美誉。而蔚来汽车是李斌创立的一家新能源汽车公司。2014 年，由李斌发起，京东、腾讯、小米等中国互联网知名公司参与投资，被刘强东、马化腾、雷军等一众中国互联网大佬加持的蔚来汽车成立。蔚来汽车号称"中国的特斯拉"，在中国新能源汽车行业声名远播。2018 年 9 月，蔚来汽车在纳斯达克上市，股价由发行价 6.26 美元最高涨到 13 美元。然而 2019 年 10 月 1 日，纳斯达克的蔚来汽车股价已经跌到最低 1.2 美元左右，公司市值损失 90% 以上。截至 2019 年，蔚来汽车创立以来的 4 年间，亏损总额高达 400 亿元。

戴着如此璀璨光环诞生的蔚来汽车，之所以沦落到今天这步田地，其中很重要的原因之一，在于李斌错误估计了中国的新能源汽车法律政策走向，让蔚来汽车虽然含着金汤匙出生，但却生不逢时，遭遇了政策、法律急剧变化而引发的外部法律风险。

2010 年，国家财政部和科技部联合出台《节能与新能源汽车示范推广财政补助资金管理暂行办法》，掀开了中国新能源汽车补贴的面纱。此后，从中央政府到地方政府，从加大对新兴产业扶持力度、支持战略新兴产业的角度出发，都不断提高对新能源汽车的补贴。一时间，中国成为世界上最大的电动汽车市场，国内冒出了几百家电动汽车公司，汽车行业的所谓"造车新势力"盛极一时。正是在这一背景下，很多互联网新贵开始痴迷造车。而李斌也正是在这一背景下创立了蔚来汽车。2014 年 11 月，蔚来汽车发起成立，李斌是蔚来汽车董事长兼 CEO。2015 年 6 月，蔚来汽车拿到了腾讯、京东和高瓴资本等大财团的 1 亿美元 A 轮融资，2015 年 9 月拿到了红杉资本和愉悦资本的 5 亿美元 B 轮融资。2016 年 6 月，淡马锡、新桥资本、厚朴基金、联想创投、IDG 资本等成为 B + 轮投资者。2017 年 3 月，由腾讯和百度领投 6 亿美元完成 C 轮融资。从 2015 年至 2019 年，总共拿了 9 轮融资。2018 年 9 月蔚来就登陆美国纳斯达克市场，以每股 6. 26 美元发行 1. 6 亿股，筹集 10 亿美元。

　　然而，近年来，鉴于出现一系列新能源汽车企业骗取新能源汽车补贴的恶性事件，以及诸如新能源汽车补贴让财政压力不堪重负等原因，中央政府和地方政府新能源汽车补贴标准不断大幅降低，补贴范围不断缩小，出现了所谓的新能源汽车补贴退坡的现象。很多依赖新能源汽车补贴才能维持经营的小型电动汽车行业，面临破产倒闭的风险。而李斌的蔚来汽车，几乎还没怎么享受到新能源汽车补贴的蛋糕，就遭遇了这种补贴退坡的风险。从 2014 年开始，新能源汽车补贴的不同标准就逐年下降。目前，政府已经明确于 2020 年完全取消新能源汽车补贴。失去新能源汽车补贴，蔚来汽车的销量和利润都受到影响。虽然蔚来汽车曾经依靠早期丰厚的融资挺过了几年，但长期的持续亏损，终于让蔚来汽车难以承受。公司股价大幅下挫，市场销售不断萎缩。可以说，新能源汽车补贴政策急剧变化的法律风险，正是导致蔚来汽车经营陷入困境的主要原因之一。

　　从法律风险管理角度看，企业进行法律风险管理，既要实现法律风险管理的内部目标，也要通过有效应对外部法律风险，实现法律风险管理的外部目标。新能源汽车补贴这种带有法律属性的产业政策的急剧变化，正是本案中蔚来汽车遭遇的外部法律风险。如果李斌和蔚来汽车进行了有效的外部法律风险管理，就应该预见到新能源汽车补贴的政策走向，制定相应的应对这种外部法律风险的预案，采取相应的风险应对措施。从本案的结果看，显然李斌和蔚来汽车没有进行有效的外部法律风险管理，未能实现企业法律风险管理的外部目标。

第三节　法律风险防控

法律风险防控，需要强有力的法律风险防控机构。同时，法律风险防控，有其相对固定的环节和相对成熟的方法。

一、法律风险防控的机构

法律风险防控机构是法律风险防控取得成功的关键。对企业而言，应该健全法律风险防控的机构设置，强化法律风险防控机构的职能。一般而言，法律风险防控机构应该包括法律风险防控的咨询机构、法律风险防控的决策机构、法律风险防控的执行机构。

（一）法律风险防控的咨询机构

法律风险防控的咨询机构是为法律风险防控的决策机构提供咨询意见，在法律风险防控中起着重要作用的关键机构。法律风险防控的咨询机构关于企业法律风险的专业咨询意见是法律风险防控决策机构进行决策的重要依据。一般而言，法律风险防控的咨询机构主要有两类，第一类是企业外部的律师事务所、咨询公司等，第二类是企业内部的法务部门或者合规部门。首先，就企业外部法律风险防控咨询机构而言，与咨询公司相比，律师事务所是更主要的法律风险咨询机构。目前，全国有律师40多万名，律师事务所3万多家，规模远远超过咨询公司。而且执业律师往往拥有更加丰富的企业法律实务经验，其对法律风险防控提供的咨询意见往往更有权威性和实效性。尤其是近年来，很多大型律师事务所和律师事务所联盟走律师执业专业化道路，充分发挥团队执业的优势，能为企业法律风险防控提供更加优质的服务，提出更加合理、高效的法律风险防控解决方案。其次，就企业内部的法律风险防控咨询机构而言，其优势在于身处企业内部，对企业法律风险有更具体深入的了解，但其对企业法律风险的专业判断则不一定有律师那样精准、科学。因此，最好的做法是将企业法务部门、合规部门这些企业内部的法律风险防控咨询机构与外部的律师事务所这种企业法律风险防控机构相结合，即企业通过企业法务部门、合规部门聘请外部律师事务所的律师，就企业法律风险防控联合提出咨询意见。

（二）法律风险防控的决策机构

法律风险防控的决策机构是企业的董事会以及对董事会负责的法律风险委员会。法律风险委员会联络企业法务部门、合规部门，对律师等出具的法律风险咨询意见进行初步判断并向董事会传递企业法律风险咨询意见。必要时，法律风险委员会还可以根据法律风险所涉及的领域不同，设置若干专业委员会，如财务法律风险专业委员会、人力资源法律风险专业委员会等。如果企业规模较小，也可以不设立专门的法律风险委员会，而是任命特定的董事负责联络企业内部的法务部门或者合规部门，对律师出具的法律风险防控咨询意见提出初步意见。

从全球范围看，很多大公司都设置有健全的企业法律风险决策机构。如美国美孚石油公司于1882年就成立了法律部，其法律风险决策机构至今有一百多年的历史。大通银行的法律风险决策机构由信用、市场、资金、运行以及信托等五个风险领域的专业委员会组成。在五个专业委员会上面再设立法律风险执行委员会，风险执行委员会之上再在董事会中设立风险政策委员，执行委员会直接对风险政策委员负责，风险政策委员承担整个企业风险管理的总责任，对董事会负责。

（三）法律风险防控的执行机构

法律风险防控关键在于法律风险的决策执行。因此，法律风险防控的执行机构也不可或缺。一般情况下，法律风险防控的决策应该经由企业原有的组织架构进行执行。这符合COSO在《内部控制——整合框架》《中央企业全面风险管理指引》《企业法律风险管理指南》等文件中强调的将法律风险管理融入企业日常经营管理中的精神。可以在企业法律风险防控决策机构的领导下，通过企业法务、合规等部门，将法律风险防控实施方案分解到企业内部相关各部门、各岗位，企业内部各部门、各岗位在履行企业生产经营职责的同时，执行企业法律风险防范实施方案，将企业法律风险防范实施方案的执行融入部门和岗位的生产经营管理职责之中。

二、法律风险防控的主要环节

《中央企业全面风险管理指引》第五条规定："本指引所称风险管理基本流程包括以下主要工作：（一）收集风险管理初始信息；（二）进行风险评估；（三）制定风险管理策略；（四）提出和实施风险管理解决方案；（五）风险管理的监督与改进。"其将风险管理的流程划分为收集风险管理信息、风险评估、制定风险管理策略、实施风险管理方案、对风险管理的监督等5个环节。《企业内部控制基本规范》第五条规定："企业建立与实施有效的内部控制，应当包括下列要素：（一）内部环境。内部环境是企业实施内部控制的基础，一般包括治理结构、机构设置及权责分配、内部审计、人力资源政策、企业文化等。（二）风险评估。风险评估是企业及时识别、系统分析经营活动中与实现内部控制目标相关的风险，合理确定风险应对策略。（三）控制活动。控制活动是企业根据风险评估结果，采用相应的控制措施，将风险控制在可承受度之内。（四）信息与沟通。信息与沟通是企业及时、准确地收集、传递与内部控制相关的信息，确保信息在企业内部、企业与外部之间进行有效沟通。（五）内部监督。内部监督是企业对内部控制建立与实施情况进行监督检查，评价内部控制的有效性，发现内部控制缺陷，应当及时加以改进。"同样将风险管理环节划分为内部环境、风险评估、控制活动、信息与沟通、内部监督。《中央企业全面风险管理指引》以及《企业内部控制基本规范》对风险管理环节几乎相同的划分标准，对法律风险防控的环节的划分无疑具有重要的参考意义。另外，《企业法律风险管理指南》中的"5 企业法律风险管理过程"中，将法律风险管理过程划分为明确法律风险环境信息、法律风险评估、法律风险应对、监督和检查四个环节。综合参考《中央企业全面风险管理指引》与《企业内部控制基本规范》对风险管理环节的划分以及《企业法律风险管理指南》对法律风险管理环节的划分，我们认为，比风险管理、法律风险管理的范围更窄的法律风险防控，可以划分为分析法律风险、制定法律风险防控措施、监督和检查法律风险防控效果三个主要环节。

（一）分析法律风险

所谓分析法律风险，是指在精准、及时识别企业法律风险的前提下，对法律风险的性质、类型、可能爆发的时间、造成损失大小、防控的方法措施、防控的效果等进行科学评估并得出结论的过程。

分析法律风险第一步，也是最关键的一步，在于法律风险的识别，即准确、及时发现法律风险。《企业法律风险管理指南》中的"5.3.2.1 概述"中指出："法律风险的识别，首先是查找企业各业务单元、各项重要经营活动、重要业务流程中存在的法律风险，然后对查找出的法律风险进行描述、分类，对其原因、影响范围、潜在的后果等进行分析归纳，最终生成企业的法律风险清单。"中国石油天然气股份有限公司 2008 年 1 月发布的《内部控制管理手册——体系框架分册》对风险管理中的风险识别定义为："风险识别是指查找公司各项重要经营管理活动及其重要业务流程中存在的影响目标实现的风险和机遇的过程。公司分别从公司层面、业务活动层面，动态识别影响公司战略目标及相关目标实现的、内部和外部的各种不确定性因素。带负面影响的因素代表风险，需要对其分析和应对；带积极影响的因素代表机遇，在制定目标和政策实施过程中对其加以考虑并把握。"为了及时、准确识别法律风险，首先需要全面收集各种企业法律风险信息，这些信息既有企业内部的经营管理活动信息，也有企业外部的法律、政策变化信息、宏观经济波动变化的信息、国际政治经济变化信息、自然灾害等自然风险信息等。收集企业法律风险信息，既可以通过专门的收集工作进行收集，更应该通过企业日常经营管理工作进行收集，如可以通过对企业的合同审查、内部控制活动、诉讼代理、企业规章制度梳理以及日常检查等环节收集法律风险信息。例如，中国石油天然气股份有限公司的《内部控制管理手册——体系框架分册》将风险识别划分为公司层面风险识别和业务活动层面风险识别。公司层面风险识别是指公司从战略发展的角度，识别公司层面面临的所有重大的不利因素和有利因素，从而识别风险，发现机遇。这些因素来自外部和内部两个方面，外部因素主要包括政治因素、经济因素、社会因素、自然环境因素等；内部因素主要包括基础设施因素、员工因素、流程因素和技术因素等。业务活动层面风险识别是指公司制定业务流程描述规范，建立流程目录并用流程图对所有业务进行直观描述。在业务流程描述的基础上，以业务流程步骤为主线，全面识别影响目标实现的相关因素。要高度重视企业法律风险信息的重要性，要认识到任何法律风险事件，最初都会在企业各种信息中显露蛛丝马迹。只有深入了解企业，深入企业内部，才有可能发现这些揭示法律风险蛛丝马迹的风险信息。"合规计划以及这些制度框架内其他现代治理工具的优点尤其表现在一个全球的与复杂的风险社会中……这尤其依赖于对于当事公司的特别知识，这些公司的全球活动能力，以及它们对于防止犯罪之核心控制手段的掌握。这些控制手段既包括公司内部的等级制的指示权，也包括对重要信息系统的拥有。"① 其次，需要凭借深厚的法律专业知识和敏锐的法律风险意识乃至丰富的法律职业经验，从收集的企业法律风险信息中准确发现潜在的法律风险线索，进而找出企业的法律风险。如果识别法律风险不精准、不及时，就会错失法律风险防控的良机。

分析法律风险的第二步在于评估法律风险，即正确认定法律风险的性质、种类、严重程度、可能发生的时间、潜在损害等。也即是说，要全面、正确、细致地认知、了解法律风险。《企业法律风险管理指南》中的"5.3.3.1 概述"中指出："法律风险分析是指对识别出的法律风险进行定性、定量的分析，考虑法律风险源或导致法律风险事件的具体原因、法律风险事件的发生的可能性及其后果，影响后果和可能性的因素，为法律风险的评价和应对提供支持。"中国石油天然气股份有限公司的《内部控制管理手册——体系框架分册》中，将对法律风险的分析和评估描述为"评估风险对公司实现目标的影响程度和风险发生可能性的过程"。在中石油的风险评估中，公司针对固有风险和残存风险，运用定性和定量的方法，对公司层面和业务活动层面风险发生的可能性和影响程度进行分析、评价，并按照风险排

---

① ［德］乌尔里希·齐白：《全球风险社会与信息社会中的刑法：二十一世纪刑法模式的转换》，周遵友，江溯等译，中国法制出版社，2012 年，第 263 - 264 页。

序标准和方法，确定风险重要性水平，识别公司重大风险，确定风险管理的优先顺序。而依照华能国际电力股份有限公司的 2007 年发布的《内部控制手册》（第三版）中的规定，华能国际电力股份有限公司的风险分析主要遵循如下的风险分析流程：① 公司所属各单位定期（至少每半年一次）编制风险分析报告，上报公司计划发展部。公司各职能部门定期（至少每半年一次）编制其职能范围内的内部风险分析报告，报公司计划发展部。② 公司计划发展部在公司所属各单位及公司各职能部门内部风险分析报告的基础上，汇总形成内部评估报告，经风险管理领导小组审定后报送战略委员会风险管理办公室。③ 战略委员会风险管理办公室每年聘请华能技术经济研究院或其他有关机构进行一次外部风险评估，公司年度风险评估报告在内、外部评估报告的基础上编制。④ 半年和年度风险评估报告均上报战略委员会，作为其决策依据。⑤ 战略委员会提出的风险防范措施通过总办会、风险管理领导小组、公司职能部门、公司所属各单位贯彻实施。⑥ 风险管理办公室将战略委员会审阅后的公司风险评估报告报送审计委员会并转交监察审计部，作为监察审计部制订下一年度审计计划的参考。总体而言，评估法律风险比识别法律风险更重要。而要做到及时、精准评估法律风险，就更不容易。要做到这一点，需要运用丰富的法律专业知识和法律实务经验。

【相关案例】　未能及时识别法律风险，错失法律风险防控良机——中海外国际工程有限公司折戟波兰 A2 高速项目①

2009 年，为了和乌克兰联合举办欧洲足球杯，波兰决定建设连接华沙和柏林的 A2 高速公路，并进行全球招标。招标时要求必须在 2012 年 5 月 31 日前建成通车。中海外公司与波兰当地公司组成中海外联合体于 2009 年 9 月中标 A2 高速公路中最长的 A、C 两个标段，总里程 49 公里，总报价 13 亿波兰兹罗提（约合 30.49 亿元人民币）。

当时的中海外特别想把这一项目作为打入波兰市场和欧洲市场的样板工程，迫切希望中标本工程。为了中标，中海外采取了低价投标策略。中海外

---

① 关于本案的详情，请参见裴克炜：《"一带一路"项目风险防范案例分析》，《首都建设报》，2017 年 6 月 7 日第 04 版。

联合体的中标价格仅是波兰政府预算 28 亿兹罗提的 46%。在没有对工程的勘察设计、招标文件进行非常细致的审查的情况下，中海外主观认为，凭借过往的经验以及中国公司有很多成本优势，13 亿波兰兹罗提的价格应当能够完成工程。如果万一完不成，中海外想通过低报价高索赔来获取工程收益。

低价中标后，中海外遇到的第一个风险是近 20 家海外竞争对手向欧盟指控中海外联合体"低价倾销"。紧接着，后面的风险接踵而至。中海外与波兰公路管理局签订的合同是以国际通用的菲迪克文本为基础，但中海外为了节省成本，将其中许多维护承包商权利的条款都予以删除或修改。如菲迪克条款中，如果因原材料价格上涨造成工程成本上升，承包商有权要求业主提高工程款项。但关于变更程序，中海外合同规定：所有导致合同金额变动或者完成工程时间需要延长的，必须签订书面的合同附件。

中海外投标时的全球经济景气低迷，波兰当地的建材价格很低。但在履约过程中，随着全球经济向好，当地欧洲杯相关工程陆续上马建设，沙子、钢材、沥青等原材料价格大幅上涨。中海外向波兰公路管理局提出对中标价格进行调整，但公路管理局依据合同以及波兰《公共采购法》等相关法律规定明确拒绝了中海外的调价申请，为此中海外不得不垫付资金以满足施工需求。

中海外对于工程的环保要求也没有充分的认识。招标文件明确 C 标段一共有 6 座桥梁设计需带有大型或中型动物的通道，而中海外对此没有引起足够的重视，在中海外的报价中对桥梁的动物通道成本没有做出预算。工程沿途一共生存七种珍稀两栖动物，包括一种雨蛙、两种蟾蜍、三种青蛙以及一种叫"普通欧螈"的动物。咨询公司要求中海外必须在入冬前将珍稀蛙类搬到安全地带，因为这些蛙马上就要冬眠，必须避免施工中对这些珍稀蛙类造成伤害。中海外为此停工两周，员工全力以赴徒手搬运珍稀蛙类。

资金压力导致中海外不断拖欠分包商款项，当地分包商游行示威抗议中海外拖欠劳工费用，当地劳工冲进中海外在华沙的办公场所，并在办公楼外焚烧轮胎，项目被迫停工。此时，32 个月的合同工期已过去三分之二，而中海外 A 标段才完成合同工程量的 15%，C 标段仅完成 18%，工程进度严重滞后。若要按期完成工程，A、C 两标段总共需投入资金 7.86 亿美元，预计收回合同款 3.91 亿美元，整个项目预计亏损 3.95 亿美元。最终，中海外决定放弃该工程。波兰公路管理局向中海外联合体提出了 7.41 亿兹罗提（约合 2.71 亿美元）的索赔。而合同的争议解决条款规定所有纠纷由波兰法院审理。

上述案例虽然发生在"一带一路"倡议提出之前，但其揭示的法律风险防控的教训，值得"一带一路"倡议背景下跨出国门的企业防控法律风险时汲取。上述案例中，最重要的教训在于企业未能及时识别出法律风险，从而导致无法防控相关法律风险，最终给企业造成巨大经济损失和声誉上的损害。首先，中海外低价投标，并希望通过中标后的索赔来弥补损失，本来就充满不确定性。这种低价竞标的做法，已经显示出法律风险苗头，稍有常识就应该能识别其中的风险。中海外中标后，遭受 20 家海外竞争对手向欧盟指控中海外联合体"低价倾销"，就是这种法律风险的表现。其次，中海外为了降低成本，通过修改菲迪克文本原有条款的方式，过分限制承包商权利，单方面自我设限，最终将自己陷于不利的境地。如果具备足够的法律风险识别能力，应该可以在第一时间发现此类条款其中的法律风险。再次，忽视当地的环保法律，投标时没考虑到工程的环保成本，最终因为环保问题造成工期延期、成本增加。这一法律风险也是很明显的。如果及早发现，也可以避免其发生。

【相关案例】 未能对法律风险做出正确精准的评估认知，导致企业知识产权法律风险爆发——上海俊客公司"MLGB"商标被宣告无效案①

上海俊客公司于 2010 年 12 月 15 日申请注册"MLGB"商标使用在第 25 类服装、婚纱、鞋、帽、袜、领带、围巾、皮带（服饰用）、运动衫、婴儿全套衣商品上。2011 年 12 月 28 日"MLGB"商标获准注册，商标注册号第 8954893 号，商标有效期至 2021 年 12 月 27 日。2015 年 10 月 9 日，姚洪军向商标评审委员会提起注册商标无效宣告申请。主要理由为：争议商标容易让人想到不文明用语，作为商标使用在服装、帽子等商品上，有害于社会主

---

① 北京市高级人民法院（2018）京行终 137 号行政判决书。

义道德风尚，具有不良影响。请求依据 2013 年修正的《中华人民共和国商标法》（简称 2013 年商标法）第十条第一款第八项、第四十四条第一款的规定，对争议商标予以宣告无效。姚洪军为证明其主张，向商标评审委员会提交了以下证据：① 相关网页文件，包括"一个由网络引发的盘点和随笔杂谈"等用于证明早在争议商标申请注册日前，"MLGB"已经作为不文明用语的缩写被使用，直至现在，按照社会公众的理解"MLGB"仍然是不文明用语的缩写。② 相关网页文件，包括"没想到 MLGB 居然是个牌子""MLGB 是什么牌子？""MLGB，原来是个牌子"等，用于证明"MLGB"作为商标印制在衣帽上，不能为社会公众所接受，造成不良影响。上海俊客公司为证明其主张，向商标评审委员会提交了以下证据：① 关于争议商标是否具有不良影响的讨论截屏。② 上海俊客公司的业绩情况。③ 争议商标的宣传使用情况。

2016 年 11 月 9 日，商标评审委员会作出商评字〔2016〕第 93833 号《关于第 8954893 号"MLGB"商标无效宣告请求裁定书》，认定：争议商标的字母组合在网络等社交平台上广泛使用，含义消极、格调不高，用作商标有害于社会主义道德风尚，易产生不良影响。上海俊客公司称争议商标是指"My life is getting better"，但上海俊客公司提交的证据尚难以证明该含义已为社会公众所广为认知，相反的，社会公众更易将"MLGB"认知为不文明用语。商标评审委员会依照 2001 年修正的《中华人民共和国商标法》第十条第一款第八项，裁定：争议商标予以宣告无效。

上海俊客公司不服，在法定期限内向北京知识产权法院提起行政诉讼。上海俊客公司补充提交了如下证据：①"MLGB"商标在不同商品和服务上的注册记录，显示"MLGB"商标在 45 类商品、服务上均获得了注册。用于证明商标评审委员会基于同一审查标准作出在第 25 类上注册无效认定，违反行政确定性原则。② 上海恩琵熙贸易有限公司出具的《情况说明》及《电子缴税付款凭证》。用于证明生产、销售"MLGB"品牌的服饰是上海俊客公司的业务之一。公司通过多年努力，形成了潮牌服饰的消费群体，具有良好的销售记录和纳税记录。③ 淘宝侵权网站截图及通过淘宝知识产权投诉平台的受保护记录，用于证明"MLGB"品牌知名度较高，上海俊客公司积极维护其商标权及商誉。④ BYD、SB、NND、NMD、CD、CNM、MLB、NMB、NB、TMD、TNND、MD、MB、NMD 申请及已注册信息。用于证明在国内外及相关行业均有大量与本案争议商标的类似注册商标正在使用，其中不乏知名商标、驰名商标。⑤ 品牌宣传证据。用于证明上海俊客公司为宣传争议商标投入了大量的人力、物力，形成了良好商誉。在使用和宣传争议商标时，上海俊客公司以显著的方式突出对商标含义 "My life is getting better" 的宣传，足以使相关消费受众形成对商标正确含义的认识。姚洪军补充提交了如下证据：① 上海俊客公司在申请 "MLGB" 商标的同时申请注册成功了 "caonima" 以及 "草泥马" 商标的证据。用于证明上海俊客公司注册争议商标存在恶意。② 商标评审委员会作出被诉裁定后相关专业人士撰写的文章，用于证明公众知道 "MLGB" 对应的格调不高的中文含义。

北京知识产权法院认为：争议商标注册在第 25 类商品上属于 2001 年《中华人民共和国商标法》第十条第一款第八项规定的有害于社会主义道德风尚的情形，应予宣告无效，被诉裁定认定正确。北京知识产权法院依照《中华人民共和国行政诉讼法》第六十九条、第一百零一条，《中华人民共和国民事诉讼法》第四十二条的规定，判决：驳回上海俊客公司的诉讼请求。上海俊客公司不服原审判决，向北京市高级人民法院提起上诉，请求撤销原审判决及被诉裁定。其主要理由为：一、原审判决关于争议商标已经形成了相对固定不文明含义的认定缺乏依据，上海俊客公司在对品牌宣传时，争议商标的含义均明确释义为 "My life's getting better"；二、司法者应从善良的角度理解当事人、社会公众的认知，相信人们是高尚的，这才符合法制精神和既有判例，才能发挥法律对高尚、善良风俗正面引导作用；三、在争议商标与不文明含义并未实际形成一一对应关系的背景下，原审判决的认定结论存在不利影响，与社会公众申请注册商标的初衷相违背。

北京市高级人民法院认为：本案中争议商标由字母 "MLGB" 构成，虽然该字母并非固定的外文词汇，但是结合姚洪军在行政审查阶段提交的部分形成于争议商标申请注册日前的相关网页截图，以及考虑到我国网络用户数量规模之大、网络与社会公众生活密切相关等因素，在网络环境下已经存在特定群体对 "MLGB" 指代为具有不良影响含义的情形，为了积极净化网络环境、引导青年一代树立积极向上的主流文化和价值观，制止以擦边球方式迎合"三俗"行为，发挥司法对主流文化意识传承和价值观引导的职责作用，应认定争议商标本身存在含义消极、格调不高的情形。同时，考虑到虽然上海俊客公司在使用争议商标时，与英文表达一并使用，但其在申请争议商标的同时，还申请了"caonima"等商标，故其以媚俗的方式迎合不良文化倾向的意图比较明显，在实际使用过程中存在对争议商标进行低俗、恶俗商业宣传的情形。因此，综合在案情形，原审判决及被诉裁定关于争议商标的注册违反2001年《中华人民共和国商标法》第十条第一款第八项规定的认定并无不当，北京市高级人民法院予以确认。上海俊客公司相关上诉理由缺乏事实及法律依据，北京市高级人民法院不予支持。依据《中华人民共和国行政诉讼法》第八十九条第一款第一项之规定，判决如下：驳回上诉，维持原判。

应该说，本案揭示的法律风险，属于典型的法律风险评估风险，即企业可能对法律法规有所识别，但却未能精准评估法律风险，未能得出正确的法律风险认知结论，故而导致企业的法律风险防控失败，法律风险事件爆发。

从本案审理过程中上海俊客公司提供证据的情况看，其应该对争议商标可能被竞争对手等第三方申请无效的风险早就有所识别。但其在评估这一法律风险时，认为这一风险的性质并不严重，不太可能会爆发形成法律风险事件。其基于的理由是：认定争议商标属于《商标法》第十条第一款第八项规定的"有害于社会主义道德风尚或者有其他不良影响的"存在不确定性。一方面，争议商标的负面含义，限于互联网用语的局部范围内，同时，现实中又有很多类似商标如BYD、SB等都获得了注册；另一方面，争议商标在45类商品、服务上均获得了注册。

但仔细推敲，上海俊客公司这一对争议商标法律风险的评估结论非常不可靠，不精准。这是因为：第一，《商标法》第十条第一款第八项规定的"有害于社会主义道德风尚或者有其他不良影响的"，本身在理解上就存在很大弹性。"有害于社会主义道德风尚或者有其他不良影响"在理解上见仁见智，具有明显的不确定性。正因为如此，2017年的《最高人民法院关于审理商标授权确权行政案件若干问题的规定》（法释〔2017〕2号）第五条第一款对此有所限定，但第五条第一款表述的"商标标志或者其构成要素可能对我国社会公共利益和公共秩序产生消极、负面影响"这一限定本身仍然具有理解上的不确定性。第二，《商标法》第十条第一款第八项是商标注册和使用的绝对禁止条件之一，意味着如果商标被识别为有害于社会主义道德风尚或者有其他不良影响，则一定会被宣告无效。也即是说，争议商标这一法律风险其实是性质严重的法律风险。第三，"MLGB"在45类商品和服务上获得注册以及与"MLGB"类似的其他商标如"BYD""SB"等商标获得注册不能从根本上排除争议商标被宣告无效的法律风险。这是因为商标被宣告无效是一种依申请的行政行为。在没有相对人申请的情况下，已注册的商标的商标注册专用权自然不受影响。也就是说，争议商标被认定无效从法律逻辑上与"MLGB"在45类商品和服务上获得注册以及与"MLGB"类似的其他商标如"BYD""SB"等商标获得注册一点都不存在冲突。后续如果有第三人提出适用在45类商品和服务上的"MLGB"商标无效或者与争议商标类似的其他商标如"BYD""SB"等商标无效，那么这些商标也可能被宣告无效。因此，上海俊客公司对本案中争议商标被宣告无效的法律风险的评估结论显然不精准，不正确。如果上海俊客公司的法律风险评估人员有足够的知识产权法学功底，应该能得出正确结论，从而从一开始就放弃注册"MLGB"商标，避免商标被宣告无效的法律风险的发生。

另外，更需要指出的是，即使可以在一定程度上理解上海俊客公司的法律风险评估人员评估"MLGB"时出现疏忽得出错误结论的话，在考虑到上海俊客公司同时还在申请注册"caonima"等商标的情况下，就完全应该得出应该放弃注册"MLGB"商标的正确结论。因为与"MLGB"的低俗含义还停留在网络用语的局部不同，"caonima"虽然也是网络用语，但其是汉语"操你妈"的汉语拼音全拼，二者的对应关系几乎人所共知。上海俊客公司同时还在申请注册"caonima"等商标这一事实本身，就足以说明其具有故意寻求注册低俗商标、制造商标噱头、谋求注册、使用低俗商标，获取不正当利益的企图。而本案中，两级法院都判决不支持上海俊客公司的主张，很大程度上也是考虑了这一因素。

（二）制定法律风险防控措施

在分析法律风险的基础上，需要制定具有针对性、实效性的法律风险防控措施，提出法律风险防控的解决方案。一般而言，对法律风险的防控策略可以包括法律风险规避策略、法律风险控制策略、法律风险转移策略、法律风险接受策略等。选择具体的法律风险防控策略和措施时，需要考虑以下内容：企业的战略目标、核心价值观和社会责任等；企业对法律风险管理的目标、价值观、资源、偏好和承受度等；法律风险防控策略的实施成本与预期收益；选择几种法律风险防控策略，将其单独或组合使用；利益相关者的诉求和价值观、对法律风险的认知和承受度以及对某些法律风险防控策略与措施的偏好。根据中国石油天然气股份有限公司 2008 年 1 月发布的《内部控制管理手册——体系框架分册》中的规定，中石油公司在制定法律风险防控措施时，应根据风险管理策略，针对各类风险或每一项重大风险制定相关的规章制度、控制政策和控制措施，确保风险控制在风险承受度的范围内。公司针对风险建立的规章制度、控制政策和控制措施，要满足合规的要求，坚持经营战略与风险策略一致、风险控制与运营效率及效果相平衡的原则，针对重大风险所涉及的各项管理及业务流程，制定涵盖各个环节的全流程控制措施；对其他风险所涉及的业务流程，要把关键环节作为控制点，采取相应的控制措施。公司应当按照各有关部门和业务单位的职责分工，组织实施控制措施。针对公司层面风险，按照风险反应方案，建立相应的公司层面风险控制政策，制定公司统一的规章制度，统驭业务活动层面控制。针对业务活动层面风险，以公司层面控制政策为导向，规范业务流程，制定业务活动层面风险控制措施。

（三）监督和检查法律风险防控效果

一方面，对法律风险防控措施执行的进度、效果等需要加以督促；另一方面，法律风险防控本身是一个递进的动态过程，需要根据企业内外部法律风险环境变化对制定的措施进行评估调整，以确保法律风险防控措施的实时有效性。执行法律风险防控措施会引起企业风险情况的改变，需要跟踪、监督有关风险防控的效果和企业的环境信息，并对变化的风险进行评估，必要时重新制订法律风险应对措施。因此，有必要监督和检查法律风险防控效果。《企业法律风险管理指南》中的"5.5 监督和检查"中指出："企业法律风险管理监督和检查的内容应包括但不限于以下内容：内外部法律风险环境的发展变化，如法律法规、相关政策的出台和变化、司法、执法及社会守法环境的变化、企业自身战略的调整改变等；监测法律风险事件，分析趋势及其变化并从中吸取教训；对照法律风险应对计划检查工作进度与计划的偏差，保证风险应对措施的设计和执行有效；报告关于法律风险变化、风险应对计划的进度和风险管理方针的遵循情况；实施法律风险管理绩效评估。"中国石油天然气股份有限公司 2008 年 1 月发布的《内部控制管理手册——体系框架分册》中的规定，公司应以重大风险、重大事件和重大决策、重要管理及业务流程为重点，对法律风险防控的有效性实施监督。监督是对法律风险防控体系有效性进行评估的持续过程，包括持续监督、独立评估和缺陷报告等。

三、法律风险防控的方法

一般而言，从不同视角可以对法律风险防控的方法作不同的分类。可以从法律风险内容角度区分法律风险防控方法。例如，《企业法律风险管理指南》将法律风险防控方法划分为：① 资源配置类的方法，即对资源类的法律风险，通过设立或调整与法律风险应对相关的机构、人员，补充经费或风险准备金等进行防控；② 制度、流程类方法，即对制度、流程类的法律风险，制定或完善与法律风险应对相关的制度、流程进行防控；③ 标准、指引类方法，即对标准、指引类法律风险，通过编撰指引、标准类文件，供业务人员使用进行防控；④ 技术手段类方法，即对技术手段类法律风险，通过利用技术手段规避、控制或转移某些法律风险进行防控；⑤ 信息类方法，即信息类法律风险通过发布告警或预警信息进行防控；⑥ 活动类方法，即活动类法律风险通过开展某些专项活动，规避、控制或转移某些法律风险进行防控；⑦ 培训类方法，即培训类法律风险，通过对某些关键岗位人员进行法律风险培训，提高其法律风险意识和法律风险管理技能进行防控。也可以从法律风险的性质角度区分法律风险防控方法。如依照华能国际电力股份有限公司的 2007 年发布的《内部控制手册》（第三版）中关于风险防控的规定，华能国际在处置公司的法律风险时，首先考虑利用现有的控制手段进行控制，如安全生产部通过下发正式文件、对安全生产隐患实地检查等形式要求公司所属各单位严格落实公司安全生产有关规章制度。公司职能部门层面不能控制的法律风险，经风险管理领导小组分析后报送战略委员会审阅研究。对于能够处理、控制的法律风险，提出如完善制度、充实人力等监控措施，报总办会批准后书面下达执行；对于目前控制不足的法律风险，应考虑采取何种措施才能降低风险，规避风险，减少其发生的可能性。

我们认为，从法律风险防控的流程的角度区分法律风险防控的方法，更能够全面客观反映出法律风险防控方法的内涵。从法律风险防控的流程的角度可以将法律风险防控的方法划分为法律风险的识别方法、法律风险的评估方法、法律风险的处置方法。

（一）法律风险的识别方法

常用的法律风险识别方法主要有：① 调查问卷识别法。所谓调查问卷识别法，即通过设计有针对性的关于企业法律风险的调查问卷，对企业普通员工、企业管理者、企业客户乃至市场消费者进行问卷调查，根据对调查结果的统计分析，甄别相关企业潜在的法律风险隐患和法律风险线索。调查问卷识别法往往能够全方位地探测到企业法律风险隐患，及时识别企业法律风险。② 案例梳理识别法。所谓案例梳理识别法，是指通过对企业既往司法案例的梳理、分析、甄别，找寻企业在企业经营管理制度方面存在的漏洞和隐患，识别企业潜在的法律风险。采用案例梳理识别法受制于案例的情节和内容，往往是对企业的局部进行法律风险排查。其在企业法律风险识别的深度上比调查问卷识别法要深，但在广度上要比调查问卷识别法逊色。③ 访谈识别法。顾名思义，访谈识别法是指就企业法律风险对企业管理人员、普通员工、客户等进行有针对性的访谈，从访谈中获取企业法律风险的蛛丝马迹。④ 流程梳理识别法。所谓流程梳理识别法是指通过对企业日常的生产经营管理流程的梳理，从中发现企业法律风险隐患。流程梳理识别法也是一种能够全面发现和识别企业法律风险的方法。

（二）法律风险的评估方法

常用的法律风险评估方法有：① 法律风险量化测评法。所谓法律风险量化测评法，即通过事先制定好的法律风险量化测评指标体系，通过从目标企业收集相关测评数据，推测、计算出目标企业法律风险的数量、类型、严重程度等。法律风险量化测评法的关键在于所制定的法律风险量化测评指标体系必须具备科学性。例如，华能国际电力股份有限公司的 2007 年发布的《内部控制手册》（第三版）中就规定了法律风险的量化测评法。依照华能公司的《内部控制手册》（第三版）的规定，根据风险类型和影响程度，公司法律风险的确认与识别工作分别由公司所属各单位、公司各职能部门、风险管理领导小组、总办会和战略委员会进行。公司所属各单位层面的风险分析，由各职能部门负责收集信息，编制日常风险分析报告或类似材料。公司所属各单位层面不能解决的风险，根据风险性质书面上报公司有关职能部门，公司各职能部门对风险进行分析和研究后，提出应对措施，并根据具体情况决定是否提交公司生产经营活动分析会或其他会议讨论，讨论通过后书面下发相关单位和公司有关部门执行。② 法律风险定向分析法。所谓法律风险定向分析法，即就企业某一个方面的法律风险进行专门的分析。采用法律风险定向分析法进行的法律风险分析具有足够的深度。采用定向分析法，步步推进、层层剖析，通过观察、试验、类比、归纳、猜测等探索活动，把直觉思维与逻辑思维结合起来，构建一个明确的目标，从而达到解题的目的。此过程既能有效地进行较高层次的训练，又有启迪创新意识的作用。③ 法律风险综合分析法。所谓法律风险综合分析法即从全局视角对企业整体层面的法律风险进行分析。与法律风险定向分析法相比，法律风险综合分析法的长处在于其分析具有广度。法律风险综合分析法在具体方法上可以采用法律风险审计、法律风险检查、法律风险制度梳理等。

【相关案例】   审计未能发现企业法律风险，导致企业法律风险爆发，审计机构也承担相应法律责任①

中澳集团是一家位于山东省德州市庆云县的禽类养殖加工贸易的企业，成立于1998年。工商登记资料显示，中澳集团注册资本1.35亿元，张洪波持股比例均为99.98%。中澳集团主要从事肉鸭的育种、繁育、养殖和深加工，拥有肉鸭产业一条龙配套体系，肉鸭综合生产能力位居中国同行业前三名，其主营产品是"中澳"牌鸭肉系列制品，企业曾被农业部等八大部委认定为农业产业化国家重点龙头企业。2013年开始，中澳集团出现经营危机，资金紧张，申请发行中国银行短期融资债券2亿元、广发银行短期融资债券1亿元。2013年8月北京兴华会计师事务所接受中澳集团委托为本次债券发行对中澳集团进行审计。北京兴华会计师事务所指派李冬梅、李洋负责对中澳集团2010年至2013年的年度财务报告以及2014年1月至6月份财务报告进行了财务审计。李冬梅、李洋出具的审计报告中，中澳集团2010年至2013年的年度及2014年1月至6月份的半年度利润分别为2.66亿元、3.17亿元、3.94亿元、4.1亿元、2.68亿元（均采用四舍五入计数）。中澳集团以此为依据成功申请发行了中国银行2亿元短期融资债券、广发银行1亿元短期融资债券。后中澳集团出现债务违约，无法偿还上述债务。2017年6月中澳集团进入破产程序，2018年6月被裁定破产。

庆云县法院查明，中澳集团2010年至2013年度及2014年1月至6月份的半年度非但没有获得2亿至4亿元的利润，反而分别亏损2 795万元、1 394万元、5 506万元、1亿元、7 494万元。北京兴华会计师事务所出具的审计报告严重失实，存在虚增企业利润的情况，数字虚增的比例最高达2 371.76%。李冬梅、李洋在审计过程中，严重不负责任，对一些明显的财务造假数据，未能发现问题。例如，按照中澳集团财务报表中30多亿元肉鸭销售收入、每月70万到80万只肉鸭屠宰量计算、每只肉鸭的售价要高达300元左右，才能维持数据平衡，而一只肉鸭卖到300元，显然不符合实际，

---

① 山东省庆云县人民法院（2018）鲁1423刑初192号李冬梅、李洋提供虚假证明文件一审判决书。

明显违背常理。同时，李冬梅、李洋严重违反审计程序。根据审计准则的规定，注册会计师应当对应收账款实施函证程序，询证函由注册会计师发出，发询证函不允许被审计单位参与。李冬梅、李洋将询证函交给中澳集团资金管理部发出和收回，对询证函上面加盖的被询证者的印章没有数字代码这一明显漏洞视而不见，采用这些伪造的询证函得出审计结论。2019 年 3 月山东省庆云县人民法院判决没收北京兴华会计师事务所收入 140 万元，认定注册会计师李冬梅犯提供虚假证明文件罪，判处有期徒刑三年，并处罚金 10 万元。

审计是常用的评估企业财务法律风险的重要方法，其往往能够从会计专业角度发现企业财务数据中隐藏的财务法律风险隐患，从而让企业避免财务法律风险发生的损失。本案中，承担审计职责的注册会计师及其所属的会计师事务所，在审计过程中，既存在违反审计程序的问题，又存在明显的事实认定错误，导致出现了严重违规和严重错误的审计结论，不但没有发现企业财务数据中隐藏的法律风险，让企业的财务法律风险进一步发酵，最终导致企业遭遇破产的法律风险损失，也让信赖这一未能发现企业法律风险的错误的审计报告的商业银行成了企业的债权人，承担了因企业法律风险发生的经济损失。而承担审计职责会计师事务所和负责审计的会计师，也承担了相应的法律风险后果。

（三）法律风险处置方法

常用的法律风险处置方法主要有：① 避免。所谓避免，即通过消除法律风险隐患，彻底铲除法律风险发生的条件，使得法律风险彻底被排除发生的可能性，从而彻底避免法律风险事件给企业造成的损失。避免是最优的法律风险处置方法。② 降低。所谓降低，是通过采取控制措施，降低法律风险发生的可能性或降低法律风险发生的烈度，从而减少法律风险造成的损失。与避免相比，降低是一种次优的法律风险处置方案。③ 转移。所谓转移，是指当法律风险的发生无可避免，企业采用合法的手段将法律风险转移于外部第三方，让外部第三方承担法律风险造成的损失。需要说明的是，转移这种处置法律风险的方法，需要以采用合法手段和方法为前提。④ 接受。所谓接受，是指在不能采取前述三种处置方法的前提下，制定预案，接受法律风险事件的发生，承担法律风险事件的损失。需要说明的是，接受并非是完全不作为的法律风险处置方式。即使采用接受的方式处置法律风险，也要制定应对预案，最大限度减少法律风险造成的损失。

第二篇
租船合同与法律风险

第三章　租船合同的类型与法律风险分析

本章所述内容是租船合同的类型及其法律风险分析。本章中的租船合同主要是指用于货物运输的不定期船的租用合同。不定期船按船舶租用方式可以分为航次租船合同（又称程租合同）和船舶租用合同。[①] 船舶租用合同，是指船舶出租人向承租人提供约定、由出租人配备船员或者不配备船员的船舶，由承租人在约定期间内按照约定的用途使用并支付租金的合同。[②] 根据上述规定，我国《海商法》第一百二十八条规定："船舶租用合同，包括定期租船合同和光船租赁合同，均应当书面订立。"船舶租用合同包括定期租船合同与光船租赁合同两种类型。

租船合同的法律风险是合同法律风险。在研究租船合同法律风险时，我们需要注意租船合同法律风险和租船合同法律风险后果是两个概念。租船合同法律风险后果是租船法律风险发生后所导致的损失，但存在租船合同法律风险并不代表一定会造成租船合同法律风险后果。

第一节　航次租船合同

一、航次租船合同的概述

（一）航次租船合同的概念与性质

航次租船合同（Voyage Charter Party，Voyage C/P），是指船舶出租人向承租人提供船舶或者船舶的部分舱位，装运约定的货物，从一港运至另一

[①] 航次租船合同和船舶租用合同在我国《海商法》中被分别规定在第四章和第六章。二者在合同内容及性质上均有区别。

[②] 司玉琢：《海商法（第四版）》，法律出版社，2018 年 1 月，第 197 页。

港，由承租人支付约定运费的合同。这是我国《海商法》第九十二条对航次
租船合同所做的官方定义。航次租船合同中的双方合同主体分别是：出租人
（Shipowner）[1] 和承租人（Charterer）。出租人的合同义务是负责提供船舶或
者船舶的部分舱位，按照合同约定将货物从一港运至另一港；承租人的合同
义务则是向出租人按约支付运费和其他费用（滞期费等）。

关于航次租船合同的性质，仅从名称来判断极有可能将其误解为财产租
赁合同，但就合同的内容和目的来看，航次租船合同实属运输合同的性质。
将航次租船合同认定为运输合同而非财产租赁合同，主要理由有以下5点：

1. 船舶仍归出租人占有运营。一般而言，在财产租赁合同中出租人将所
拥有或占有的财产，转移占有至承租人并由承租人占有、使用和收益。但
是，在航次租船合同中船舶的占有并不发生转移，船舶的经营、管理及产生
的相关费用仍由出租人负责。这一点同定期租船合同中的出租人类似，二者
均通过其任用的船长及船员占有并经营和管理船舶。当然航次租船合同与定
期租船合同在一些情况下也存在着一定区别，如航次租船合同中的出租人实
际上是定期租船合同或者航次租船合同中的承租人时，船舶的经营和管理仍
由第三者出租人负责，航次租船合同的承租人可能会承担船舶运营过程中除
固定费用以外的合同中约定的一些浮动费用如装卸费等。所谓固定费用，是
指为维持船舶正常营运而发生的费用，即不论船舶是否承载货物都注定要发
生的费用，如船舶保险费、折旧费、船员工资、燃油费等。[2] 浮动费用则是
指船舶为了运输货物所产生的费用，即船舶装载货物时所产生的费用，如港
务费、装卸费、绑扎、垫舱物料等。

2. 航次租船合同中约定所载货物的名称、种类、数量及装卸港口。与定
期租船合同或光船租赁合同相比，航次租船合同的双方主体会在合同中约定
装载货物的名称、种类、数量及装卸港等，而定期租船合同或光船租赁合同
通常不会具体规定这些内容。光船租赁合同是典型的财产租赁合同，定期租

[1] 出租人既可以是船舶的所有者，也可以是船舶的承租人或经营人，国际上通常有"Shipowner"
或"Shipowners"两种表述。
[2] 傅廷中：《海商法（第二版）》，法律出版社，2017年，第176页。

船合同则兼具财产租赁合同与运输合同的性质。定期租船合同或光船租赁合同通常是承租人在一定期限内租赁使用船舶，在租赁期限内承租人不一定是以完成特定运输任务为目的。航次租船合同则是以航次计算，以具体实现某种特定运输任务为内容，出租人将全部或部分舱位出租给承租人的实际目的是将货物按约定由一港运至另一港，合同的内容和目的是货物运输。

3. 航次租船合同中的出租人需要按照合同照料货物。光船租赁合同中，出租人只需要将符合合同约定的适航船舶转移占有至承租人即可，承租人租用船舶后的具体经营管理等事项不在出租人的义务范围之内，出租人也就没有照料货物的义务。航次租船合同因为其运输合同的性质，出租人仍需按照合同的约定妥善和谨慎地装卸、照料、保管所运货物，除非合同另有约定。

4. 航次租船合同通常按照合同约定的舱位及所运货物的数量计算运费。定期租船合同或光船租赁合同则是以租赁期限计算租金。

5. 航次租船合同中约定了严格装卸期限和装卸时间的计算办法并计算速遣费和滞期费。承运人在约定期限前完成货物的装卸，则出租人需要按照约定支付给承租人一定的速遣费（Despatch Money）。若承租人在约定期限内不能将货物按时装卸导致延期，则承租人需要向出租人按约承担滞期费（Demurrage）。速遣费和滞期费只与合同中约定的装卸时间有关。航次租船合同中关于速遣费和滞期费的规定与其他海上货物运输合同或租船合同有明显的区别。

综上所述，笔者认为航次租船合同的性质应属运输合同。航次租船合同亦被规定在我国《海商法》第四章海上货物运输合同之中，这也是我国法律规定中对航次租船合同属于运输合同性质的认可。

（二）航次租船合同的分类

正如前述，航次租船合同是一种以航次为单位计算船舶运费的海上货物运输形式，也是当今国际海上货物运输市场上使用最广的海上货物运输方式。航次租船合同依据合同中约定的航次不同分为以下几种类型：

1. 单航次租船合同（Single Trip Vovage C/P），是指承租人指定出租人完成一个航次货物运输任务的航次租船合同。单航次租船合同的运输模式是：A 地→B 地。

2. 连续航次租船合同（Consecutive Voyage C/P），是指承租人指定出租人完成连续的多个航次运输任务的航次租船合同。连续航次租船合同又分为：往返航次租船合同（Return Trip Voyage C/P）、连续单航次租船合同（Consecutive Single Trip Voyage C/P）、连续往返航次租船合同（Consecutive Return Trip Voyage C/P）。这几种连续航次租船合同的运输模式分别为：A 地→B 地→A 地；A 地→B 地，A 地→B 地，……A 地→B 地；A 地→B 地→A 地→B 地，……→A/B 地。

（三）航次租船合同的标准格式

航次租船合同的标准格式，是指由行业工会或者专业协会为方便海上货物运输当事人谈判与签约所制定的航次租船合同格式范本。实务中，航次租船合同的订立只需承租人与出租人确定一个具体的合同范本编号，并根据实际需要，由双方谈判并修改所选定格式文本中的具体条款直至达成合意并签署订租确认书（Fixture Note）即可。

目前，世界上使用最为广泛的、可适用于各种航线和各种货物的航次租船合同格式是《统一杂货租船合同》（Uniform General Charter），租约代号"金康"（GENCON），由波罗的海国际航运协会（The Baltic and International Maritime Confenrence，BIMCO）制定。① 金康合同自制定以来，前后经历了 1922 年、1939 年、1950 年、1966 年、1976 年、1994 年的多次修改，目前使用较多的是 1994 年版本的合同格式。此合同格式是由代表出租人利益的波罗的海航运公会制定的，故而其中难免会有部分偏向于出租人的条款。实务中，承租人需要注意通过修改并添加附加条款的方式，维护自身利益。除此之外，国际航次租船市场上还存在着一些专为特定货物制定的航次租船合同格式。

租约代号为"ASBATANKVOY"的《油船航次租船合同》（Tanker Voyage Charter party），便是美国船舶经纪人和代理人协会（Association of Ship

---

① 司玉琢：《海商法（第四版）》，法律出版社，2018 年，第 163 页。

Brokers&Agents，ASBA）在 1997 年制定的用于油轮航次租船的合同格式。类似的适用于油船航次租船的还有租约代号为"TANKERVOY 87"的《油船航次租船合同》（Tanker Vovage Charter Party）等。其他的如适用于谷物运输的巴尔的摩谷物泊位租船合同（Baltime Berth Grain Charter Party，Form C）、租约代号为"AUSTWHEAT 1990"的《澳大利亚谷物小麦租船合同》（Australian Wheat Charter）。

国际上还有专门适用于木材、矿石、游船等特定运输目的航次租船合同格式。

（四）航次租船合同的主要内容

合同的内容一般是双方当事人在不违反法律、法规强制性规定的前提下，依据当事人意思自治原则，就双方的权利和义务等内容自行做出的约定。航次租船合同也不例外，各国法律均允许出租人和承租人在不违反法律、法规强制性规定的基础上自行约定合同内容。我国《海商法》第四章第九十三条中规定："航次租船合同的内容，主要包括出租人和承租人的名称、船名、船籍、载货重量、容积、货名、装货港和目的港、受载期限、装卸期限、运费、滞期费、速遣费以及其他有关事项。"该条规定虽然只规定了一些基本的任意性条款，却也是航次租船合同最为重要且不可或缺的内容。一般而言，航次租船合同的格式合同范本一般会包括以下内容：

1. 船舶说明（Description of Vessel）

关于船舶说明，司玉琢教授主编的《海商法（第四版）》中胡正良教授将 Description of Vessel 翻译为船舶说明，将船舶动态（Vessel's Position）包含在船舶说明的范畴之内。傅廷中教授在其著作《海商法（第二版）》中则将 Description of Vessel 翻译为船舶规范，并将之与船舶动态并列归纳在船舶概况的说明之内。在上述两位权威学者的著作中笔者更倾向于胡正良教授的观点。船舶说明是合同中对船舶现状的描述。船舶动态是船舶现在所处位置及状态，是 Description of Vessel 应当包含的一部分。故此，笔者在本书中将采取胡正良教授关于船舶说明的定义及内容。船舶说明是指出租人对船舶情况在合同中所做的陈述（representation）。① 船舶说明一般包括船舶名称（Vessel's Name）、船舶国籍（Vessel's Nationnality）、船舶吨位（Vessel's Tonnage）、船级（Vessel's Class）、船舶动态。

2. 预备航次（Preliminary Voyage）

预备航次，是指船舶自前一个合同约定的卸货港至新合同约定的装货港的一般航程。② 航次租船合同的格式范本中通常都会对预备航次做出约定，例如在 GENCON 94 合同中第一条便约定了出租人必须在船舶完成前一个航次之后，驶往装货港或者邻近的可以安全到达保证可以装卸货物的地点装货。合同中约定的预备航次，意味着出租人自开始进行预备航次时，合同即开始履行。此时，合同中约定的一系列条款即对合同当事人双方发生效力，除非合同中对此另有约定，例如预备航次中免责条款的应用。GENCON 94 合同中约定出租人在完成上一航次后应当立即前往合同中约定的装货港。但不是所有的格式合同范本均是如此规定，实务中合同当事人还是需要根据合同中的具体约定安排预备航次，以免违约。

航次租船合同中预备航次的约定一般还包含两项重要约定即受载期（Laydays）和解约日（Cancelling Date）。受载期是指船舶预计到达装货港（或依情况确定的其他装货地点）并做好装货准备的日期。解约日是指合同中所约定的装货前承租人享有合同解除权的特定时间节点。这个特定的时间节点一般是指船舶到达装货港（或依情况确定的其他装货地点）并做好装货准备的最后期限。

3. 货物（Goods）

航次租船合同作为运输合同，货物自然是合同中必不可少的内容。关于航次租船合同中的货物，合同当事人一般会明确货物的种类和数量。

货物种类是航次租船合同中非常重要的条款。承租人一般会根据不同的货物种类，选择不同的船舶和航次租船合同的范本，例如运输原油一般会选择油轮和适用于原油运输的合同范本。实务中，出租人一般会在合同中约定

---

① 傅廷中：《海商法（第二版）》，法律出版社，2017 年，第 165 页。
② 司玉琢：《海商法（第四版）》，法律出版社，2018 年，第 183 页。

多种货物或某一类货物供承租人选择，以方便承租人的贸易。在航次租船合同中，一般不会免除承租人提供货物的义务。承租人因可免责的原因导致部分货物无法装船，除非合同另有约定外，承租人仍需提供约定范围内的其他货物，并允许其在合理时间内予以安排。我国《海商法》第一百条规定："承租人应当提供约定的货物；经出租人同意，可以更换货物，但是，更换的货物对出租人不利的，出租人有权拒绝或者解除合同。因未提供约定的货物致使出租人遭受损失的，承租人应当负赔偿责任。"

货物的数量是航次租船合同中计算运费的基础。出租人通常会希望承租人提供的货物数量可以使船舶达到满舱满载（Full and Complete）的状态。但是，实务中货物的积载因素（Stowage Factor）即体积与重量之比往往是不一样的，承租人所提供的货物很难正好达到满舱满载的要求。因此，出租人和承租人通常会在合同中选择对自己较为有利的约定方式。一般而言，合同中货物数量的约定一般有以下几种：① 以具体的吨数进行约定。出租人和承租人在合同中约定货物的具体吨数，出租人和承租人必须保证船舶实际装载的货物数量与提供的货物数量必须为合同中约定的具体数量。② 约定货物的具体数量，并允许一定范围内浮动。合同中货物的浮动比例既可以是出租人进行选择，也可由承租人进行选择。出租人选择时，由船舶的船长提前以书面形式通知承租人具体的货物数量即宣载（Declaration）。相对应的，当合同中约定由承租人选择时，承租人需提前以书面的形式通知出租人或船长具体的货物数量。③ 满舱满载货物的限额。采取此种约定方式的合同中，出租人和承租人通常会约定货物数量的上限与下限。

在航次租船合同中，承租人所提供的货物数量若少于合同中所约定的数量，承租人一般需要向出租人支付一定的亏舱费，作为对出租人损失的赔偿。同理，如果出租人所提供的船舶其运力不符合合同中的约定，则出租人需向承租人赔偿一定的短装损失。

4. 装卸条款

航次租船合同中的装卸条款一般包括：装卸港口或泊位、装卸费用、装卸时间等。① 出租人和承租人通常会在合同约定货物的装卸港并由承租人制定具体装卸泊位或地点。合同中可以约定一个或多个装卸港。装卸港为两个或两个以上时，由承租人指定并在出租人签发提单前告知出租人。此时的货物被称作选港货（Optional Cargo）。一般在选定装卸港口时，承租人需要承担指定安全港的义务即应保证其所指定的港口是安全港，由于港口安全问题造成出租人损失的，承租人需要承担赔偿责任。安全港，是指符合物理上的安全、政治上的安全和自然环境上的安全的港口，承租人的安全港义务要求，其在告知出租人装卸港口时，该港口符合安全港的条件。

装卸费用，是指货物从岸边或驳船装载或卸至岸边或驳船的费用。航次租船合同中出租人与承租人关于装卸费用承担的方式同班轮运输较为相似。通常有这几种方式：① 采用"班轮条款"（Liner Terms，LT），即由出租人承担装卸费用。② 舱内收货条款（Free In，FI），即出租人不承担装货费用。此时装货费用由出租人承担，卸货费用由承租人承担。③ 舱内交货条款（Free Out，FO），即出租人不承担卸货费用。由承租人承担卸货费用，出租人承担装货费用。④ 舱内收、交货条款（Free In and Out，FIO），即货物的装卸费用由承租人承担，出租人不承担相关费用。⑤ "出租人不承担装卸费用、积载及平舱费用"条款（Free In and Out, Stowed and Trimmed, F. I. O. S. T.），即出租人不仅不需要承担货物的装卸费用，还无须负担货物的绑扎、垫舱等费用。

装卸时间（laytime），是指在航次租船合同中出租人与承租人约定的承租人装卸货物的时间期限。目前，国际上有三个民间规则可供合同当事人选择以约定装卸时间，分别是《1980 年租船合同装卸时间定义》（Charter Party Laytime Definitions 1980）、《1993 年航次租船合同装卸时间解释规则》（Voyage Charterparty Laytime Interpretation Rules 1993）、《2013 年租船合同装卸时间定义》（Laytime Definitions for Charter Parties 2013）。装卸时间的约定方法主要有以下几种：① 约定装卸日数或船舶装卸定额。② 约定"按习惯尽快

---

① 傅廷中教授在其专著《海商法（第二版）》中未将装卸费用、装卸时间纳入装卸条款。读者可查阅该书第 184 – 193 页内容。

装卸"（Customary quick Despatch），即约定按照在港船舶能够最快装卸货物的条件进行确定。③ 约定"以船舶能够收货或者交货的速度装卸货物"。货物的装卸时间在实务中极为重要，因为合同履行中是否计算速遣费或滞期费主要由货物的装卸时间确定。

5. 速遣费与滞期费条款

速遣费，是指出租人向承租人支付的因装卸期限届满前完成货物装卸的费用。在实务中，速遣费是按照船舶速遣时间（提前完成货物装卸的时间）乘以约定的速遣费率计算的。其中，速遣费计算费率通常情况下为滞期费率的二分之一。速遣时间的计算方式有两种，一种是按照节省下来的全部工作时间计算，另一种是按照全部节省下来的时间计算。在航次租船合同中，合同当事人普遍倾向于选择第一种计算方式。速遣费是对承租人的激励，承租人尽早地完成货物的装卸就意味着出租人可以尽快安排下一航次。同时，承租人尽早完成货物的装卸还有利于避免合同履行中存在的其他风险。

滞期费，是指承租人向出租人支付的因非出租人原因导致的货物未能在装卸时间内完成装卸造成航次延误的费用。关于滞期费的性质，学术界有不同的认识。目前，较为主流的观点认为，滞期费的民事责任是一种特殊形式。滞期费的计算方式为滞期时间（超出装卸时间的时间）乘以滞期费率。滞期时间有两种主要的计算方式，一种为滞期时间连续计算，另一种是按照装卸时间的计算方式计算滞期时间。在实务中，合同当事人较为普遍采取的是第一种计算方式。此外，有的合同中合同当事人会约定允许船舶滞期一定的期限，在此期限内承租人仅需支付滞期费即可。当承租人在允许的期限内仍未完成货物的装卸，此时超出期限的时间被称为超滞期。为了避免超滞期的出现，合同中一般会约定承租人需要向出租人支付超滞期内出租人的实际损失与按照合同中固定滞期费率计算的数额相比较高的费用。

除上述 5 种条款以外，航次租船合同还包括但不限于以下的内容：提单、出租人的责任与免责、国际安全管理条款、承租人责任终止条款、保赔协会添加燃料条款、罢工条款、战争条款、冰冻条款、仲裁条款、法律适用条款（有时会与仲裁条款合并为一个条款）等。

二、航次租船合同的法律风险

（一）航次租船合同法律风险概述

航次租船合同作为一种特殊形式的双务有偿合同，其既具有一般合同的法律风险，又因其内容的特殊性而具有自己独有的法律风险。航次租船合同中的法律风险主要是指在特定的法律风险环境中，航次租船合同法律主体实施了某种法律风险行为所导致损失的可能性。

航次租船合同中的法律主体是指合同中的双方当事人。对于双方当事人而言，均有因自身、对方或者第三者的行为导致自身承担风险的可能性。

航次租船合同的法律风险受制于航次合同法律风险环境。航次租船合同中的法律风险环境主要有两种：① 合同中约定的拥有争议管辖权所在地的法律风险环境。在实务中，出租人和承租人会依据对于己方较为有利的方式约定合同纠纷的适用法律和管辖地。此时，航次租船合同的法律风险环境便是合同中约定的争议管辖地的法律风险环境。实务中对待这种法律风险环境的分析主要从管辖地司法体制、管辖地司法公正程度、管辖地法院法官对双方选择的准据法的理解程度、管辖地法院法官的法律素养等方面进行。在实务中，合同当事人经常将法律争议管辖地在合同订立中定为较为强势一方的所在地法院。② 合同履行地法律风险环境。航次租船合同作为海上货物运输合同，有相当一部分是发生在国际贸易中，这就意味着合同中装货港和卸货港不在同一国家或地区。合同当事人将有可能在履行合同时面对不同的法律风险环境。例如，各国对于无单放货的规定并不相同，在美国港口实施无单放货行为需要承担的法律风险与同样的行为发生在巴西可能会有不同的责任承担结果。

航次租船合同中的法律风险行为是指在履行航次租船合同期间，可能造成合同当事人损失的作为或不作为。航次租船合同当事人的法律风险并不会因为合同双方主体之间严格依照合同约定履行自己的权利和义务而避免。航次租船合同的法律风险行为分为出租人法律风险行为、承租人法律风险行为和第三人法律风险行为。出租人和承租人往往会因为自身履行合同中的瑕疵而导致对方发生损失的可能性。此外，出租人和承租人还有可能因为第三人的作为或不作为导致自身承担法律风险的可能性。这里要注意的是有法律风险行为并不一定会导致法律风险结果的发生。航次租船合同的法律风险介于发生和不发生之间，是导致风险结果造成损失的可能性。

航次租船合同的法律风险按照不同的分类标准可分为不同的类型。依据法律风险行为主体的不同，航次租船合同法律风险可以分为内部法律风险和外部法律风险。内部法律风险主要是指合同主体因内部管理、运营及合同履行中其工作人员存在操作上的不规范或合同主体自身制度建设、履行的不规范等因素导致的法律风险。外部法律风险则是指合同的对方当事人及第三人可能存在法律风险行为如违约、侵权等可能造成损失的法律风险。依据法律风险行为的性质不同，航次租船合同法律风险可以分为违约法律风险和侵权法律风险。违约法律风险是指航次租船合同中因对方当事人实施了违约行为，而导致自身损失的法律风险。侵权法律风险则是因对方当事人或第三人的侵权行为导致的法律风险。依据法律风险的来源不同，航次租船合同法律风险还可以分为合同法律风险和第三方法律风险。合同法律风险是指合同当事人因为履行合同中的瑕疵所需要承担的法律风险。第三方法律风险则是与合同双方当事人无关，主要是由合同主体以外的第三方如政府行为、暴乱等造成的法律风险。

（二）航次租船合同法律风险防控

航次租船合同法律风险包含了合同本身的风险和合同履行中的风险。航次租船合同法律风险伴随着合同的"出生"到"死亡"，从一方当事人发出要约，对方当事人做出承诺，双方经过协商并订立合同开始一直持续到合同履行完毕，双方当事人解决争议为止。航次租船合同法律风险的防控是围绕着合同整个"生命"周期展开的。合同法律风险防控分为4个阶段，分别是：合同订立阶段、合同履行阶段、合同争议解决阶段、反思总结阶段。具体内容如下：

1. 合同订立阶段的法律风险防控

合同订立阶段主要是指双方合同当事人从最开始接触到最终订立航次租船合同的阶段。合同当事人在合同订立阶段就需要开始做好法律风险防控。

这一阶段的合同法律风险防控主要包括对方当事人的选择、航次租船合同的协商、法律适用条款的制定（包括仲裁条款）等与合同内容相关的风险。出租人和承租人都需要注意对方当事人的诚信及履约能力，但是双方在进行对方当事人的选择时侧重点并不完全相同。对于出租人而言需要考虑承租人的租金支付能力，避免出现无法收回租金的情况。承租人则更多地需要考虑出租人的实力和船舶状况，避免发生财货两空的不利后果。船舶出租人和承租人在进行对方当事人的选择时，可以尽量地选择实力较为雄厚的当事人。在无法全面获取对方当事人信息时，可以委托第三方进行了解和评估。

航次租船合同的协商一般包括两个部分：一是选定航次租船合同范本；二是对航次租船合同范本中的部分条款进行修改或补充。在实务中，双方当事人并不会重新制作一份航次租船合同，大多数情况下，双方会选择在航次租船合同范本上的基础上进行协商并在一定范围内（这个范围一般不会很大）修改或补充部分条款。航次租船合同范本的选择会影响当事人的法律风险承担。例如，GENCON 94 合同范本的制作主体是主要由船东组成的波罗的海国际航运协会，该合同中的部分条款更加倾向于船舶出租人。如果，船舶出租人和承租人选择未加修改的 GENCON 94 合同签约，则意味着船舶承租人将会承担更大的法律风险。为了避免此种不利局面，承租人需要将合同中倾向于出租人的部分条款进行修改或者选择双方当事人责任分配更加合理的合同范本。同理，出租人也需要尽可能地选择对己有利的合同范本签约。这里需要注意的是，出租人和承租人在协商并订立合同时，双方地位并不总是对等的。合同订立过程中往往会存在较为强势的一方和相对弱势的一方。此时，强势的一方会在格式范本的选择中占据有利位置。相对弱势的当事人则应当注意尽可能地降低己方承担责任的风险，合同订立过程中争取到的哪怕最微小的"胜利"都可能成为"翻盘"的关键。势无常势，双方当事人必须知道合同中的强势和弱势并不是一成不变的，它无时无刻不处在变化之中，当事人必须时刻警惕。

拟定法律适用条款的行为是这一阶段会发生的重要法律风险行为。法律适用条款是航次租船合同中较为重要的条款，它是合同中当事人约定用以解释合同的准据法及以何种方式解决争议的条款。在实务中，它有时会和仲裁条款合并为一个条款，二者均与合同争议的解决相关。法律适用条款是双方当事人约定合同范本及订立最终合同的一部分，笔者之所以将之挑出并单独作为一项重点注意事项强调，一是因为法律适用条款将直接决定航次租船合同法律风险三要素中的法律风险环境要素；二是因为法律适用条款一经选择，法律风险即已存在。法律适用条款一旦确定，就意味着合同的争议解决方式即已确定，其所带来的法律风险也已经存在。通过法律风险三要素来分析法律风险条款的法律风险，笔者认为该法律风险的主体毫无疑问是双方当事人，法律风险行为是双方当事人订立法律适用条款的行为，法律风险环境是双方当事人选择的准据法以及管辖地的法律风险环境。双方当事人在选择合同争议管辖地时，往往会选择于己有利的争议管辖地或准据法，例如，双方当事人不属于同一国籍或同一法系，合同中的强势方通常会选择己方更加熟悉或己方更有影响力的国家或地区的法院或仲裁机构管辖或准据法以降低自身风险。合同中对争议方式的选择也将造成当事人的法律风险。仲裁相对于诉讼而言，其公开性与公正性均弱于诉讼，而且仲裁还存在着一裁终局的特点，双方当事人若约定仲裁为争议解决方式则面临相对较大的法律风险。除了上诉的不利因素以外，仲裁也有着迅速、灵活、经济等优点。双方当事人若选择诉讼作为合同争议解决方式，则可以获得多次救济的可能，甚至是逆风翻盘。当然，当事人选择诉讼的方式也意味着可能需要付出更多的时间、人力、物力等成本。

2. 合同履行阶段的法律风险防控

合同履行阶段的法律风险，主要是由于合同当事人在履行合同中的违约行为或侵权行为，以及第三人的法律风险行为造成的。对合同履行阶段的法律风险防控，双方当事人首先应当严格遵照合同中的约定履行合同，避免出现违约行为。最理想的航次租船业务开展的方式必然是双方均无违约行为，货物安全顺利地到达卸货港并及时完成交付。然而，实务中并不是每一个航次都如此的顺利，合同当事人必须做好充分的应对。在合同履行过程中，当事人能够控制的更多的是己方行为而非对方行为，当事人必须尽量做到不违约，而当事人若想尽量做到己方不违约就必须做好企业的内部风险管理。做好企业内部风险管理，一靠制度，二靠人。通过总结经验或寻求外部（如律所等中介机构）帮助的方式，构建合理的工作制度和工作流程。制度决定企业风险管理的下限，企业雇员决定企业风险管理的上限。合同的履行必然是落实到具体的雇员，合同当事人必须要对自己的雇员进行充分而必要的培训，使处在各个工作环节的雇员能够充分了解和理解航次租船合同中的风险，从而及时识别出并反馈可能或即将面对的法律风险，以最大限度地避免违约行为或侵权行为的发生，并在违约行为或侵权行为发生后最大限度地避免和减少损失。在航次租船合同的履行中，当事人必须提高证据意识，从而为将来维权提供便利。在发生违约行为或侵权行为时，当事人必须尽可能地保留并固定能够证明对方当事人或第三人存在违约行为或侵权行为的证据，从而避免或减少责任的承担。

3. 合同争议解决阶段

这一阶段往往意味着损失已经发生，双方当事人都需要承担法律风险后果。合同双方当事人必须认识到，法律风险发生所造成的损失是双方的而不是一方的。合同中一方当事人获得赔偿，并不代表其不存在损失。① 在这一阶段，合同当事人需要面对的主要风险就是法律适用风险。合同订立阶段的法律适用风险是法律适用风险的暴露，而这一阶段则是法律适用风险的最终发生。法律适用风险是法律适用条款一经双方当事人协商确定并达成协议，就已存在的法律风险。它是否最终发生并造成损失要取决于其他合同法律风险是否发生。它是一种"二次"风险，它的发生往往不是因为当事人违反了合同中法律适用条款，而是因为当事人或第三人的其他法律风险行为造成了法律风险后果，为了确定法律风险后果中的责任承担而存在的法律风险。法律适用风险所造成的损失程度主要取决于合同争议的解决结果。合同争议的解决结果有胜、败、和解三种。三种结果下，合同当事人面临的损失是不一样的。

争议解决方式的选择也可能带来一定的风险。采取何种解决方式除了法

---

① 笔者认为，即使获得赔偿足够的多，风险事故的发生对于受此影响的所有主体而言均有损失。损失并不仅仅包括财产意义上的损失，事故的发生即意味着事物的完美状态被打破，事物不可能因为获得赔偿而重新恢复到完美的状态。惩罚性赔偿一定程度上就是通过尽可能多的物质赔偿，以弥补不再完美的状态，当然这是另一个问题。

律适用条款的约定外，还需要考虑合同当事人之间的过往关系、未来有无合作的可能性等多重因素。以诉讼或者仲裁来解决争议，往往是一种"零和"博弈，一方受益，另一方必将遭受损失。这就意味着双方未来可能不再继续交易，因此可能面临着损失未来机会的风险。采取和解的方式解决争议，合同当事人之间关系还尚存缓和的余地，对未来双方的合作较为有利。合同当事人在选择争议解决方式时，需要结合实际情况，具体对待。

4. 总结反思阶段

这一阶段的法律风险防控，是指通过对已发生的法律风险尽心总结及反思，以避免同样的法律风险再次发生。反思总结阶段的法律风险防控，是一项内部法律风险防控。合同当事人应当将对已发生的法律风险进行充分的剖析，解决内部管理、工作流程、人员培训等一系列自身法律风险防控的不足。这一阶段是所有类型的法律风险防控都必须走完的一步。

三、航次租船合同纠纷案例评析

（一）我国航次租船合同纠纷案件总体分析

笔者以"航次租船合同"为条件检索出自 2019 年 1 月 1 日至 2019 年 10 月 9 日期间审结的 134 件航次租船合同纠纷案件，并对此进行梳理对比后，分析结果如下①：

1. 适用程序

截至 2019 年 10 月 9 日已审结的 134 件航次租船合同纠纷案件，其中一审案件共计 81 件（其中经调解结案 10 件），二审案件 18 件（其中经调解结案 4 件），再审案件 1 件，执行案件 30 件，其他的 4 件。

2. 审理结果

第一审案件中，撤回起诉的案件有 38 件，全部或部分支持的有 23 件，败诉及其他的有 18 件。第二审案件中，维持原判的有 12 件，撤回上诉的有

---

① 本节数据皆出自 Alpha 案例库，浏览时间为 2019 年 10 月 9 日，网址为 https://alphalawyer.cn/#/app/tool/result/%7B%5B%5D,%7D/list? queryId = 2844d0e7f00911e9b3c77cd30ad3ab06。

2件，其他的有 4 件。

3. 案件标的额

通过对涉案标的进行分析，其中案件标的额主要集中在 50 万元以下，达到了 51 件。此外，案件标的在 50 万至 100 万元的有 8 件，100 万元至 500 万元的有 6 件，500 万元至 1 000 万元的有 1 件，1 000 万元至 2 000 万元的有 1 件。上述数据，还是比较符合航次租船合同特征的。

4. 案件诉讼请求

笔者通过整理汇总上述案件中可知的诉讼请求（不包含撤诉案件和调解案件）后发现，诉讼当事人诉讼请求中涉及滞期费的案件有 7 件，运费的有 5 件，滞期费及运费的有 4 件，货物落空费（包含因货物落空而产生的违约金）的有 3 件，货损及预备航次的各 3 件，解除合同、合同无效及未履行合同的各有 1 件。从上述诉讼请求中可以看出，滞期费与运费相关的纠纷在航次租船合同纠纷中的比重较大，合计占比达到了 57%。

（二）航次租船合同法律风险具体案例评析

1. 货损货差案件的法律风险分析

案情介绍： A 公司作为供货方与第三人 C 公司签订燃料油购销合同一份，约定由 A 公司负责货物的运输。A 公司遂与 B 公司签订了航次租船合同一份，其中约定 B 公司责任期间"装自岸罐、卸至岸罐"并允许一定的获货差。随后，B 公司按照合同约定的时间将货物运至目的港，并向 C 公司完成交付。在船舶抵达卸货港尚未卸货前，C 公司派员上船取样对重金属、盐含量进行检验，未发现问题。C 公司收货后发现，燃料油的密度、酸值等两项数据高于购销合同中约定的数值且存在一定的货差，遂向 A 公司求偿。A 公司便向法院提起诉讼，要求 B 公司承担货损责任。本案中 A 公司的一审诉讼请求、二审上诉请求及最高院再审请求均被驳回。

法院审判观点：

一审法院认为本案的争议焦点有二：一是是否存在货损货差；二是本案的责任期间问题。根据 A 公司及 B 公司提交的证据，法院认定 B 公司交付货物时的货差在合同约定范围以内。关于本案航次运输合同中承运人 B 公司的责任期间，二审法院审判观点认为：本案纵观双方合同内容，难以认定合同当事人就承运人责任期间做出明确约定。合同约定："计量方式：装卸货港以甲板和岸罐计量为准。"这是对货物计量方式的约定，而非对承运人责任期间的约定。A公司上诉称该条文约定了以岸罐检测作为油品品质的依据，其主张与该条文文义不符，不予采信。合同其他条款也未就承运人责任期间做出特别约定。《最高人民法院关于南京石油运输有限公司与华泰财产保险股份有限公司石家庄分公司海上货运运输保险代位求偿一案有关适用法律问题的请示的复函》（〔2005〕民四他字第1-1号）中规定："关于承运人对散装液体货物运输责任期间的认定……由于散装液体货物在形态上不同于其他散装货物，因此，承运人对于散装液体货物运输的责任期间，应自装货港船舶输油管线与岸罐输油管线连接的法兰盘末端时起至卸货港船舶输油管线与岸罐输油管线连接的法兰盘末端时止，货物处于承运人掌管之下的全部期间。"参照适用该规定，一审法院将本案承运人的责任期间确定为"管至管"，即"装货港船舶输油管线与岸罐输油管线连接的法兰盘末端时起至卸货港船舶输油管线与岸罐输油管线连接的法兰盘末端时止、货物处于承运人掌管之下的全部期间"，是妥当的。

案例分析：

航次租船合同中，货损货差不一定仅仅发生在船舶海上航行过程中，货物在装卸的过程中也可能发生货损货差的风险。以本案为例，货物装卸过程中发生货损货差，损失由谁承担主要是由责任期间决定。合同当事人货损货差纠纷案件中需要注意以下几点：（1）合同当事人应当在航次租船合同中约定较为明确的责任期间。责任期间的约定可以根据行业惯例拟定，对于特殊货物最好做出特别约定。合同当事人还需要注意提单上关于责任期间的规定，适用不同规则的提单，其责任期间的规定也不同。（2）出租人应当做好在责任期间内做好货物的管理，及时检查货物状况，尽量避免出现货损货差并做好应对情况。货损货差的赔偿条款是任何一种航次租船合同中的必备条款。出租人应当根据不同的合同类型，明确自己的管货责任。合同当事人之间约定适用不同的贸易术语、国际公约会带来不同的责任划分。出租人要合理利用这些贸易术语、国际公约来减轻自己的责任承担。货物贸易合同当事人可以通过投保货损货差险的方式避免风险。在国际货物贸易中，合同双方往往会选择一定的贸易术语来约定各自应当承担的义务。这些贸易术语中一般都会包含保险条款。在不采用贸易术语的合同中，货物贸易合同当事人可以在合同中约定保险条款，从而转移货损货差的风险。（3）注意证据的保存。不论是出租人还是承租人，都应当做好证据的保存工作。在诉讼或者仲裁中，证据为"王"。合同当事人均要做好本方按约履行合同及对方违约或侵权的证据保存，这将在未来的争议解决阶段中为本方赢得胜利奠定坚实的基础。

2. 滞期费（速遣费）纠纷案件的法律风险分析

案情介绍：

A 与 B、C 三方签订了一份货物运输合同，约定由 A 提供船舶运送 3 480 吨 92 号汽油，自江苏某油库至广东甲中石化油库。合同约定了受载日期、运费及结算、滞期费、货物数量、质量及索赔、附加条款等合同条款。运费及结算条款约定，保证方为运费支付方，船到卸货港取得干舱证明后，C 应在 3 日内以邮件或传真形式将保证方的开票资料发给 A，A 根据开票资料向保证方开具运输发票，B 在卸完货后 15 日内将运费一次性汇入 A 指定账户，如果 B 逾期未付，则每日按运费总额的 5‰向 A 支付滞纳金。除运费及结算条款外，其余所有合同条款约定的权利义务主体均为 A、C 双方，其中滞期费条款约定，除天灾人祸等不可抗力的原因外，船舶在装卸两港停泊总时间为 96 小时，超过该时间，A 应根据船舶装卸时间记录向 C 收取每天一万元的延滞费，不足 12 小时按半天计，超过 12 小时按一天计，装卸总时间为船到装（卸）港码头起（如无泊位则从抵达装卸锚地锚泊时起）至装（卸）油结束计量签字时止。

A 所属船舶装载着涉案货物驶抵指定甲锚地后，B 指示 A 变更送货油库为乙地，最后又变更为丙地油库。7 月 22 日，船舶到达最先指定甲锚地，最后于 7 月 27 日到达丙锚地码头并卸货入库，卸货量为 3 479.362 吨，收货人为湖南和顺石油股份有限公司，C 随后同该收货人签订了涉案货物的购销合同并结算货款。同年 8 月 6 日，A 向 B 发出中××28 号运费结算单，结算单载明，扣除超损耗款项 12 106.50 元后，运费为 672 400.99 元，其中包含了 18 万元滞期费。结算单还记载："本航次滞期时间较长，该批次油品先后与上海 E 石油化工有限公司和 C 石化有限公司签订运输合同，共产生滞期费 48 万元，经我司与签约方友好协商，C 承担 18 万元（由贵司作为担保人承担运费），E 承担 30 万元（发票直接开给汇盈）。"B 在该结算单上盖章确认。9 月 16 日，A 向 B 开具了金额为 672 400.99 元的运费发票。同年 9 月 28 日，D 向 A 出具运费支付及保证函，函中载明，B 系其子公司，请求将运费支付日期延迟至 10 月 31 日，同时 D 愿意承担连带保证，如 B 不能按期支付，则 D 将于 2017 年 11 月 30 日前拨付资金给 B 用于支付运费。

后 A 向一审法院起诉，诉讼请求如下：（1）B 向 A 支付运费 492 400.99 元、滞期费 180 000 元以及未付运费的滞纳金（以 492 400.99 元为基数，按年利率 24% 自 2017 年 8 月 13 日起计算至 B 实际支付之日止）；（2）C 及 D 对上述运费、滞纳金、滞期费承担连带支付责任；（3）本案案件受理费、诉讼保全申请费由 C、B、D 共同承担。

法院观点：

本案经一审判决之后，C 以不应当承担滞期费为由，向二审法院提起上诉，但最终被驳回。一审法院的审判观点为：（1）关于 A 要求 B 支付运费、滞纳金及滞期费的诉讼请求。涉案货物运输合同明确约定 B 为运费支付方，A 向 B 发出结算单并得到其确认，并据此向 B 开具了发票。合同约定运费应于卸货后 15 日内支付，B 至今未予支付显属违约，应当承担相应的违约责任。合同约定滞纳金按运费总额每日 5‰计算的标准过高，A 调整为按年利率 24% 自 2017 年 8 月 13 日（卸货后 15 日）起计算至实际支付之日，与法不悖。关于滞期费部分，由于结算费用包含了滞期费，B 对该结算单盖章确认，并向 A 提供开票信息，可以视为 A 与 B 就费用支付达成合意，从而形成有效的债务加入。故 A 的该项诉讼请求有相应的事实和法律依据，一审法院予以支持。（2）涉案货物运输合同作为三方协议，运费结算及支付条款约定"保证方为运费支付方"，并且还约定了结算、开票及滞纳金事宜，均仅涉及 B，而合同其他所有条款下的权利义务主体均为 A 与 C。故运费结算及支付条款系三方对运费事宜做出的特别约定，合同各方应当遵守。如果要求

C 对该部分运费共同承担责任，需要在合同中有明确约定，但本案运输合同中并无此种内容。B 在合同中虽然作为"保证方"，但合同中并无债务人不能履行债务时，由保证人承担保证责任的表述，故该"保证方"并非保证合同或保证条款中法律意义下的保证，且从运费及结算条款中仍存在"E 方"的笔误来看，显然 B 实际为合同的一方当事人。合同履行过程中，A 又与 B 进行业务沟通及结算费用，进一步说明了 B 在合同中的地位，B 及 C 实际共同参与了涉及货方的相关事务，分担了相应的支付义务。故 A 关于 C 在 B 未支付运费时应承担连带责任的主张无事实和法律依据，一审法院不予支持。

（3）C 对滞期费是否应当承担支付责任，滞期费金额是否合理。涉案货物运输合同的滞期费条款约定，船舶在装卸两港停泊的总时间为 96 小时，超过该时间的，A 有权向 C 收取每天 10 000 元的滞期费，装卸总时间为船到装（卸）港码头起（如无泊位则从抵达装卸锚地锚泊时起）至装（卸）油结束计量签字时止。根据 A 提供的"中××28"轮航行日志记载，该轮在 2017年 7 月 6 日零点时已经位于甲锚地，至 7 月 27 日货物卸货入库，滞期时间至少有 21 个整天。鉴于该轮在装港即存在滞期，扣除约定的停泊时间，A 依约收取 18 万元滞期费应属合理，与 A 进行业务联系的 B 在结算单上也确认了该笔滞期费。B 自愿承担该笔滞期费并不能免除作为合同债务人的 C 的责任。故 A 向 C 主张滞期费有相应的合同及事实依据，一审法院予以支持。

（4）关于 A 要求 D 承担连带保证责任的诉讼请求。D 向 A 出具保证函，承诺为 B 的运费支付向 A 承担连带保证责任，则其应依约承担相应的保证责任。但该保证函担保的范围仅为运费，未包括滞期费。故 D 应仅就 B 应支付的运费及滞纳金向 A 承担连带保证责任。A 要求 D 承担滞期费部分的连带保证责任的主张无事实和法律依据，一审法院不予支持。

二审法院在二审中对 C 所提出的上诉请求予以驳回，理由为：本案中，A 与 B、C 三方于 2017 年 6 月 22 日签订的货物运输合同约定船舶装卸两港停泊总时间为 96 小时，超过该时间 A 向 C 收取每天 10 000 元的滞期费。C 上诉认为其并未实际参与运输，仅出借资金，但该说法即便成立也仅为 C 与 B 之间的约定，并未在涉案合同中予以明确，且没有证据能够证明 A 在签订涉案合同时对于上述安排知情，故 A 有权依据货物运输合同约定向 C 主张滞期费。关于 C 上诉认为滞期费系由于 A 违反合同约定擅自变更港口导致。本院认为，C 在二审庭审中表示其在涉案运输过程中并不关注合同履行过程且从未与 A 主动联系，结合在案证据和双方陈述，A 在运输过程中听从 B 的指示，C 对此并无异议。故 C 不能据此免除其滞期费的支付义务。关于滞期费金额，本院认为，涉案船舶于 2017 年 7 月 6 日抵达岳阳临湘锚地至同年 7 月 27 日在恒阳码头卸货入库，鉴于该轮在装港已经存在滞期，故目的港滞期至少 21 天。现 A 主张滞期费 180 000 元应属合理，并无不当。综上，本院对 C 关于其不应承担滞期费的上诉理由不予支持。

案例分析：

滞期费（速遣费）条款是航次租船合同相较其他合同而言，具有显著特色的条款。在航次租船合同中，除去一般类型的合同违约纠纷以外，滞期费（速遣费）纠纷是在航次租船合同纠纷中占比较大的争议类型。对此类法律风险，笔者的防控建议如下：① 制定详细且明确的滞期费（速遣费）条款。目前，我国部分短程海上货物运输中，合同当事人并不会采用国际上通用的一些较为成熟的格式范本。在这一类海上货物运输中，合同当事人所使用的航次租船合同文本多为出租人自己制作的格式合同。大多数合同的所有合同条款加起来也仅仅只有一页纸。在这一页纸上是很难将所有的合同内容进行详细约定的，这就为将来解释合同内容带来了难度。合同当事人应当在合同中对装卸时间、装卸时间的终端及滞期费的计算方式做出明确的约定，以避免法官在合同解释中产生对己方不利的判断。例如，在上述案件中，如果 C 公司与 A 公司约定了装卸时间中断的条款，将变更卸货港口作为装卸时间中断的条件之一，C 公司就可以避免支付高昂的滞期费。② 选择装卸时间的计算方式要慎重。目前，国际上有三种较为通行的装卸时间计算规则，分别是：《1980 年租船合同装卸时间定义》《1993 年航次租船合同装卸时间解释规则》《2013 年租船合同装卸时间定义》。装卸时间约定方法主要有：a. 装卸日数或船舶装卸限定额；b. 按习惯尽快装卸；c. 船舶能够收货或卸货。合同当事人应该根据以往交易或运输情况决定采用何种规则、何种方法计算装卸时间，从而避免发生滞期费。③ 承租人应当选择合适的装卸港口。实践中，有部分船舶滞期是由于港口在当时不适合进行装货或卸货作业造成的。承租人需要确定约定的港口不会出现导致滞期的情况发生。④ 合同当事人应当对航线进行预判，并制定相应的应对方式。合同当事人必须充分考虑运输期间的海上适航状况、港口状况等相关情况制定应急方案。

第二节　定期租船合同

一、定期租船合同的概述

（一）定期租船合同的概念、特征与性质

定期租船，是指船舶出租人将由其配备船员的船舶在约定期限内租赁给船舶承租人使用的行为。我国《海商法》第一百二十九条将定期租船合同定义为："船舶出租人向船舶承租人提供约定的由出租人配备船员的船舶，由承租人在约定期间内按照约定的用途使用，并支付租金的合同。"定期租船合同（Time Charter），又称期租合同，是近年来不定期租船合同中使用最为普遍的一种。船舶出租人即船舶的所有人，是船舶的所有权人。船舶出租人和船舶承租人都包括自然人、法人及其他民事法律主体。支付租金租赁船舶并使用船舶的则是船舶承租人。承租人依照双方在定期租船合同中的约定负责船舶的日常营运，并负担相应的费用及租金。定期租船合同项下的船员由船舶出租人负责配备和管理，且其工资、伙食及其他相关费用亦由出租人负担。

定期租船合同的特征，一般认为有以下3点：

1. 船舶出租人保持对船舶的占有。船舶出租人负责招募船长和船员以及组织船舶的日常内部管理，同时也负担船舶的固定费用，船员工资、福利等相关费用。这也是定期租船合同与光船租赁合同最大的区别。在光船租赁合同中，承租人负责配备船员，船东因此丧失了对船舶的占有。合同内容的不同决定了两者在合同性质上也有一定的区别，光船租赁合同是财产租赁合同，而定期租船合同则具有海上运输合同的特征。

2. 租金按租用船舶的时间和约定的租金率计算。[①] 这一特征也是定期租船合同与程租合同、运输合同、舱位合同等海上货物运输合同的重要区别。程租合同以预定的航程为基础收取定额运费。运输合同则是以完成一定运输量为基础的租船合同，其本质上是货物运输合同。舱位合同则是以一定航次内的部分舱位的使用费收取租金。

3. 承租人在租期内拥有船舶的使用权和营运权，并负担相关费用。这一特征也使定期租船合同与程租合同、运输合同、舱位合同相区别，后者合同中船舶出租人仍享有船舶的运营权并负担运营费用。

关于定期租船合同的性质，学界对此的看法并不一致。目前，国内外学者对于定期租船合同的性质主要有海上货物运输合同说、财产租赁合同说及混合合同说三种观点，分别介绍如下：

1. 海上货物运输合同说

认为定期租船合同的性质是海上货物运输合同的学者主要来自于普通法系国家。在英国法院的判例中，定期租船合同多被法官认定为运输合同。例如 Scrutton 大法官认为："期租合同中几乎总是含有诸如出租（letting）、租用（hiring or hire）、交船（delivery）、及还船（redelivery）等表述，这些术语实际上仅仅适用于光船租赁，这些表述起着与航次租船合同区分的作用。但是，它们本身并不具有光船的性质。"[②] 从上述观点可以看出，Scrutton 大法官认为定期租船合同中与光船租赁合同相似的用语仅仅是出于习惯，而非实际上对行为性质的表述。此外，英国学者还以船舶的占有与控制是否转移为标准，认为定期租船合同实质上是船舶仍在出租人控制下为实现承租人运输目的的合同，租金实质上是运送货物的运费。

在美国的法律规定中，定期租船与租赁之租船是有区分的。美国法对此的区分标准是船舶的占有是否发生转移。定期租船合同中船舶的占有仍由出租人所占有，因此美国学界的一些权威观点认为：如果船舶出租人保持对船

---

① 司玉琢：《海商法（第四版）》，北京大学出版社，2018 年，第 236 页。
② ［英］博迪（Body, S. C.），［英］伯罗斯（Burrows, A. S.），［英］福克斯顿（Foxton, D.）：《SCRUTTON 租船合同与提单》，郭国汀译，朱曾杰审校，法律出版社，2001 年，第 432 页。

舶的支配及占有，仅对承租人作货物之运送，则租船不能称为租赁。①

除此之外，瑞典、法国等航运大国的相关法律中均对定期出租合同性质，持海上货物运输合同说的观点。

2. 财产租赁合同说

持财产租赁合同说观点的学者们认为，定期租船合同本质上应当属于财产租赁合同。我国持财产租赁合同说的学者对于定期租船合同中租金等词语的认知与英国学者相悖。他们认为，承租人向出租人支付的不是运费（Freight），而是租金（Hire）。同时，他们的理由中还包括了我国《海商法》编排体例中并未将定期租船合同放置在第四章"海上货物运输合同"中，而是单列一章以显示其与海上货物运输合同的区别。除此之外，他们认为不能单纯地以占有为标准评定定期租船合同的性质。我国学者认为，在进行定期租船合同性质的认定中还应当充分考虑运营权的转移。定期租船合同中，船舶的运营权已经不再属于出租人所有，而是转移至承运人所有。徐义兵便认为，认定财产租赁合同的关键是承租人能否按照自己的意志使用租赁物，并从中获利，不能拘泥于承租人是否直接占有租赁物。②

3. 混合合同说

持混合合同说的学者认为，定期租船合同属于混合合同。主流观点认为，定期租船合同是兼具海上货物运输合同与财产租赁合同性质的混合合同。胡正良教授对定期租船合同性质认定的观点为："根据我国民法理论，财产租赁合同的法律特征之一是合同标的物的占有和使用权从出租人转移至承租人。然而在定期租船合同情况下，虽然船舶由承租人按照约定的用途使用，但在船舶的租期内仍由出租人通过其配备的船长、船员占有。因此，定期租船合同不是财产租赁合同。但是，船舶在租期内由承租人按照约定的用途使用，因而在标的物的使用上，定期租船合同与财产租赁合同具有一定的相似之处。在绝大多数情况下，定期租船合同主要是关于货物运输的约定，如船舶载货能力、允许承租人装运货物的种类和使用船舶从事的运输、出租

---

① 宋春林：《新编海商法》，青岛海洋大学出版社，1995 年，第 179 页。

② 贾林清：《海商法》，中国人民大学出版社，2008 年，第 167 页。

人对货物灭失或者损坏的责任、船舶为运输货物而应达到的适航要求、货物装卸工作由承租人安排和承担费用等，即合同双方当事人权利义务的对象主要是船舶运输合同。因而定期租船合同具有海上货物运输合同的某些特征。"[①] 定期租船合同虽然与财产租赁合同相似，但并不是单纯的财产租赁合同，在一定程度上又接近海上货物运输合同，故而属于混合合同。除此之外，我国学者司玉琢、傅廷中、张湘兰、刑海宝等均持类似的观点。

我国台湾地区、德国及日本等大陆法系学者则普遍认为，定期租船合同是兼具财产租赁合同与劳务合同的混合合同。例如，我国台湾学者杨仁寿认为："定期佣船契约属船舶租赁契约与船员劳务供给契约之混合契约，定期佣船人就利用船舶有关事项，对于第三人有与船舶所有人同一之权利义务。"[②] 他们将出租人提供船员的行为解释为一种劳务供给行为，并将之与船舶的租赁行为并列。

综上所述，定期租船合同性质的三种观点中，笔者较为赞成国内学术界的主流观点，即定期租船合同是兼具海上货物运输合同和财产租赁合同的混合合同。

（二）定期租船合同格式范本

目前，国际上使用最为普遍的定期租船合同格式范本主要有两种：

1. "土产"合同

"土产"合同的租约代号为"土产格式"（Produce Form），是由美国纽约土产交易所（New York Produce Exchange，NYPE）于 1913 年制定的《定期租船合同》（Time Charter）。实务界通常将"土产"格式称为"NYPE"。该合同范本经历了 1921 年、1931 年、1946 年、1981 年、1993 年和 2015 年共计 6 次修改。目前，实务中使用较多的是 NYPE93 和 NYPE2015 合同范本。NYPE 合同最大的特点是对合同双方当事人权利的保护较为公平。

---

① 司玉琢：《海商法（第四版）》，法律出版社，2018 年，第 198 – 199 页。
② 杨仁寿：《海商法判决评析》，台湾台北书局出版社，1999 年，第 14 页。

2. "巴尔的摩"合同

"巴尔的摩"合同租约代号为"巴尔的摩"（BALTIME），是波罗的海国际航运工会于 1909 年制定的《统一定期租船合同》（Uniform Time Charter）。该合同格式范本先后经历了 1910 年、1912 年、1920 年、1939 年、1950 年、1974 年和 2001 年共计 7 次修改。该合同格式范本由于制作主体是代表船东利益的波罗的海国际航运公会，因而在内容上相较 NYPE 合同更加偏向于对出租人的保护。除此之外，该合同格式中关于合同双方当事人的权利义务的规定也比 NYPE 格式更为明确。目前，实务中，使用较多的"巴尔的摩"合同版本为 2001 年最新修改后的版本。

实务中，合同双方当事人在使用上述两种合同版本时通常还会对合同中的部分内容进行删改或补充。删改或补充后的内容，主要由合同订立时较为强势的一方决定。除了上述的两种合同格式范本以外，实务中还有一些专门针对特定货物的定期租船合同格式范本。

（三）定期租船合同的主要条款

我国《海商法》第十三条规定："定期租船合同的内容，主要包括出租人和承租人的名称、船名、船籍、船级、吨位、容积、船速、燃料消耗、航区、用途、租船期间、交船和还船的时间和地点以及条件、租金及其支付，以及其他有关事项。"这对定期租船合同中最为重要的条款做出了规定。定期租船合同中的主要条款有：

1. 船舶说明中的船速与耗油量（Vessel's Speed and Fuel Consumption）

定期租船合同中，船名、船级、船舶动态等条款均与航次租船合同相似，但其中的船速与耗油量条款和航次租船合同存在一定的差别。定期租船合同项下，承租人除了按时间计算租金以外，还需要提供并负担燃油的费用，这也意味着船舶的船速与耗油量将影响船舶承租人收益的多寡。航速与耗油量条款是定期租船合同中的重要条款，出租人需要提供符合合同约定的船速与耗油量的船舶。当船舶的船速明显低于合同约定时，承租人有权向出租人主张船速索赔（speed claim）。当船舶实际耗油量明显超过合同约定的消耗量时，承租人可以向出租人提出船舶燃油额外消耗索赔。

船速，又称"静水船速"，是指船舶在无风、无浪的水面行驶时相对水的航行速度。船速与航速不同，航速是指船舶相对于海底的航行速度。胡正良教授[①]、傅廷中教授[②]均认为船速与耗油量条款中"speed"一词应当翻译为船速。杨大明先生在其《期租合同》一书中将该条款中的"speed"一词翻译为"航速"，显然是不妥的[③]。现实中，船舶几乎是不可能在无风、无浪的海面上航行的，船舶在海上货物运输中需要应对复杂的海上情况。因此，合同格式范本在约定船速与耗油量条款时通常是以船舶满载（full laden）且在良好天气（Good Weather Conditions）下航行的速度为标准。船舶满载，是指船舶所装载的货物重量或货物体积达到充分利用的事实状态。良好天气，则是指船舶在特定季节、海域可以安全航行的天气条件。对于每一艘特定的船舶而言，其满载状态与良好天气的条件均是不同的。例如对于小型船舶而言，其载重极限肯定要比大型船舶要小，在同样的海面风力下，有的小型船舶可能无法安全航行，但一些大型船舶却可以轻松通航。

英国法律中较为认可的船速和耗油量计算方式主要有3种：（1）以"平均表现"计算。这种计算方式是通过抽取几段船舶在良好天气条件下满载货物时的船速及耗油量进行平均计算，得出船舶的"平均表现"。（2）聘请气象导航公司（Oceanroutes）计算船速及耗油量。实务中，承租人经常会聘请气象导航公司凭借其专业的气象导航科技为船舶选择效率最高的航线。随着这项技术的广泛应用，越来越多的租约也通过使用附加条款的方式允许承租人使用气象导航科技来分析船速和耗油量。（3）以转速与螺距计算船速。良好天气下轮机空转的比率是相对固定的，因此可以采用此种方式来计算船速。但是这种方法存在着很大的缺陷，其中的干扰因素较多，实务中采用的不多。除了上述的三种方法以外，还有一种方法是明显错误的，即以实际距离除以陈述船速的方法。这种方法之所以错误，是因为NYPE46中的船速仅仅对交船时船速进行了约定。同时，即便越来越多的合同格式范本将约定的

---

①　司玉琢：《海商法（第四版）》，法律出版社，2018年，第200页。
②　傅廷中：《海商法（第二版）》，法律出版社，2017年，第220页。
③　杨大明：《期租合同》，大连海事出版社，2007年，第67页。

船速适用于全程，但这种计算方法还是忽略了复杂的海上环境、中途的合理慢速等合理因素。

2. 船舶位置（Ship's Position）

船舶位置，是指船舶在订立合同时船舶所在地。定期租船合同中，船舶位置条款是必备条款，船舶所在位置是承租人判断出租人能否按照约定的日期和地点交船的重要依据。这一条款在英国法下具有条件条款（condition）的性质，出租人如果对此做出不实陈述，承租人即可要求出租人承担损害赔偿或请求解除合同。合同中船舶位置的约定方法既可以是合同订立时船舶所处的具体位置，也可以是抵达预定港口的具体日期。

3. 租期（Pierod of Hire）

租期条款，是指合同中约定承租人租赁船舶期限的条款。租期的约定方式既可以是具体的月数，也可以是大致的月数。合同中约定租期为具体月数的，船舶超过较短的时间还船的（一般为二或三天），一般也不视为超期。但是约定为大致还船日期的，如果一旦超期还船则承租人需要承担违约责任，其理由是此种还船期限的约定中已经包含了宽恕期。

4. 交船与解约（Delivery of Vessel & Cancelling）

交船与解约条款包含交船与解约日两项内容。交船，是指出租人按照合同中约定的时间、地点、船舶状态，将船舶交予承租人使用。解约日则是指出租人在合同约定的最迟交船日期届满后仍未交付船舶时，承租人有权解除合同的日期。在海上货物运输实践中，解约日一般为交船日的最后一天。出租人按照合同交船时，需要履行三个义务：第一，船舶应当在合同约定的限定期限届满前交付；第二，船舶应当按照合同中约定的地点交付；第三，交船时船舶的状态必须是符合合同约定中的状态。关于上述船舶的状态，我国《海商法》第一百三十二条规定："出租人交付船舶时，应当做到谨慎处理，使船舶适航。交付的船舶应当适于约定的用途。出租人违反前款规定的，承租人有权解除合同，并有权要求赔偿因此遭受的损失。"

5. 合法货物（Lawful Merchandise）

合法货物，是指合同中约定船舶可以合法运输的合法货物。这里的合法指的是符合货物装卸港、中途停靠港、船旗国的法律或者合同中约定的准据法的规定。合法货物条款除了要求货物必须符合法律规定以外，还要求货物不能为运输合同中约定的除外货物（Excluded Cargo）。除外货物一般包括活动物、危险货物、爆炸品、核物质等物品。每一份合同中约定的除外货物并不完全相同，合同双方当事人一般会在合同中详细列明哪些货物是除外运输的。合法货物条款在保护船舶安全、出租人利益及维护海上货物运输市场秩序中，起到了相当重要的作用。如我国大规模出口的次氯酸钙，就是一种活跃且危险的化学物质，其在 30 摄氏度的温度下就可能发生爆炸。出租人如果不在不适合运输此类货物的船舶定期租船合同中将之排除，则出租人可能会面临着船毁人亡的风险。因此，为了避免船舶被用于除外货物的运输中，有的合同会约定出租人有权拒绝运输合法货物以外的货物。当出租人和船长在不知情的情况下运输了除外货物，出租人有权向承租人主张额外补偿。例如，NYPE2015 合同中就规定："承租人应当按照《国际海运固体散货规则》（IMSBC Code）的要求，在装货之前提供此类货物的适当信息，以使出租人和船长采取适当的积载和完成运输所需的预防措施。与危险货物运输的情形相同，如承租人不按要求提供货物信息，船长有权拒绝装运固体散货。如固体散货已经装船，船长有权将其卸船，并由承租人承担风险和费用。"[1] 我国《海商法》第一百三十五条也对此做出了类似规定："承租人应当保证船舶用于运输约定的合法的货物。承租人将船舶用于运输活动物或者危险货物的，应当事先征得出租人的同意。承租人违反本条第一款或者第二款的规定致使出租人遭受损失的，应当负赔偿责任。"

6. 航区与安全港口（Trading Limits/Safe Ports）

航区，即航行区域。在实务中，双方当事人通常会将航区约定为环球航区，但会列明特定的航区除外（worldwide trading, with trading exclusion）。这种约定通常是以附加条款的形式出现在合同中。这一类附加条款中一般会以环球航区为总的原则，以特定的除外航区为例外进行约定。众所周知，当前国际形势并不是所有的地区都是一片和平景象，部分国家和地区还存在着或大或小的冲突与纷争，如果不对环球航区加以限制，出租人将会承担极大的

---

[1]　司玉琢：《海商法（第四版）》，法律出版社，2018 年，第 202 页。

风险。实务中，出租人一般倾向于将以下 6 类航区排除在船舶航区以外：① 脱离协会保证条款以外的航区；② 存在政治风险或战争风险的航区；③ 西伯利亚或者远东地区的俄罗斯港口；④ 存在浮冰海域的航区；⑤ 工会活动较为活跃的航区，如北欧；⑥ 不安全的港口或泊位。

安全港口，是指承租人指示船舶前往的港口或泊位必须是安全港口或泊位。安全港口不必在定期租船合同中名列，法律将之视为定期租船合同的默认条件。

我国《海商法》第一百三十四条针对航区与安全港口条款的规定为："承租人应当保证船舶在约定航区内的安全港口或者地点之间从事约定的海上运输。承租人违反前款规定的，出租人有权解除合同，并有权要求赔偿因此遭受的损失。"该条赋予了出租人在承租人违反航区与安全条款时解除合同的权力。此外，我国《合同法》第一百一十七条规定："因不可抗力不能履行合同的，根据不可抗力的影响，部分或者全部免除责任，但法律另有规定的除外。"根据此条规定，在我国承租人指定的港口为不安全港口时，仅在不可抗力的情况下可以免责。英国法对此的规定有所不同，根据判例，只有当港口或者泊位不安全情况的发生是由于异常事件（Abnormal Occurrence）所致时，承运人才可以免责。由此可见，英国法下承租人的免责事由相较我国而言较为宽泛。

7. 出租人和承租人应提供和支付的项目（Owner to Provide & Charters to Provide）

出租人需要提供并保证整个租期内船舶的相关证书和文件的有效性。出租人在合同项下应当负责支付船长及船员的工资，提供船长及船员的及生活给养，支付甲板及船舱的相关用品，支付港口服务费、船舶保险费、折旧费、检验费、修理费等日常开支。承运人则应当负责燃油、除生活用水外的淡水、润滑油、垫舱物料和货物防移板等费用，以及支付货物的装卸费、引航费、拖轮费及其他港口使用费、代理费、税金等费用，但不承担合同中约定的船舶停租期间的费用。

8. 租金和撤船（Payment of Hire & Withdrawal of Vessel）

本条款要求承运人应当准时按约支付租金，否则出租人有权撤回船舶并解除合同。承租人可以使用直接支付现金的方式或者使出租人能无条件地立即使用租金的方式支付租金。我国《海商法》第一百四十条规定："承租人应当按照合同约定支付租金。承租人未按照合同约定支付租金的，出租人有权解除合同，并有权要求赔偿因此遭受的损失。"根据上述规定，承租人不按约支付租金并且出租人未收到租金的原因不在于出租人或银行的，承租人不论对错，出租人均有权解除合同。除此之外，出租人在承运人未支付租金时可以使用留置权维护自身权益。对此，我国《海商法》第一百四十一条规定："承租人未向出租人支付租金或者合同约定的其他款项的，出租人对船上属于承租人的货物和财产以及转租船舶的收入有留置权。"

9. 停租（Off-Hire）

停租条款，是指在定期租船合同中双方当事人约定发生何种导致船舶无法继续使用的情况时，承租人可以暂停支付租金的条件。停租并不意味着合同解除，它只是合同暂时中止履行，待导致船舶无法继续使用的情况消失后，合同继续履行。对此，我国《海商法》第一百三十三条第二款规定："船舶不符合约定的适航状态或者其他状态而不能正常营运连续满二十四小时的，对因此而损失的营运时间，承租人不付租金，但是上述状态是由承租人造成的除外。"

实务中，合同约定的船舶停租条件主要有五种，分别是：① 船体、船机和设备故障；② 因海损事故造成的船舶延误；③ 船员配备不足；④ 船舶入坞检修；⑤ 阻止船舶充分使用的任何其他原因。

10. 还船（Redelivery）

定期租船合同中的还船条款一般会约定承租人在合同租期届满后按照合同约定的时间、地点和条件，将船舶交还出租人。实务中，船舶最后航次恰好是还船期限的情况极少发生。故而，实务中经常存在着延迟还船和提前还船的情况。一般而言，因承租人提前还船产生的争议较少且轻微，但因延迟还船而产生争议的情况较多且争议较大。延迟还船包含合法的最后航次（Illegitimate Last Voyage）与非法的最后航次（Illegitimate Last Voyage）两种情形。二者的区分标准是最后航次按合理预期是否可以在合同约定租期届满前结束。合法的最后航次，是指承租人在合同租期届满前，指示船舶进行的符合法律和合同约定的最后航次。非法的最后航次，是指按照合理预期承租人指示船舶进行无法在合同租期内完成的最后航次。

承租人在还船之前需要向出租人发出还船通知。还船通知是承租人在合同租期即将届满之时，为了方便出租人接收船舶，预先向出租人发出的与还船相关的预期声明。承租人需要按照合同的约定在还船地点交还船舶。还船地点是合同中约定的租期届满时承租人交还船舶的地理位置。承租人在交还船舶时应当保证船舶处于和交船时同样良好的状态且船舶燃油的剩余量符合合同约定的标准。

除了上述 10 个条款以外，定期租船合同中一般还包括转租条款、出租人义务与免责、救助款项等条款。

二、定期租船合同的法律风险

（一）定期租船合同法律风险的概述

定期租船合同法律风险，是指在定期租船合同中约定的法律风险环境（法律规范体系、法治现状等）下，合同双方当事人或第三方实施的某种法律风险行为（具体的作为或不作为）所导致定期租船合同法律风险后果发生的可能性。定期租船合同法律风险是合同法律风险的一种，其法律风险主体是合同双方当事人。法律风险主体是法律风险行为的实施者。定期租船合同是合同双方当事人之间订立的"法律"，违反合同义务或侵害对方当事人权利的当事人需要承担因此所产生的不利法律后果。定期租船合同法律风险行为既可以是合同双方当事人的违约或侵权行为，也可以是来自第三方的侵权行为。例如，由于战争行为所导致的船损或货损。定期租船合同法律风险的法律风险环境一经双方当事人在合同中约定的法律适用条款生效就已确定。此外，定期租船合同法律风险还具有以下特征：

1. 定期租船合同法律风险受制于法律风险环境。定期租船合同法律风险环境受合同中约定的特定地区的法制体系、法制观念、司法系统工作质量和效率等多重因素的影响。法律风险主体在不同的地区所需要面对的法律环境是不同的，这将决定其行为的性质，从而决定法律风险是否发生。例如，定期租船合同中出租人实施无单放货的行为，在美国因受法律的严格限制而被认为是法律风险行为，实施该行为将会必然导致相应的法律风险。同样的无单放货行为，在安哥拉、巴拿马等允许无单放货的国家是否是法律风险行为还需要看行为人是否遵照了当地当局的相关规定，如果行为人是按照当地的法律规定将货物交由港口当局或海关则无须承担无单放货的法律责任。

2. 定期租船合同法律风险因素的可控性是有限的。法律风险主体、法律风险环境和法律风险行为这三个法律风险因素，存在诸多不可控的因素。例如出租人因为受到承租人欺骗而运输了合同中约定的除外货物，导致出租人承担不利后果的可能性。这一法律风险的产生是由于法律风险主体受限于认识能力等主观因素而错误实施了法律风险行为所导致的。正是这种或那种不可控的主观因素的影响，使得定期租船合同法律风险因素是不可完全控制的。风险管理者对定期租船合同法律风险进行管理也只能在最大程度上抑制或减少，而不可能完全根除法律风险。

3. 定期租船合同法律风险事故发生的未来不确定性。同一般风险类似，法律风险是否发生也是不确定的。法律风险是未来发生的，发生在法律风险主体实施了法律风险行为之后。行为人实施了风险行为之后，法律风险即已存在，但是法律风险事故是否爆发却不是一定的。例如在保函换取清洁提单的实践中，承运人接受了保函就意味着承运人将有可能需要承担买方追偿而导致的不利后果，此时法律风险已然存在。如果买方没有向承运人追偿，或者卖方同买方达成协议，则承运人所承担的法律风险就不会爆发，相应的法律风险事故也就不会发生。反之，承运人所承担的法律风险就会爆发，承运人将要承担法律风险事故发生所带来的不利后果。

4. 定期租船合同法律风险事故造成的损失是不确定的。因为，法律风险事故是发生在未来的，而未来的事情充满了不确定性。实务中导致法律风险事故的发生因法律风险因素可控性有限而无法预见其造成的不利后果的程度。因而法律风险事故造成的损失是不确定的。例如，在船舶搁浅情形下进行的抛货所造成的共同海损就是不确定的。因为每一起船舶搁浅事故中船舶搁浅程度、装载货物种类等因素的不同，所需抛货的多少、价值的多寡也有所不同，造成货主应当承担的共同海损的损失也不同。

（二）定期租船合同法律风险的类型

定期租船合同法律风险依据不同标准可以分为不同的类型，主要分类方式及类型有：

1. 以合同当事人可能承担法律责任的性质不同可以分为：

（1）行政法律风险。定期租船合同行政法律风险主要是指行政管理部门依据相关法律规定，对违反行政法律规范的行为进行处罚的可能性，但不包括因此造成的间接损失。定期租船合同的法律风险中的行政法律风险主要体现在合同当事人因违反港口所在地公共管理法规所产生的法律风险。例如，出租人所持证书或文件超过有效期所导致的行政处罚。实务中，定期租船合同行政法律风险的发生还可能导致民事法律风险或刑事法律风险的发生。

（2）民商事法律风险。定期租船合同民商事法律风险主要是指合同双方当事人承担民事责任的可能性。定期租船合同法律风险中最常见、最主要的类型就是民商事风险。定期租船合同当事人需要承担的民事法律责任主要包括违约责任和侵权损害赔偿责任。例如，前文中所提到的出租人无法提供有效的证书或相关文件而需要向承租人承担的违约责任。

（3）刑事法律风险。一般而言，企业不会成为刑法的惩罚主体，但是特殊类型的犯罪中法律规定了单位犯罪的情形。对于船舶出租人而言，定期租船合同法律风险行为一般不会导致其触犯单位犯罪的相关法律规定。但是，在一些类型的提单欺诈中，其船长或船员有可能因为欺诈而受到刑事处罚。例如，大副在签发大副收据时收受托运人商业贿赂做出不实批注，从而成为信用证欺诈案件中的共犯。

2. 以法律风险后果的承担主体为标准，可以分为：

（1）出租人的法律风险。定期租船合同中出租人的法律风险可以是承租人及其代理人、第三人，甚至是自身的法律风险行为导致的。出租人的法律风险包括签单法律风险、无单放货法律风险、船舶被扣押的法律风险等多种类型。实务中，出租人需要格外当心"空壳"承租人所带来的法律风险。

（2）承租人的法律风险。承租人的法律风险同出租人的法律风险一样，也是可以由出租、第三人及自身的法律风险行为造成的。承租人的法律风险包括船速法律风险、燃油法律风险等多种类型。

（三）定期租船合同法律风险防控

法律风险主体进行定期租船合同法律风险防控时，需要紧扣合同从要约到履行完结全流程，对内部和外部法律风险防范。定期租船合同中出租人的法律风险防控与航次租船合同法律风险防控环节及措施较为类似，但内容上有所区别。主要区别有：

1. 因合同性质不同，二者对承租人资质审查的要求不同。航次租船合同是海上货物运输合同，其合同目的是货物运输，出租人对承租人资质审查的要求相对而言较低。定期租船合同性质和内容更加复杂，承租人签发提单的法律风险结果可能需要出租人承担。例如，当"空壳"承租人签发不实提单时，出租人需要承担因承租人提单欺诈行为给第三人造成的损失且无法从"空壳"承租人那里获得补偿。航次租船合同中的出租人只要保证自身没有提单欺诈行为即可避免此种损失。

2. 因合同内容不同，二者在合同履行阶段的法律风险防控内容不同。定期租船合同相较于航次租船合同而言，合同内容更多且更复杂。定期租船合同双方当事人需要对一些航次租船合同当事人不需面对的法律风险进行防控。例如，定期租船合同中的出租人需要对船速与耗油量法律风险进行防控。航次租船合同中船速和耗油量属于出租人自身的运营事项，但在定期租船合同中将直接影响到承租人的权益。

三、定期租船合同纠纷案例评析

（一）我国定期租船合同纠纷案件总体分析

笔者以"定期租船合同""判决书"为条件检索出自 2017 年 1 月 1 日至 2019 年 10 月 16 日期间审结的定期租船合同纠纷案件 122 份判决书（数据库原始数据为 167 份判决书，笔者剔除了其中无关案件），并对此进行梳理比对后，分析结果如下[①]：

---

① 本节数据皆出自 Alpha 案例库，浏览时间为 2019 年 10 月 16 日，网址为 https://alphalawyer.cn/#/app/tool/result/%7B%5B%5D,%7D/list? queryId = 2844d0e7f00911e9b3c77cd30ad3ab06。

1. 适用程序

截至 2019 年 10 月 16 日，法院作出的 122 份判决书中一审案件共计 86 件，二审案件 36 件。

2. 案件标的额

通过对涉案标的进行分析，其中案件标的在 50 万元以下的判决书最多，达到了 71 件。此外，案件标的在 50 万至 100 万元的有 35 件，100 万元至 500 万元的案件有 37 件，500 万元至 1 000 万元的有 8 件，2 000 万元至 5 000 万元的案件 6 件。通过上述数据，我们可以发现相较于航次租船合同而言，定期租船合同中案件标的额较大的更多。

3. 判决书中的诉讼请求

86 份一审判决书的诉讼请求中与货损直接相关的案件达到了 41 件（其中包含了保险人代位求偿的案件）之多，与租金相关的案件达有 30 件，其他类型的案件共计 15 件。36 件二审判决书的诉讼请求中，与租金相关的案件达到了 13 件，是最多的案件类型。除此之外，二审判决书中与无单放货、合同解除相关的案件各有 4 件，与海难救助、解除合同、留置权相关的案件各有 3 件，与燃油费相关的案件有 2 件，其他类型案件共计 4 件。综合对比后，我们可以发现在定期租船合同中二审案件相较一审案件难度要大，类型较多。

（二）定期租船合同纠纷具体案例分析

1. 船舶与合同不符案例法律风险分析

案情介绍：

A 因工程需要向 B 租用泥驳工程船 "338" 和 "9" 船舶，为此，双方于 2016 年 12 月 30 日签订了两份以 A 为甲方，B 为乙方的租船合同，两份合同约定租用船舶分别为 "338" 和 "9"，合同的其他内容完全一致。B 将船舶派往船舶地点，A 未予接收。B 遂将 A 诉至法院，请求法院判决 A 支付租金若干元并承担合同违约金若干元。A 反诉 B，认为 B 提供船舶与合同约定不符，请求法院判决 B 双倍返还合同定金若干元。

法院观点：

法院经审理调查后认为：本案属定期租船合同纠纷，双方争议的焦点为：① B 是否依约交付船舶并有权收取租金和违约金；② A 拒收船舶是否符合合同约定并有权要求 B 双倍返还定金。本案所涉两份租船合同均系双方当事人真实意思表示，未违反法律规定，合法有效。双方当事人应依照合同约定履行自己的义务。合同签订后，B 将出租船舶开到合同约定的交船地点，A 以船舶不符合合同约定为由拒绝接受船舶，但 A 未能提供证据支持其主张，其拒绝接收船舶的理由不符合合同约定，其行为构成违约，应承担违约责任。B 将船舶开到合同约定交船地点，因 A 拒绝接受，导致租赁合同不能履行。B 有权要求 A 承担违约责任。虽然合同约定了船舶到达约定地点起算租金，但双方未进行船舶交接，A 未接收、使用船舶，B 要求 A 支付租赁期的租金，本院不予支持。租赁合同约定了定金和违约金条款，B 有权主张适用定金条款或违约金条款，其主张定金抵扣租金，应视为其主张适用定金条款，其要求 A 支付违约金的主张不予支持。A 拒绝接收船舶的行为构成违约，其要求双倍返还定金的请求，不予支持。

案例分析：

本案中，合同双方当事人的争议所涉条款是定期租船合同中的船舶说明条款。B 交付船舶后，A 不认可但未拒收，使得法院认定 A 认可了 B 履行船舶交付的义务且符合 A 的要求，A 因此败诉。国际货物贸易中，货物的种类多种多样，运输这些货物的船舶也有差别。定期租船合同中，船舶说明条款是最基本的条款，承租人会根据本方的运输货物的种类选择相应的船舶，这些都会在船舶说明条款中体现。出租人提供的船舶与船舶说明条款不符，往往意味着承租人的合同目的无法实现。出租人交付船舶的义务是指按时交付符合合同约定的且适航的船舶。出租人按时交付了船舶，但船舶与合同不符的，不能认定出租人履行了交船义务。依据我国《海商法》第一百三十一条，出租人未能按时交付船舶时，承租人有权解除合同。笔者认为在类似案件中，合同当事人可以采取以下措施进行法律风险防控：

（1）源头上控制。出租人应尽量提供符合约定的船舶，并做好所提供船舶符合约定的证据留存。虽然出租人提供不符合合同约定的船舶不一定会被拒收，但是一旦承租人拒收且准备了充分的证据，出租人将无法避免承担违约责任。

（2）过程中把控。承租人应当在接收船舶之前仔细审查出租人所提供的船舶是否是合同约定的船舶、船舶是否适航等事项，避免本方的合同目的无法达成。当出租人提供的船舶不符合合同约定时，坚决拒收并以书面形式告知出租人拒收理由，并留存备份。此外，承租人还需要准备充分的证据支持本方拒收的正当性。

（3）事后救济。出租人和承租人在船舶被拒收后，应当积极地进行事后救济，依合同中的约定发起诉讼或仲裁，维护自身利益。

2. 留置权纠纷案例分析

案情介绍：

2013 年 6 月 30 日，A 作为甲方（承租方）与 B 作为乙方签订《航次租船合同》。该合同载明：乙方保证在交船之日以及整个租期内船舶适航、适货，按照规定配齐合格的船员；甲方按每往返一个航次付给乙方 450 000 元；上海港—围头港—海口港—围头港—上海港为一个往返航次；租期为 3 个月，从 2013 年 6 月 26 日至 2013 年 9 月 25 日止。2015 年 7 月 18 日，双方又签订《良翔 2 号补充协议》。该协议约定：在双方原有的合同上续租至 9 月 31 日；甲方按每往返一个围头港—上海港—围头港—海口港—围头港航次支付乙方船舶运费 400 000 元；经双方对账，甲方尚欠乙方租金 4 801 172 元；其他条款按双方于 2013 年 6 月签订的合同执行。2015 年 10 月 29 日至 11 月 3 日，C 与 A 签订四份订舱委托书，共托运 14 个集装箱货物。2015 年 11 月 12 日，A 将 14 个集装箱货物（黄豆 8 箱、大米 6 箱）在上海港安排装上 B 所属的"良翔 2"轮。2015 年 11 月 17 日，C 通过中国工商银行网上电子系统汇给 A 运杂费 26 200 元。"良翔 2"轮到泉州港后，B 称："接到 A 停业通知，而该公司欠其运费，要 C 为 A 代垫船舶租金 84 000 元，否则不靠港卸货，甚至还要将集装箱及货物带走。"C 为了及时将集装箱货物送给货主，防止粮食霉烂变质造成更大损失，在万般无奈的情况下，被迫与 B 签订一份协议，并按 B 指定账号汇了 84 000 元。C 认为其与 B 没有租船合同关系，更没有替他人垫付租金给 B 义务。A 与 C 签订了运输合同并收取了运费，应将所承运的货物及时、安全地送到目的地，但其安排的实际承运人非法留置 C

托运的货物并以此胁迫 C 交纳 84 000 元，故 A 是造成 C 损失的原因之一，应承担连带责任。综上所述，请求法院判令：① 撤销 C 与 B 签订的协议，B 返还 C84 000 元及其利息。② B 与 A 承担本案诉讼费用。

法院观点：

（1）关于 B 与 A 之间的租船合同是航次租船合同，还是定期租船合同

本院认为，虽然 B 与 A 订立的租船合同名称为航次租船合同，但从合同的内容看，双方约定租期为 3 个月，租金以每往返航次为一个结算单位，每一个往返航次结束后 3 天内进行对账，于第三个往返航次结束前支付第一个往返航次的租金，此后，双方在《良翔 2 号补充协议》中又将租期延长到 2015 年 9 月份，《航次租船合同》第十三条还明确约定"在租期内，甲方享有该轮在本合同规定港口的调动权和使用权，乙方必须（服从）甲方代理人员的合理安排"。上述合同约定的内容符合《海商法》第一百二十九条规定的定期租船合同的特征，即由出租人向承运人提供约定的船舶，由承运人在约定的期间内按照约定的用途使用船舶并支付租金。B 按每个往返航次收取租金以及发票上载明"运费"等均不足以改变案涉租船合同的性质。因此，B 主张其与 A 之间订立的是航次租船合同，与事实不符，不能成立。

（2）关于 B 是否有权因 A 欠付租金留置 C 托运的货物，案涉《协议书》是否应予撤销

本院认为，鉴于 B 与 A 之间订立的是定期租船合同，本案应适用《海商法》第六章的有关规定。B 关于本案应适用《合同法》的主张缺乏法律依据，不能成立。A 租赁案涉船舶用于经营海上货物运输业务，B 对此是明知的。根据案涉《协议书》，B 系由于 A 欠付其租金且宣布停止经营而留置船载货物。《海商法》第一百四十一条规定："承运人未向出租人支付租金或合同约定的其它款项的，出租人对于船上属于承运人的货物和财产有留置权。"根据案涉货物订舱委托书、运单以及 B 与 C 订立的《协议书》等相关证据，C 是案涉货物的托运人，案涉货物不属于 A。因此，B 无权因 A 欠付租金留置 C 托运的货物。

C 将案涉集装箱货物委托 A 运输，因 A 停止经营，导致船舶无法在目的港正常靠港交付货物，使 C 面临无法提取货物、财产权益受损的处境，可以

认定其处于危难之中。而 B 利用其对案涉货物的实际占有和控制，迫使 C 与其签订《协议书》并支付本应由 A 支付的船舶租金，违背了 C 的真实意思。因此，原审法院认定 B 的行为属于乘人之危并判决撤销《协议书》，是正确的。

（3）关于案涉《协议书》被撤销后，C 是否应向 B 返还货物

本院认为，C 是与 A 签订货物运输合同的托运人，对于案涉货物享有相应的物权，在 A 停止营业，C 无法向 A 提取货物的情况下，其要求 B 向其交付货物符合法律规定。在案涉货物已经交付 C 的情况下，B 对于案涉货物已不享有任何物权。案涉《协议书》系因 B 乘人之危，不当行使留置权而被撤销。B 主张在协议被撤销后其可重新取得对货物的占有，缺乏法律依据，本院不予支持。

案例分析：

本案中，认定案涉《航次租船合同》的真正性质是本案中 B 留置行为有效性的关键。案涉《航次租船合同》虽名为航次租船合同，但实际上属于定期租船合同的性质。我国《海商法》中对于航次租船合同与定期租船合同中留置权的规定是不一致的，合同双方当事人需要对此格外注意。我国《海商法》第八十七条规定："应当向承运人支付的运费、共同海损分摊、滞期费和承运人为货物垫付的必要费用以及应当向承运人支付的其他费用没有付清，又没有提供适当担保的，承运人可以在合理的限度内留置其货物。"根据该条规定，航次租船合同中的承运人在未收到运费的情况下有权留置运输货物。这里的货物，我国法律并未规定必须是属于托运人的货物。因此，当案涉合同被认定为航次租船合同时，B 留置货物的行为就是合法有效的。但是，根据 A 与 B 签订的《航次租船合同》的内容以及补充协议的内容，案涉合同实为定期租船合同。根据我国《海商法》第一百四十一条的规定，定期租船合同中的出租人可以行使留置权的范围仅包括承租人的货物，而不属于承租人的货物出租人不得留置。在此类案件中，合同当事人需要特别注意从两个方面进行法律风险防控：

（1）充分把握合同类型，不要改变合同类型。本案中，如果合同当事人签订的合同确属航次租船合同的范畴，那么出租人的留置行为将有效，从而

保证自身利益。合同的性质不仅仅是依据合同的名称来确定的，还需要结合合同的实际内容加以确定。如果合同中的内容存在论定合同性质的内容存在，合同当事人应当尽量在合同中加入签订合同时本方真实意思表示的内容。

（2）正确行使留置权。出租人应当注意本方在不同合同类型中留置权的区别并正确行使。留置权作为法定权利，其效力的来源是法律的直接规定。留置权不会因当事人之间的约定而产生。定期租船合同当事人需对此有所认识，避免不当的留置他人财产所带来的争议与损失。

第三节　光船租船合同

一、光船租船合同的概念

（一）光船租船合同概述

光船租船合同（bareboat charter），又称光船租赁合同或光租合同。我国《海商法》在第一百四十四条中将之定义为："是指船舶出租人向承租人提供不配备船员的船舶，在约定的期间内由承租人占有、使用和营运，并向出租人支付租金的合同。"在国际海上货物运输中，光船租船合同相较于定期租船合同和航次租船合同而言，运用较少，但近年来有逐渐增加的趋势。在实务中，光船租船合同更受发达国家承租人欢迎，究其原因，主要是由于发达国家对船舶雇员的国籍限制较多，使得承租人的成本增加，采用光船租船的形式可以很好地降低人力成本。除此之外，光船租船合同也比较符合部分投资界人士获取合理的固定利润的期待，因而市场中此类行为逐渐增多。

目前，学界对于光船租船合同性质的看法比较一致，普遍认可光船租船合同具有财产租赁合同的性质。作为财产租赁合同，光船租船合同还具有以下的特点：

1. 光船租船行为是双务、有偿行为。光船租船合同中，双方当事人互负义务，出租人需要向承租人提供特定的符合合同约定的船舶，承租人需要向出租人支付租赁期限内的租金。

2. 光船租船合同中，船舶的占有权发生移转。在航次租船合同中船舶仍由出租人占有，定期租船合同中出租人通过船长及雇员占有船舶，而在光船租船合同中出租人不再占有船舶。出租人的船舶占有权自船舶交付之日起转移至承租人。航次租船合同中，船舶的占有权、使用权及收益权均归出租人继续保有，出租人仅负责将货物运输至目的港口交付即可，因而是运输合同。定期租船合同中，虽然船舶的占有权未发生移转，但是船舶的使用权及收益权归属于承租人，因而使得其具有了混合合同的性质。光船租船合同因船舶的占有权、使用权及收益权均已转移至承租人所有而归属于财产租赁合同。占有权的归属是光船租船合同与其他类型的船舶租用合同的显著区别。

3. 光船租船合同中的租赁物不可替代。光船租赁合同中租赁物只能是合同中约定的特定船舶，而不具有可替代性。出租人向承租人交付的船舶和承租人向出租人返还的船舶，除非合同另有约定，否则必须是合同中船舶说明条款中所约定的船舶。

4. 光船租船合同是以租赁期限计算租金的。光船租船合同船舶租金的计算方式和定期租船合同船舶的计算方式是相同的，都是以租赁期限为准计算的。这也是两者同航次租船合同的主要区别之一。光船租船合同同定期租船合同相比，单位时间内的租金相对较低，主要原因在于定期租赁合同中承租人无须负担船长和船员的人力成本及其他成本。

（二）光船租船合同的内容

目前，国际上较为通用的光船租船合同格式范本是租约代号为"BARE-CON"的《标准光船租赁合同》（Standard Bareboat Charter）。该合同是由波罗的海国际航运公会于1974年制定的，于1989年和2001年先后经历了两次修改。

我国《海商法》第一百四十五条将光船租船合同的内容规定为："光船租赁合同的内容，主要包括出租人和承租人的名称、船名、船籍、船级、吨位、容积、航区、用途、租船期间、交船和还船的时间和地点以及条件、船舶检验、船舶的保养维修、租金及其支付、船舶保险、合同解除的时间和条件，以及其他有关事项。"光船租船合同的主要条款有：

1. 船舶说明

从光船租船合同的特征，我们可知船舶说明条款对于光船租船合同而言是非常重要的。合同双方当事人在船舶说明条款中通常会约定船舶名称、船级、船舶登记国与船旗、船舶型号、登记吨位、载重量、是否为新建船舶及船舶建造时间与地点、船舶呼号、船舶证书有效期限等内容。这些内容是通常用于辨认船舶是否为合同中约定的特定船舶的依据，出租人必须保证这些内容的真实性及准确性。如若承租人在后期发现出租人（故意或有意误导）提交的船舶与合同中船舶说明条款记载事项存在出入，承租人可就所受损失向出租人索赔。

2. 交船条款

交船条款是合同双方当事人约定的何时、何地、何种方式交船的条款。我国《海商法》在第一百四十六条中对船舶交付作出规定："出租人应当在合同约定的港口或者地点，按照合同约定的时间，向承租人交付船舶以及船舶证书。交船时，出租人应当做到谨慎处理，使船舶适航。交付的船舶应当适于合同约定的用途。出租人违反前款规定的，承租人有权解除合同，并有权要求赔偿因此遭受的损失。"根据上述法律规定及实务经验，交船条款一般会约定交船的时间和解约日，并且会要求出租人在交船之前要提前向承租人发出交船通知。交船时，承租人需要按照合同中约定的交船标准对船舶进行交船检验。交船标准一般是指出租人交付的船舶必须是符合约定用途的适航船舶，并且要备齐所需的各种文件及证书。进行船舶检验时，不仅仅是承租人需要对船舶进行检验，出租人同样需要对船舶进行检验。出租人和承租人应指定各自的验船师，对交付船舶进行检验，以确定船舶是否符合合同约定的交付状态。船舶检验的费用及因此消耗的时间成本一般由出租人负担，船舶经检验被承租人认可后，合同后续履行中承租人不能就船舶说明条款向出租人提出异议，追索赔偿。出租人交船义务中并不包含燃油、润滑油、食物、绳索等消耗品，承租人需要以交船港口所在地的价格购买船上剩余的消耗物资。

3. 船舶维护与保养

与定期租船合同不同，光船租船合同中承租人通过其所雇佣的船长及船员占有，并使用船舶获取收益。因此，承租人在船舶租赁期间负有维护船舶状态的义务。我国《海商法》第一百四十七条对承租人的船舶维护义务做出了规定："在光船租赁期间，承租人负责船舶的保养、维修。"通过对比还船时船舶应处于的状态，我们很容易就可以知晓承租人应付有何种范围及程度的船舶维护义务。还船时对船舶状态的最基本要求是，除了自然损耗外，船舶需要同交付时处于同样状态。因此，光船租赁合同中承租人在租赁期间内的维护义务就是保持船舶处于同交付时相同的状态。例如，承租人因实际需要对船舶做出的任何改动均需要在还船之前恢复原样。承租人在船舶发生碰撞等事故时需要负责将船舶修至与交船时同样的状态。

4. 船舶检查

在航次租船合同和定期租船合同中没有船舶检查条款，它是光船租船合同中特有的条款。船舶检查条款，是指合同中约定的出租人可以随时对船舶状态进行检查的条款。这一条款之所以仅存在于光船租船合同中，是因为在其他两种类型的合同项下船舶的占有权仍归属于出租人，出租人负责船舶的维护与保养，船舶的具体状态处于出租人的掌控之中。光船租船合同中，船舶的占有权已转移至承租人所有，出租人不再负责船舶的维护与保养，也就很难获取船舶具体状态的相关情况，此时为了保证出租人利益不受损，需要赋予出租人随时检查船舶状态的权利。

5. 撤船

撤船是指在法律规定或合同约定的时间内，承租人未能按时支付租金时，出租人所享有的撤回船舶的权利。对此，我国《海商法》第一百五十二条规定："承租人应当按照合同约定支付租金。承租人未按照合同约定的时间支付租金连续超过七日的，出租人有权解除合同，并有权要求赔偿因此遭受的损失。船舶发生灭失或者失踪的，租金应当自船舶灭失或者得知其最后消息之日起停止支付，预付租金应当按照比例退还。"

6. 船舶抵押

关于船舶抵押，我国《海商法》第一百五十一条规定："未经承租人事先书面同意，出租人不得在光船租赁期间对船舶设定抵押权。出租人违反前款规定，致使承租人遭受损失的，应当负赔偿责任。"根据上述规定，船舶在光船租赁期间被抵押的，出租人需要告知并取得承租人书面同意，否则需要承担因解除合同关系给承租人带来的损失。但是，我国《海商法》并未对船舶出租之前的抵押作出规定。我国《物权法》第一百九十条规定："订立抵押合同前抵押财产已出租的，原租赁关系不受该抵押权的影响。抵押权设立后抵押财产出租的，该租赁关系不得对抗已登记的抵押权。"根据特别法未作规定时适用一般法的原则，船舶在光船租赁前被抵押的，租赁关系不得对抗抵押权。因此，在实务中为了避免因抵押权人实现抵押权而带来的风险，承租人往往会在合同中约定出租人应当保证船舶是未被抵押的船舶。如果船舶在交船前已被抵押，出租人应当在合同中明示并向承租人告知抵押合同具体内容。此时，出租人在光船租赁期间应遵守抵押合同中与船舶运营、维护、保养等相关的约定，并遵从抵押权人在抵押合同范围内做出的有权指示。另外，《海商法》第一百五十一条对下一种情形仍然适用，即出租人未取得承租人及抵押权人同意的，不得另行再设抵押。

7. 还船

正如前文所述，承租人还船时需要保证船舶的状态除去自然损耗外与交船时状态保持一致。同交船一样，合同中一般会约定还船时承租人及出租人各自或共同指定验船师对船舶所处的状态进行检验，只是此时检验的费用及时间成本转由承租人负担。这是一种相对公平的安排，正如举证责任的分配一样，出租人和承租人需要在交船和还船时各自承担证明船舶状态符合合同中所约定的状态。

8. 合同转让与船舶转租

光船租船合同的签订环节，出租人通常会对承租人的资信进行审查以避免船财两空的局面。如果承租人未经出租人同意将合同转让或将船舶以光船租赁的形式转租给他人，就意味着出租人不仅之前所做的调查成为无用之功外，自身利益也会陷入不安定的状态。因此，出租人在签订光船租赁合同时往往会在合同中要求承租人在未取得出租人书面同意之前，不得将合同转让或将船舶以光船租赁的形式转租至第三人。对此，我国《海商法》第一百五

十条规定："在光船租赁期间，未经出租人书面同意，承租人不得转让合同
的权利和义务或者以光船租赁的方式将船舶进行转租。"承租人有上述行为
的，出租人有权向单方面解除合同并要求承租人承担因此所产生的损失。此
外，我国《海商法》第一百五十条并不禁止承租人以航次租船或定期租船的
形式转租。因为，不论是航次租船还是定期租船，船舶的占有权并不发生移
转，船舶的维护和保养的义务仍由光船租船合同中的承租人承担，出租人的
利益不会因转租而受到太大的损失。同时，承租人通过光船租船合同取得船
舶后，通常也是通过航次租船或定期租船的形式获取收益的。

二、光船租船合同的法律风险

光船租船合同的法律风险，是指光船租船合同双方当事人从合同订立到
履行完结期间的法律风险。光船租船合同因其合同性质与航次租船合同、定
期租船合同不同，光船租船合同的法律风险有着其所独有的特点。光船租船
合同中，出租人（本节中出租人是指船舶所有人）将船舶除所有权以外的占
有、使用、收益的权利转让至承租人。出租人不再参与船舶的任何经营行
为，不负责船长及船员的雇佣，不负责船舶维护和保养等，其与船舶的联系
不再像航次租船和定期租船中那么紧密。因此，光船出租人更可能会因承租
人的不当经营行为而导致损失。笔者认为将光船租船合同的法律风险按照法
律风险的承担主体不同分为出租人的法律风险和承租人的法律风险，分别分
析更为合适。

（一）出租人的法律风险

光船租船合同中出租人的法律风险主要是指光船租船合同从订立到履行
完结的过程中，可能给出租人带来不利法律后果的事件。实务中，光船出租
人的法律风险主要有：

1. 光船租赁权未经登记的风险

光船租赁权的登记是船舶登记的一种，是船舶登记机关以国家名义对光
船租赁权认可的法律事实。目前，只有我国在内的少数国家将光船租赁权登

记作为法定登记，在英美法国家光船租赁权登记并不是法定的登记项目。我国《船舶登记条例》第六条规定："船舶抵押权、光船租赁权的设定、转移和消灭，应当向船舶登记机关登记；未经登记的，不得对抗第三人。"可见，出租人如果不对光船租赁权进行登记，那么在风险发生时其将失去有利的抗辩机会。这一点在推定实际承运人时极为重要，承租人在接收船舶后又将船舶以其他形式转租时，持有提单的收货人很难知晓其中的复杂过程，找到实际的承运人。如果光船租赁权未经登记，那么船舶所有人将无可避免地被推定为承运人承担不利的法律后果。

2. 承租人违约的风险

承租人违约的风险包含两个层面的内容，一是特指承租人违反了光船租船合同约定的情形，二是承租人违反与第三人之间合同约定的情形。承租人违反光船租船合同的情形主要有 3 种，分别是：① 承租人不支付或延迟支付租金的风险；② 承租人利用船舶进行违法活动的风险；③ 承租人未经出租人同意将船舶转租的风险。

承租人对第三人违约同样有可能造成出租人的损失。这一类型的风险多发生在第三人向承租人提供船舶物料或燃油、船舶检验、装卸货物等纠纷中。当光租船舶未经登记时，法院极有可能会依据《船舶登记条例》判决出租人承担责任。

3. 出租人因承租人侵权而承担责任的风险

出租人因承租人侵权而承担责任的风险主要包括两种，一是船舶碰撞责任风险，二是船舶污染损害赔偿责任的风险。对于前者，出租人需要承担此类风险的依据主要是来自于《最高人民法院关于审理船舶碰撞纠纷案件若干问题的规定》（本规定于 2008 年 5 月 23 日起施行）。该规定第四条规定："船舶碰撞产生的赔偿责任由船舶所有人承担，碰撞船舶在光船租赁期间并经依法登记的，由光船承租人承担。"由此我们可知，当光船租赁权未经公示，出租人需要承担船舶碰撞的赔偿责任。笔者认为这一规定对于光船租船合同中的出租人而言并不公平。光租船舶的船长及船员均由承租人雇佣并只听从承租人的指示，发生船舶碰撞时理应由承租人承担相应的责任，这样也比较符合我国《侵权责任法》的规定。对此，笔者认为立法者之所以这样规定，是为了降低受害一方的维权难度及成本。

出租人承担船舶污染损害赔偿责任的风险，主要是由于《1969 年国际油污损害民事责任公约》《1992 年国际油污损害民事责任公约》（我国已加入此公约）及《2001 年燃油污染损害民事责任公约》的规定。这三个公约中，虽然对于出租人承担船舶污染损害赔偿责任的规定不同，但都包含了出租人应当承担的责任的情形。

（二）承租人的法律风险

光船租船合同中承租人的法律风险主要是指光船租船合同从订立到履行完结的过程中，可能给承租人带来不利法律后果的事件。承租人的法律风险既可能是本方造成的，也可能是出租人或第三人造成的。承租人的法律风险主要有：

1. 本方行为导致的风险

承租人本方行为导致的风险，主要是指承租人及其代理人因违约行为或其雇员的不当行为造成的。承租人的违约行为会导致承租人承担违约的责任。例如，承租人不履行或迟延履行支付租金的义务，导致出租人撤船并向其追索违约金。承租人的雇员不当行为造成的风险主要是指承租人雇佣的船长及船员的不当操作导致自身承担不利法律后果的风险，如船舶碰撞后的侵权损害赔偿等。

2. 出租人违约的风险

出租人违约的风险主要是指出租人履行合同的过程中可能发生的违约行为给承租人造成的损失。例如，出租人未按照合同约定交付船舶导致承租人发生损失。

3. 第三人行为导致的风险

第三人行为导致的风险，是指因第三人侵权或实现权利的行为可能导致承租人承担损失的风险。例如，光租船舶在光租之前就已设立船舶抵押权，在光船租船合同租期范围内，优先权人要求实现抵押权的行为无可避免地会造成承租人的损失。

三、光船租船合同纠纷案例评析

（一）我国定期租船合同纠纷案件总体分析

笔者以"光船租船合同""判决书"为条件检索出自 2017 年 1 月 1 日至 2019 年 10 月 22 日期间审结的 142 件光船租船合同纠纷案件，并对此进行梳理比对后，分析结果如下①：

1. 适用程序

截至 2019 年 10 月 22 日已审结的 142 件光船租船合同纠纷案件，其中一审案件共计 91 件，二审案件 51 件。

2. 审理结果

第一审案件中，全部或部分支持的有 82 件，全部驳回的案件有 9 件。第二审案件中，维持原判的有 46 件，改判的有 5 件。

3. 案件标的额

通过对涉案标的进行分析，其中案件标的额为 50 万元以下的最多，达到了 71 件。此外，案件标的在 50 万至 100 万元的有 22 件，100 万元至 500 万元的案件有 34 件，500 万元至 1 000 万元的有 7 件，1 000 万元至 2 000 万元的案件有 4 件。通过对比定期租船合同纠纷案件，二者标的额分布情况大致相同。

（二）光船租船合同法律风险具体案例评析

1. 光租船舶碰撞案例分析

案情介绍：

"118"轮船舶所有人和经营人均为被告 B。"01"轮船舶所有人和经营人为 C，船舶管理公司为原告 A，该轮所有人将"01"轮光船租赁给原告 A，该租赁未办理登记。2015 年 9 月 20 日，被告 B 所属的"118"轮（本航次由上海空载至江苏常熟）在靠泊常熟汇海码头过程中，与靠泊在常熟华润化

---

① 本节数据皆出自 Alpha 案例库，浏览时间为 2019 年 10 月 22 日，网址为 https：//alphalawyer. cn/#/ app/tool/result/％7B％5B％5D,％7D/visual？queryId＝3092b223f4c711e9bd8a7cd30ae48328。

工码头卸载的"01"轮（本次事故航次由台湾高雄载运丙酮3 000吨至江苏常熟）发生碰撞。该事故经中华人民共和国常熟海事局（以下简称海事局）调查，该局出具《水上交通事故调查结论书》，认定：①"118"轮疏忽瞭望，该轮在靠泊码头前，未能对码头周围靠泊船舶进行全面了解，行驶至"01"轮中部时发现华润化工码头下方靠泊有小型化工品船舶，仓促间采取左转向措施，致使船舶尾部与"01"轮发生碰撞。②"118"轮操作不当，船舶航行中与"01"轮未保持足够安全距离，驶近"01"轮后双车停车淌航，忽视了较强拢风的影响，以致船舶受其影响逐步接近"01"轮。"118"轮发现小型化工品船后，未正确使用车舵口直船位，致使船位向"01"轮漂移形成紧迫危险，后虽然采取了一系列措施但未能避免碰撞事故的发生。综上，涉案事故中"118"轮疏忽瞭望、操作不当，违反了《中华人民共和国内河避碰规则》第六条、第九条第二款的规定，负本次事故的全部责任。事故造成"118"轮船尾右侧缆桩弯曲变形，"01"轮船舶中后部右舷局部受损。事故发生后，悦之保险公估有限公司对涉案事故造成"01"轮的损失进行了评估并出具了公估报告（以下简称悦之报告），该报告认为："01"轮因涉案事故导致的全部损失合计835 302.36元，其中修理费用为306 158元。庭审中原告A称，涉案事故发生后又运营了几个航次，损害未达到不适航程度。

原告A向法院提出诉讼请求：①判令被告B对碰撞事故承担全部责任，并向原告A赔偿因事故引起的修理费、检验费、船期等损失人民币（以下均为人民币）835 302.36元；②案件受理费、保全费及其他费用由被告B承担。

法院观点：

法院认为，本案系通海水域船舶碰撞责任纠纷。本案争议的焦点有二，一是原告A是否具有诉讼主体资格，二是"01"轮因涉案事故导致的损失金额。

"01"轮船舶所有人和经营人为C，船舶管理公司为原告A，该轮所有人将"01"轮光船租赁给原告A。该租赁虽然未办理登记，但不影响原告A作为管理人管理该船舶。海事局对涉案事故出具事故调查报告载明"01"轮管理公司为原告 A，双方当事人对该报告真实性均无异议，原告 A 是与本案有直接利害关系的法人，其具有诉讼主体资格。

关于"01"轮受损所产生的损失，有以下几项：

（1）修理费用。悦之报告计算修理费用为 306 158 元，被告 B 虽然对该修理费用不予认可，但未提供有效证据予以反驳，故本院对上述修理费用予以确认。

（2）CCS 检验费 16 995 元本院予以确认。

（3）船期损失。原告 A 并没有提供实际修理的发票及修理合同等证据，庭审时原告 A 也自认，涉案事故发生后又运营了几个航次，损害未达到不适航程度，即涉案事故并未导致"01"轮立即停运。但因涉案事故给"01"轮造成了损害，该轮如实际修理必定产生船期损失。《最高人民法院关于审理船舶碰撞和触碰案件财产损害赔偿的规定》第十条规定，"船舶部分损害的修船期限，以实际修复所需的合理期间为限，其中包括联系、住坞、验船等所需的合理时间""船期损失，一般以船舶碰撞前后各两个航次的平均净盈利计算；无前后各两个航次可参照的，以其他相应航次的平均净盈利计算"。海事局对涉案事故进行调查的时间为 2015 年 9 月 20 日至同年 9 月 23 日，该时间应当计入船期损失天数，原告 A 提交的悦之报告认为该时间为 3 天，系当事人对自己权利的处分，本院予以确认。根据《水上交通事故调查结论书》并结合悦之报告，本院酌定"01"轮修理时间为 4 天。"01"轮事故前后两个航次平均净利润为 46 269.28 元，故该轮因涉案事故导致的船期损失为 7 天 × 46 269.28 元 = 323 884.96 元。

案例分析：

本案是典型的光船租船期间第三人侵权行为导致承租人承担法律风险的案件。在本案中，损失不是单方的，光船租船合同双方当事人均有损失。对于类似案件中，双方当事人可以采取以下风险防控措施：

（1）承租人应当雇佣高素质的船员。承租人应当雇佣或至少在关键位置上雇佣高素质船员。提高船员质量有利于避免不必要的过失出现，减少发生船舶碰撞的可能性。

（2）及时登记光船租赁权。合同双方当事人应当及时登记光船租赁权，这对于出租人而言较为重要。船舶的光船租赁权经登记后，更便于出租人参与到维权之中，从而确保自身利益可以及时获得救济。

（3）利用保险转移风险。合同双方当事人应当对光租船舶投保船舶碰撞险，合理利用保险转移风险。

（4）完善合同的相关条款。出租人应当积极完善合同中有关船舶碰撞的条款，使条款可以最大限度地保护自身利益。出租人可以在合同中约定：光租船舶因船舶碰撞或污染事故而被扣押，承租人应当负责将船舶解押。出租人承担对第三人的赔偿责任后，有权向承租人追偿。出租人在发生类似情况时可以解除合同，行使撤船权等。

2. 海事优先权案例分析

案情介绍：

甲向一审法院提出诉讼请求：① 判令 A、B、C 共同支付船员工资 92 631 元、伙食费 600 元、劳务费 225 元、路费 200 元，共计 93 656 元；② 甲就上述费用对 A 的"166"船享有船舶优先权；③ 诉讼费由 A、B 和 C 承担。事实与理由：A 系"166"船舶所有人，甲受 A、B 和 C 雇佣在该船上工作，担任大副，甲自 2016 年 1 月 6 日上船。2017 年 2 月 28 日，涉案船舶航行至台州时，A 强制要求甲下船。甲月工资为 20 000 元，休息日按日工资标准的 30% 计算。因 A、B、C 拖欠甲船员工资等费用，故甲诉至一审法院。

A 在一审期间答辩称：A 确系"166"船所有人，A 与 C 签订三份《船舶租赁合同》，租期从 2014 年 3 月 14 日至 2017 年 3 月 14 日。A 未参与"166"船经营活动，甲非由 A 聘请，A 于 2017 年 2 月 25 日将"166"船收回，C 仍拖欠 A 租金 100 多万元。同时，甲未申请扣船，不享有船舶优先权。

B 在一审期间答辩称：甲不是 B 聘请的，B 法定代表人陈秋梅与 C 法定代表人郭洪利系亲属关系，陈秋梅向船员付款属个人行为，其代 C 法定代表人郭洪利支付，B 非适格被告，请求一审法院驳回甲对 B 的起诉。

C 在一审期间答辩称：甲系 C 雇佣的船员，C 与 A 间存在《船舶租赁合同》，A 将"166"船出租给 C，租期至 2017 年 3 月 14 日。因 A 提前收回涉案船舶，致使 C 无法继续经营活动，故无法支付船员工资。同时 2017 年春节期间，甲休假 10 天，未经 C 允许，C 不应支付该 10 天的工资，拖欠总额应为 88 888 元。

一审法院经审理查明："166"船舶登记所有人为 A，A 与 C 签订光船租赁合同，租期至 2017 年 3 月 14 日，但未办理光租登记。自 2016 年 1 月 6 日至 2017 年 2 月 28 日，甲在"166"船上工作，职务为大副，上船时月工资 20 000 元。2017 年 2 月 28 日，A 强制要求甲下船，其雇主拖欠工资。

法院观点：

一审法院认为，本案系海上船员劳务合同纠纷。关于劳务合同相对人，甲认为其是受 A、B 和 C 雇佣；A 认为将涉案船舶光租给 C，其非甲雇主；B 认为其未参与涉案船舶经营，不应向甲承担付款义务；C 认为其系真实的劳务合同相对人，涉案船舶非由 A、B 和 C 共同经营。本案中，甲船员证书只能证明其在涉案船舶上工作事宜，无法证明甲与 A、B 和 C 之间的法律关系。甲提供的运单载明"166"船承运人为 C，同时 A 与 C 签订光船租赁合同，虽然未办理光船登记手续，但不影响将 C 识别为涉案船舶实际经营人。甲未提供其他有效证据证明 A、B 系雇主，故涉案船员劳务合同的相对人为 C，C 应向甲支付拖欠的工资。甲主张拖欠工资数额 92 361 元、劳务费 225 元有银行水单、工资清单等相佐证，故该诉请有理，予以支持。甲主张伙食费 600 元、差旅费 200 元，未提供有效证据证明，该院不予支持。根据《中华人民共和国海商法》关于船舶优先权的规定，船员就工资、其他劳动报酬、船员遣返费用、社会保险费用享有船舶优先权。甲于 2017 年 2 月 28 日下船，在法定一年期限内，甲对 A 所有的"166"船主张船舶优先权，符合法律规定。涉案船舶扣押与否，不影响甲享有船舶优先权，但甲须通过扣押"166"船来行使船舶优先权。综上，甲部分诉请，予以支持。

二审法院认为：根据各方的诉辩意见，本案二审的争议焦点为：甲是否应当享有船舶优先权。各方对本院归纳的争议焦点均无异议，对此分析如下：

我国《海商法》第二十二条规定："下列各项海事请求具有船舶优先权：（一）船长、船员和在船上工作的其他在编人员根据劳动法律、行政法规或者劳动合同所产生的工资、其他劳动报酬、船员遣返费用和社会保险费用的给付请求……"第二十八条规定："船舶优先权应当通过法院扣押产生优先权的船舶行使。"本案甲受 C 雇佣，在涉案船舶上工作，并产生了工资，依照法律规定对涉案船舶享有船舶优先权。一审根据上述法律的规定，判决甲对涉案船舶享有船舶优先权，但应当通过扣押涉案船舶来行使，一审判决并无不当。A 上诉提出甲在一审期间并未申请扣押船舶，故甲不应享有船舶优先权的理由不能成立，不予采纳。至于甲的工资金额问题，一审根据在案证据予以确定并无不当，A 未提交相应的证据予以推翻，故 A 就此上诉的理由不能成立，不予采纳。

案例分析：

本案是由海上劳务合同纠纷引发的船舶优先权争议。船舶优先权，是指海事请求权人依照法律规定，向船舶所有人、光船承租人、船舶经营人提出的海事请求权，对产生该海事请求的船舶所享有的一种优先受偿的权利。① 我国《海商法》第二十二条对海事优先权的规定为："下列各项海事请求具有船舶优先权：（一）船长、船员和在船上工作的其他在编人员根据劳动法律、行政法规或者劳动合同所产生的工资、其他劳动报酬、船员遣返费用和社会保险费用的给付请求；（二）在船舶营运中发生的人身伤亡的赔偿请求；（三）船舶吨税、引航费、港务费和其他港口规费的缴付请求；（四）海难救助的救助款项的给付请求；（五）船舶在营运中因侵权行为产生的财产赔偿请求。载运 2 000 吨以上的散装货油的船舶，持有有效的证书，证明已经进行油污损害民事责任保险或者具有相应的财务保证的，对其造成的油污损害的赔偿请求，不属于前款第（五）项规定的范围。"

在海事司法实践中，光租船舶的可扣押性不存在争议，但是对其是否可以拍卖存在着一定争议。关于光租船舶是否可以拍卖，主要存在着两种观点，一种认为光租船舶不可以拍卖，另一种则认为光租船舶可扣可拍。我国最高人民法院对这一问题的观点是：对可扣押的船舶在符合我国《海事诉讼特别程序法》第二十九条规定时可以拍卖。最高人民法院的这一观点无疑表

---

① 傅廷中：《海商法（第二版）》，法律出版社，2017 年，第 36 - 37 页。

明光租船舶也是可以拍卖的。这也就意味着出租人将因为《海商法》第二十二条所规定的情形而承担船舶被拍卖的风险。

在本案中，A 所有的"116"船虽然未被扣押，但是不影响甲享有船舶优先权，甲仍可以通过扣押"166"船来行使船舶优先权。光租船舶出租人要避免或者减少因第三人实现船舶优先权所带来的损失，可以采取以下措施：

（1）完善合同条款。出租人可以在合同中约定出现《海商法》第二十二条所列情形时，承租人应当保证船舶所有人不受损失或赔偿出租人损失的条款。当光租船舶被扣押时，承租人应采取有效措施解除船舶扣押，并且出租人享有解除合同的权利。

（2）要求承租人提供担保。出租人可以采取要求承租人提供保证金担保、银行担保、关联公司担保等方式，避免或减少风险损失。

（3）选择资信状况良好的承租人。出租人应当选择资信条件良好的承租人，如若不然，出租人即便赢得诉讼或仲裁也无法获得赔偿。

（4）利用保险防范风险。出租人可以要求承租人对船舶投保或者自行投保，以降低自身风险。承租人投保时，尽量将受益人改为出租人。

第四章　租船合同中的提单及其法律风险

第一节　租船合同中的提单

一、租船合同中的提单

（一）提单的概念及内容

在租船合同实务中，因提单（Bill of Lading）而产生的争议屡见不鲜。提单的使用记录最早可以追溯到 16 世纪的海上贸易与海上运输活动中，是目前使用时间最长、运用最广泛的海上货物运输单证。例如，1667 年瑞典的《海商法典》、1681 年法国的《海事赦令》中都有提单的相关规定。提单不仅在国际货物运输中扮演着重要角色，也是国际货物贸易中的重要单证。关于提单的定义，《海牙规则》（Hague Rules）及《维斯比规则》（The Visby Rules）对此并未做出规定，直到 1978 年制定的《汉堡规则》（The Hamburg Rules）中才对提单的定义做出明确的规定。我国在 1992 年制定并发布的《海商法》中便借鉴了《汉堡规则》，将提单定义为："用以证明海上货物运输合同和货物已经由承运人接收或者装船，以及承运人保证据以交付货物的单证。"

提单的内容往往是格式化的，且格式并不单一。实务中，国际航运公司大部分都拥有自己的提单格式，此外，还存在着一些由民间航运组织、托运人或者托运人组织、货运代理人或者货运代理人组织制定的提单格式。这些提单格式，因为制定主体的不同存在着一些差别，但是提单的主要内容都是大同小异的，一般均包括正面条款和背面条款两部分组成。我国《海商法》第七十三条规定："提单内容，包括下列各项：（一）货物的品名、标志、包数或者件数、重量或者体积，以及运输危险货物时对危险性质的说明；

（二）承运人的名称和主营业所；（三）船舶名称；（四）托运人的名称；（五）收货人的名称；（六）装货港和在装货港接收货物的日期；（七）卸货港；（八）多式联运提单增列接收货物地点和交付货物地点；（九）提单的签发日期、地点和份数；（十）运费的支付；（十一）承运人或者其代表的签字。提单缺少前款规定的一项或者几项的，不影响提单的性质；但是，提单应当符合本法第七十一条的规定。"从上述规定中可以看出，提单并不是必须包含法条规定的 11 项内容，只要提单的内容符合我国法律的强制性规定即可。

（二）提单的功能

关于提单的功能，傅廷中教授指出，目前，国内学者在研究提单的功能时，通常只局限于其中的某一项功能，以致在一些问题上无法自圆其说。同时他还指出，发生上述现象的原因有二："（1）我国没有提单法，而《海商法》中关于提单的规定主要是站在运输合同的角度制定的，以至于人们在解释提单时将注意力过分地集中于运输合同的功能。（2）忽略了提单的产生背景。提单起源于欧洲，而欧洲国家赋予提单可转让的功能是从贸易的角度而不是从运输的角度考虑问题的，简言之，是为了消除实物交易的不便，使货主在货物抵达目的地之前即可处置提单项下的货物。"[1]

笔者通过比较研究我国海商法权威学者的观点后，总结出提单的功能有：

1. 提单是海上货物运输合同的证明

海上货物运输合同证明作用的英文表述是 Evidence of the Contract of Carriage of Goods by Sea，其直译含义是海上货物运输合同的证据。作为海上货物运输合同的"证据"，提单的证明作用包含了两层含义：一是承运人与托运人之间的海上货物运输合同已经成立，提单的签发是双方当事人履行合同的一部分；二是提单是承运人与托运人之间达成的海上货物运输合同内容的证明，除非合同当事人另有相反约定或非真实意思表示外，构成双方当事人

---

[1]　傅廷中：《海商法（第二版）》，法律出版社，2017 年，第 77 页。

达成的合同内容。[①] 杨良宜杨大明在合著的《提单与其他付运单证》一书中，将这一作用做了进一步的阐释，他们认为提单作为海上货物运输合同的证明作用体现在三个方面：

（1）提单证明了海上货物运输合同中的合同当事人，即谁是提单的合约方。在实务中，提单的合约方是混乱而难以确定的。在提单发生转让的情况下，受让人成为合同主体往往是因为纯粹的法定原因。[②] 我国《海商法》第七十八条第一款规定："承运人同收货人、提单持有人之间的权利、义务关系，依据提单的规定确定。"因此，提单的证明作用在证明准时提单合约方时意义重大。

（2）提单证明了运输合同的形式和有关条文。在实务中，存在着租约提单（B/L under C/P）和班轮提单两种类型的提单。提单合约并不能完全等同于运输合同本身，杨良宜先生杨大明先生与胡正良教授对这一观点的认知是较为契合的。在使用租约提单的海上货物运输合同中，租约提单通常会同先前订立的海上货物运输合同合并。但是，在班轮运输实务中，双方当事人通常不会订立班轮运输合同，而是仅以班轮提单作为"海上货物运输合同"。提单合约的订立双方要证明自己的权利义务关系，就只能凭借班轮提单合约了。此时，提单合约就承担了班轮运输合同的作用。[③] 因此，提单在海上货物运输中起到了证明运输合同形式与有关内容的作用。

（3）确定运输合同下的货损货差责任。提单的内容将会影响承运人签发提单的性质。如提单的内容中约定了货物的品名、标志、包数或者件数、重量或者体积，以及运输危险货物时对危险性质的说明。当货物的状况不符合约定中的情况时，承运人通常会签发不清洁提单。当运输合同完成后，合同当事人的货损货差责任将会依据提单上的记载进行划分。提单作为货物运输合同的证明，不仅证明了合同的存在还起到补充和证明合同内容作用，从而为定分止争确定依据。

---

① 司玉琢：《海商法（第四版）》，法律出版社，2018年，第104页。
② 杨良宜，杨大明：《提单与其他付运单证》，大连海事大学出版社，2016年，第291页。
③ 杨良宜，杨大明：《提单与其他付运单证》，大连海事大学出版社，2016年，第465-469页。

2. 提单是承运人保证据以交付货物的物权凭证

物权是权利主体在法律规定的范围内，直接支配一定的物，并排除他人干涉的权利。[1] 权威法律词典《布莱克法律词典》（Black's Law Dictionary）对物权的解释是"Document of Title"，是指一种包括提单在内的书面凭证，它赋予其持有人收取、占有和处置该单证上载明的货物的权利。[2] 物权凭证（Document of Title）被认为是凭证形式的无形资产（Documentary Intangible Property），可以代表"权利动产"（Chose in Action），并象征着一个"承诺"（Obligation），会通过行动（包括法律行动）才能执行这个承诺带来的权利。[3] 提单是一种"无形资产"，它所代表的权利是通过它的合法持有者向承运人发出执行"承诺"的请求，并由承运人履行"承诺"将"权利动产"交付给其合法持有者来实现的。虽然提单物权凭证的作用在我国《海商法》中没有明确的规定来表述，但是我国《海商法》在提单功能的表述上使用"凭以"的字样。提单的合法持有者是凭借提单作为其对提单所载货物拥有所有权的凭证，并以之要求承运人交付货物。其次，提单的物权凭证作用并不因为船长无权签发物权凭证而被否定，其物权凭证的作用是在提单的流转过程中被印证的。此外，全国人大法工委在《中华人民共和国合同法释义》一书中认为："在提单货物运输中，由于提单具有物权凭证、可以转让的性质，托运人的权利义务等全部内容一并转移到了提单持有人。"[4] 全国人大法工委的释义虽然不具有法律的效力，但是也反映了立法者对提单物权凭证作用的认可。

3. 提单可以作为货物收据（Receipt for Goods Shipped）

在货物由托运人转交至承运人的过程中，提单是承运人接收货物或者将货物装船的证明。提单上的记载则是对接收或装船时货物状态的描述，是可以作为"表面证据"（Prima Facie Evidence）使用的。承运人作为货物的

---

[1]　马骏驹，余延满：《民法原理（第二版）》，法律出版社，2005年，第287页。

[2]　Bryan A. Garner, Black's Law Dictionary, Seven Edition, West Group, 1999, p.498. 转引自司玉琢：《海商法（第四版）》，法律出版社，2018年，第107页。

[3]　杨良宜，杨大明：《提单与其他付运单证》，大连海事大学出版社，2016年第1版，第4页。

[4]　胡康生：《中华人民共和国合同法释义（第三版）》，法律出版社，1999年，第472页。

"托管人"，在发生交付货物与提单所载状态不符的纠纷中，想要通过"外来证据"（Extrinsic Evidence）将提单所载的"表面证据"推翻是极其困难的。在实务中，托运人将货物交付承运人接收或装船后，一般会由承运人具体负责运输船舶的大副开出大副收据。但是，大副收据并不能起到真正意义上的货物收据的作用。大副收据不是一份物权凭证，银行和收货人并不会认可大副收据。托运人在获得大副收据后必须将其转换为装船提单。在依据大副收据签发提单时，承运人需要仔细核对大副收据上所载的货物陈述与内容，被签署在提单中的货物陈述内容对善意的第三人而言是结论性的证据。为了避免承担不必要的责任，承运人应当避免在提单中做出与货物实际情况不符的错误性陈述或欺诈性陈述。银行在承兑信用证时，需要托运人或发货人提交清洁提单。因此，当货物的状态不符合开具清洁提单的要求时，托运人或发货人通常会通过向承运人提供保函的方式换取清洁提单。对于这种做法，承运人应当十分警惕，在不能完全规避自身风险的情况下应当拒绝托运人或发货人的要求。为了避免出现货物与提单所载不符的情况，承运人可以要求托运人或发货人准备一定数量的替代货物，以应对货物状态不合格的情况发生。提单作为货物收据，在国际贸易纠纷中的证据作用是十分强大的，国际海上货物运输合同的主体应当对此审慎对待。

（三）提单并入条款

1. 提单并入条款概述

提单并入条款，是指承运人在提单上载明将租船合同的内容并入提单，其目的是使租船合同可以约束海上货物运输合同的承租人以外的提单持有人，以免其对海上货物运输合同的承租人和提单持有人承担不同的义务和责任，同时可以将其根据租船合同产生的权利对提单持有人行使。作为提单并入条款的一部分，有效并入提单中的租船合同下的仲裁条款，可以约束承租人以外的提单持有人，以免其采用其他的方式解决可能产生的争议。包含提单并入条款的提单一般被称为"租约提单"。租约提单主要被应用于采取航次租船的海上货物运输中。目前，承运人使用最为频繁的租约提单格式范本是"康金提单"（Congenbill）。

　　在实务中，提单并入条款的方式主要有两种，分别是普通的提单并入条款形式和特殊的提单并入条款形式。普通的提单并入形式，是指对租船合同中特定的条款没有明示并入，而采取概括性的描述将租船合同并入提单。采取此种并入方式的提单中一般表述为"一切条件按照租船合同"（All Conditions as Percharter Party）或"所有的术语、条件、条款按照租船合同"（All Terms，Conditions Clauses and as Percharter Party）等。在英国法及我国《海商法》的规定中，采取此种并入方式的提单只能将租船合同中与提单标的物有关的条款合并，而不能将与提单中权利义务无关的内容合并，如仲裁条款等。与之不同的是，美国法的规定将采取此种并入方式的提单视为并入了租船合同所有内容的提单，包括与提单中权利义务无关的内容。特殊的提单并入形式，是指在提单中明确标注哪些租船合同条款并入提单。这种将具体条款明示的并入方式，有利于避免提单中并入与合同双方权利义务没有直接相关的条款而不被认可的情况发生。因此，采取特殊的提单并入形式的租约提单在我国实务界较为常见。

　　2. 并入条款效力的解释原则

　　在司法实践中，对于租约提单中并入条款效力的解释原则主要有 4 项，分别是：① 直接相关原则。该原则是指司法机关在认定并入条款是否有效时，直接根据并入条款的内容是否与提单标的事项直接相关进行判断。根据直接相关原则，租船合同中的条款与提单标的事项没有直接关联，那么该条款就不可以使用普通的提单并入形式，必须使用特殊的提单并入形式加以明确。② 明示合并原则。该原则是指租船合同中与提单标的事项没有直接相关的内容，必须通过明示合并的方式并入。③ 同类解释原则。这一原则指在租船合同中列举的特定事项，其后再用概括性的表述附加上一般事项时，对该概括性的表述的解释只能限于与前面特定事项同类性质的内容。④ 公平合理原则。在实务中，提单可能会经背书转让，导致最终的收货人与订立提单合同的承租人不是同一主体。租船合同的双方当事人拥有契约自由的权利，在订立租船合同时，可能会在合同中加入一些不合理的条款。如果司法机关在解释并入条款时，对这些不合理的并入条款不加以限制，那么最终收货人的权益将无法得到保障。因此，公平合理原则要求司法机关对提单并入条款的解释就必须是公平合理的，要排除不合理的条款以及无法保障无辜收货人清楚意识到的权利的条款。依照公平合理原则，并入提单的船舶合同中的条款是与租船合同的宗旨相违背的，司法机关就可以判定该条款无效。

3. 提单并入条款的效力

目前，国际上普遍认可提单并入条款的效力，但各国法院在审理涉及该条款纠纷的案件时的标准是不一致的。效力被各国法院认可的提单并入条款大致需要符合四个条件：① 提单中必须有明确的并入用语，表明租船合同并入提单的意图，并且可以被一般提单持有人所能辨识的明显标记。② 提单中的并入用于必须明确表明想要并入提单中的租船合同的条款。③ 意图并入提单的租船合同条款不得与提单上明示条款相冲突。④ 并入提单中的租船合同条款不得与国际货物运输公约或各国国内货物运输法的强制性规定相抵触。

（四）与提单相关的国际条约

目前，与提单相关的国际规则主要有四部，分别是：

1. 《海牙规则》

《海牙规则》（Hague Rules），全称是《统一提单的若干法律规定的国际公约》（Intermutional Convention for The unijication of certuin Rules of Law Relating to Bills of Lading），这是第一部关于提单法律规定的国际规则。它是1924 年在荷兰海牙制定并于 1931 年 6 月 2 日起生效的。目前，该规则据国际海事委员会统计，截至 2017 年 4 月，共计有 76 个国家批准或加入。18 世纪至 19 世纪中期，英国是国际海上货物运输活动中的霸主，国际海上货物运输几乎由英国承运人垄断。英国为了维护本国承运人的利益，在英国普通法（Common Law）中对于本国承运人进行了过分保护。因此，英国承运人往往会在提单中规定发生争议时受英国法院管辖且适用英国法，并约定了较短的诉讼期间。此外，英国承运人还会约定多达六七十项免责条款，使自己只有收取运费的权利而不需承担任何责任。这些承运人运用优势地位，过分牟取自身利益的手段，严重打击并妨碍了提单的使用。美国作为同时期的新兴国家，国际货物贸易及国际海上货物运输产业也在逐步发展。为了提升本国承运人在国际海上货物运输市场的份额，并打压英国承运人保护本国货主的利益，美国国会于 1893 年通过了《哈特法》（Harter Act）。《哈特法》最大的特点就是对于承运人免责事由的限制，在一定程度上保护了托运人的利益。该法制定并颁布实施后，在很长一段时间内对国际海上货物运输市场产生了重要的影响。传统英联邦国家如澳大利亚、加拿大、新西兰等国也在随后纷纷制定了类似的海上运输法规。《哈特法》对承运人免责事由的限制最终为《海牙规则》所吸收。

目前，《海牙规则》是 4 部国际规则中批准或加入国家最多的国际规则。《海牙规则》最为突出的特点便是偏重对承运人利益的保护，有利于航运业发达的国家的利益。正是这一特点，使得其广受航运业发达的国家欢迎。《海牙规则》的主要内容有：① 适用范围仅限于签发地为其缔约国的提单。② 适用货物的范围并不包括舱面货、集装箱货物以及活动物。③ 承运人的义务仅包括"管船"和"管货"两项最低限度的义务。④ 承运人的责任期间适用"钩至钩""舷至舷"原则。⑤ 承运人的免责事项包括了过失免责事项和无过失免责条款。⑥ 承运人最高赔偿额为每件或每单位货物损失为 100 英镑，但托运人在装货前已就该项货物的性质和价值提出申明并已在提单中注明的不在此限。⑦ 托运人承担保证义务和通知义务的同时还适用完全过错责任原则。⑧ 海上货物运输合同中有权收货人在提取货物时若发现货物的损毁灭失，应当立即向承运人或其代理人提交书面的货损通知。若货损不明显，收货人应当在提取货物后的 3 日内书面提出货损通知。权利人未在货物交付之日起或应当交付之日起一年内提起诉讼，免除承运人和船舶对货物损毁灭失的一切责任。⑨ 提单可以作为承运人与托运人发生纠纷时的"初步证据"。但是，规则中并未对承运人与提单转让后的第三人之间发生纠纷时提单的证据效力作出规定。《海牙规则》除了对上述内容作出规定外，并未对保函的效力以及管辖权等内容进行规定。

《海牙规则》的生效与实施是提单规范化运动中的重要里程碑，该规则对统一各国关于提单的立法起到了不可低估的作用，也使得国际航运秩序的稳定持续了较长的一段时间。①

———————————

① 傅廷中：《海商法（第二版）》，法律出版社，2017 年，第 157 页。

2. 《维斯比规则》

《维斯比规则》（Visby Rules），又称《海牙—维斯比规则》（Hague-Visby rules），是二战后各国制定的第一个有关提单的国际规则。第二次世界大战打破了原有的世界格局，世界总体上进入了长时间的和平与发展时期。伴随着原有殖民地的相继独立，传统的老牌资本主义强国的力量受到了一定的限制。同时，代表着货方利益的一些发达国家和崛起的新兴国家以及第三世界发展中国家，对原有的过于保护航运业发达国家的《海牙规则》逐渐产生了不满，建立国际航运新秩序的呼声随之高涨。为了解决这种日益尖锐的矛盾，国际海事委员会于 1959 年在第 24 届大会上决议对《海牙规则》进行修改。1968 年《维斯比规则》正式形成并于 1977 年 6 月 23 日起生效。

《维斯比规则》的主要内容有：① 适用范围包括在缔约国签发的提单或者在缔约国境内港口起运的货物。此外，只要当事人选择适用规则的各项规则，该提单或合同就需要受到规则的约束。② 规则强化了承运人的义务。规则规定，如果损失是由承运人有意造成的或者明知可能发生而不采取任何的作为或不作为造成的，承运人无权适用责任限制的规则。③ 承运人的免责事由保留了航海过失免责，承运人的雇员和代理人也可以援引航海过失免责。承运人可以在侵权纠纷中适用航海过失免责。④ 规则中新增了"集装箱条款"，并且进一步明确了"喜马拉雅条款"的法律地位。⑤ 规则将承运人赔偿限额提高到了 10 000 金法郎，即 666.67SDR。规则创造性地规定了双重限额制度，即受到损失的当事人可以在经上述的赔偿限额计算确定的数额与按照受损货物毛重乘以每公斤 30 金法郎（2SDR）计算的数额之间选择较高者受偿。⑥ 规则中规定的诉讼时效，相较《海牙规则》而言，得到一定的延长。货物发生损毁灭失后，诉讼时效是自交付货物或应当交付之日起 1 年。但是，只要双方当事人同意，诉讼时效可以延长。此外，规则中还规定了追偿时效，在规定的 1 年诉讼时效期满后，只要在受理法院所在地法律允许的期间内，当事人可以向第三方提起索赔诉讼。这一准许期间为原索赔案件完结后或起诉状送达本人起 3 个月内。⑦ 规则进一步明确了提单的证据效力。当提单的受让人是善意第三人时，受理法院或仲裁机关将拒绝与提单相反的证据。

3. 汉堡规则

《汉堡规则》（The Hamburg Rules）全称为《1978 年联合国海上货物运输规则》（United Nations Convention on the Carriage by Sea，1978）。《维斯比规则》并未触及《海牙规则》的根基——承运人责任的归责原则。《汉堡规则》便是在这一基础背景下产生的。《汉堡规则》最为重要的特点是进一步加重了承运人的责任。

《汉堡规则》对《海牙规则》的修改事项主要有：① 规则废除了承运人航海过失免责制度。规则确立了完全过失责任制度，废除了不完全过失免责制度。船舶的驾驶和管理过失不再免责，承运人需要自己举证证明无过失。② 限制了承运人火灾免责的权利。索赔人如果可以举证证明承运人对火灾的发生或避免和减少火灾后果采取的措施存在过失的，承运人不享受火灾免责的权利。③ 对加入规则的条件做出了限定。凡加入《汉堡规则》的国家或地区必须声明退出《海牙规则》和《维斯比规则》。④ 规则对舱面货及活动物做出了规定。⑤ 规则将承运人的责任期间延长为"接到交"。⑥ 规则将与货物运输有关的所有诉讼的诉讼时效延长至两年。⑦ 规则首次确立了实际承运人的概念及法律地位。⑧ 提高了承运人的赔偿责任限额。规则规定每件或每单位的货物赔偿限额为 835SDR 或毛重每公斤 2.5SDR。承运人与实际承运人需要对全程运输负连带责任。⑨ 规则对保函的效力问题做出了规定，将保函合法化。⑩ 规则对管辖权和仲裁事项做出了规定。原告可以选择在被告主营业地或经常居所地、合同订立地、装货港或卸货港以及海上货物运输合同中指定的其他地点，提起诉讼。⑪ 首次对提单及海上货物运输合同做出了定义。

4. 《鹿特丹规则》

《鹿特丹规则》（The Rotterdam Rules）的全称为《联合国全程或部分海上国际货物运输合同规则》（UN Convention on the Contracts of International Carriage of Goods Wholly or Partly by Sea），是 4 大国际规则中唯一一个尚未生效的规则。目前，包括我国在内，日本、德国、英国、意大利、加拿大、澳大利亚等航运贸易大国也尚未签字加入《鹿特丹规则》。《鹿特丹规则》的制定目的是为了取代上述 3 个国际规则，实现国际海上货物运输法律的相对统一，提高海商法的国际统一性。

《鹿特丹规则》的主要内容有：① 扩大适用范围至任何形式的运输方式，不再仅仅局限于海运。规则的适用仅需要运输合同和缔约国有地理上的联系，即合同中约定的收货地、装货港、交货地或卸货港中有一个位于缔约国境内即可。② 规则将承运人的适航义务扩展至整个航次期间，进一步限制了承运人免责制度。③ 规则相较《汉堡规则》进一步延长了承运人的责任期间。④ 采用承运人完全过失责任原则，废除"管船过失"免责和"火灾过失"免责。⑤ 规则首次对电子提单进行了规定。⑥ 提高了承运人赔偿责任限额。规则规定承运人对货物的损毁灭失限额为每件或每单位 875SDR，或者每公斤 3SDR，并以两者中较高者为准。⑦ 规则中约定的诉讼时效为两年，并可以经双方当事人协商延长诉讼时效。

二、租船合同中提单的签发

在租船合同中，提单的签发环节是租船合同履行的一个重要环节。提单法律风险多与这一环节的法律风险行为有关。

（一）提单的签发主体

1. 提单的签发主体

根据我国《海商法》的规定，提单的签发主体包括了承运人、承运人的代理人和船长等。在实务中，承运人不一定都是出租人。不同类型的租船合同在履行的过程中，提单的签发主体有所区别。

在定期租船合同中，出租人作为实际承运人需要与承租人承担连带责任。为了避免因承租人实力不足所带来的风险，出租人往往会选择在合同中约定由承租人签发提单。承运人的代理人签发提单需要获得承运人的授权，且授权内容必须包括签发提单。船长也可以作为提单的签发主体，各国海商法均赋予了船长此项职能。如我国《海商法》第七十二条规定："提单由载货船舶的船长签发的，视为承运人签发。"此外，在一些租船合同范本中也约定了船长签发提单的职能。如 NYPE46 格式合同第八条规定："船长应根据大副收据或理货收据签发所呈上（as Presented）的提单（NYPE93 格式合同中这一条被保留）。"①

在航次租船合同中，出租人在装货港将货物接收或装船后，承租人要求签发提单的，出租人或其船长、代理人有义务予以签发。这与定期租船合同不同，定期租船合同中出租人可以允许承运人及其代理人签发提单。归根结底，造成这种差别的最主要原因还是二者在合同性质上的区别。

在光船租船合同中，提单的签发主体是船长或承租人及其代理人。鉴于光租船舶的船长是由承租人自行雇佣的，因而不论是船长还是承租人的代理人签发的提单都可以认定为承租人签发的提单。

2. 提单的签发主体与承运人之间的关系

提单的签发主体并不一定都是海上货物运输中的承运人。光船租船合同下签发的提单，不论船长还是承租人的代理人签发的提单，均可以认定承租人为提单的承运人。定期租船合同和航次租船合同下签发的提单，承运人的认定则较为复杂，大致有以下几种情形：① 船长代表出租人或以自己的名义签发提单，出租人为承运人；② 船长代表承租人或以承租人的名义签发提单，承租人为承运人；③ 船长代表出租人签发带有承租人抬头的提单，需要结合具体案例综合分析；④ 承租人以自己的名义签发带有出租人抬头的提单或无抬头提单，需要结合具体案例综合分析。

（二）签发提单的法律性质

签发提单的法律性质究竟是承运人的权利还是义务，实务中，经常有承运人对此理解不清。许多承运人将签发提单视为自己的权利，而对托运人多加刁难。实际上，签发提单对于承运人而言，是一项义务而非权利。从我国《海商法》第七十二条的规定来看，条文中将签发提单的行为视为承运人"应当"的作为。此外，我国《海事诉讼特别程序法》第五十一、五十二条的规定也赋予了托运人向法院申请行为强制令的权利，责令承运人向其履行签发提单的法律义务。此外，在实务中还存在着承运人以签发提单作为条件

---

① 张念宏：《海商法理论与实务》，中国法制出版社，2013 年，第 53 页。

要求托运人追加运费、困难作运费等情况。这种情况多是由于托运人向承运人发出签发不实提单的请求导致的。

（三）签发提单的地点与日期

提单上的记载通常会有提单的签发地和签发日期等内容。习惯上，提单大多是由船长在装货港签发的。在实务中，提单的签发地点逐渐变得多样化，既可以在船务代理公司所在地，也可以在承运人所在地。提单的签发日期（Issue Date），是指签发提单的日期。《维斯比规则》规定，必须在货物全部装载完毕后，才可以签发提单。签发日期与付运日期（shipment date）有所区别。付运日期，是指货物的实际装船日期。在一些较早的合同范本，如 Congenbill1997 中两者并未与以区分。目前，大部分的合同格式范本都对二者做了区分（Congenbill2007 便对 Congenbill1997 进行了修改，增加了付运日期），这是因为付运日期是信用证结汇中银行核对的必要信息。在收货待运提单中，签发日期与承运人的责任期间相关。我国《海商法》针对运输不同类型货物的海运提单的责任期间做出了不同的规定。我国《海商法》第四十六条规定："承运人对集装箱装运的货物的责任期间，是指从装货港接收货物时起至卸货港交付货物时止，货物处于承运人掌管之下的全部期间。承运人对非集装箱装运的货物的责任期间，是指从货物装上船时起至卸下船时止，货物处于承运人掌管之下的全部期间。"根据上述规定，非集装箱货物的责任期间自装船时始，集装箱货物的责任期间则是自收货时始，二者的责任期间不同。承运人及其代理人签发收货待运提单时，需对此多加关注。

（四）大副收据与提单的签发

海上货物运输中，货物的接收一般是由船舶的大副负责的。大副收据，是指大副在接收货物时出具的接收货物的凭证。大副收据中需要大副如实地记载货物的数量、外部状况等内容，这些记载便是所谓的大副批注。托运人可以凭借大副收据向船长要求换发提单。船长在签发提单时，通常会依照大副收据中的大副批注对提单做出批注。当大副批注中关于货物瑕疵的批注被转载至提单批注中，此时的提单即为不清洁提单。当托运人仅能提供不清洁提单时，托运人所持的信用证是一定会被银行拒绝承兑的。实务中，大副收据在提单签发过程中的影响，合同当事人对此普遍存在着认识上的偏差。笔者认为：首先，应当肯定大副收据对于货物状况的证明作用；其次，大副收据绝非是最终单证，而仅仅是一份初步单证或者简易收据；最后，承运人签发提单时并不必须决定服从大副收据，大副收据中的大副批注并非必须被提单所采用。

根据我国《海商法》第七十五条规定，提单所必须记载的事项为："承运人或者代其签发提单的人，知道或者有合理的根据怀疑提单记载的货物的品名、标志、包数或者件数、重量或者体积与实际接收的货物不符，在签发已装船提单的情况下怀疑与已装船的货物不符，或者没有适当的方法核对提单记载的，可以在提单上批注，说明不符之处、怀疑的根据或者说明无法核对。"从上述法律规定可知，承运人可以在提单中采用直接或间接地表明所收货物与提单记载事项不符的批注方式，也可以采用在提单上声明对货物状况无法核对的批注方式。承运人使用后一种批注方式的，必须是在承运人确实对货物实际状况无法核实的情况下。同时，承运人不得滥用后一种批注方式，不得对提单上所载事项全盘否定。

（五）保函与签发提单的关系

目前，国际上被各国银行界与贸易届所广泛采用的关于提单批注的国际惯例是 2007 年版本的《跟单信用证统一惯例》（Uniform Customs and Practice for Commercial Documentary Credits）。根据《跟单信用证统一惯例》中的规定，银行一般只有在收取清洁提单的情况下，才会承兑信用证。这就使得托运人对清洁提单格外的看重。实务中，承运人为了规避因货物装船时的瑕疵导致的风险时，通常都会如实地进行提单批注。实务中还存在着部分托运人会为了换取清洁提单向承运人提供保函的情况发生。保函（Letter of Guarantee），又被称为损害赔偿保证书，是指请求对方作为或不作为的并保证承担对方因此而负担的经济损失的一种书面承诺。然而，这种承诺在法律上是不被认可的。承运人因接受保函而签发清洁提单，可以被认定为与托运人合谋欺诈，因签发清洁提单而接受的保函也因此被认定为无效。在海上货物运输中，承运人需要对接受保函慎之又慎，尽可能地不接受保函换取清洁提单的要求，即便接受，也只能接受资信状况良好的托运人提供的保函。

三、租船合同中提单承运人的认定

（一）各国法律及国际公约中对承运人的定义

我国《海商法》中将租船合同中的承运人分为"承运人"与"实际承运人"两种。对于二者的定义，我国《海商法》第二十四条规定："本章下列用语的含义：（一）'承运人'是指本人或者委托他人以本人名义与托运人订立海上货物运输合同的人。（二）'实际承运人'，是指接受承运人委托，从事货物运输或者部分运输的人，包括接受转委托从事此项运输的其他人。"

在美国法中，承运人包括了在运输合同下几乎所有提供服务的人。美国法将承运人分为"契约承运人""履约承运人"及"海运承运人"。契约承运人，是指与托运人签订货物运输合同的人。履约承运人，是指履行、承诺履行或组织履行契约承运人在运输合同下任何义务的人。履约承运人仅限于在契约承运人直接或间接要求下或监督下或控制下进行工作的人，不论该人是否是运输合同当事人，或是否被列明于该运输合同中，或是否负有运输合同下的法律责任。海运承运人，是指拥有、经营或租用船舶用于海上货物运输的履约承运人。美国法下的海运承运人与我国《海商法》中规定的实际承运人较为相似。

在《海牙规则》中，承运人的定义不如我国《海商法》和美国法中的明确，仅在第一条（a）款中将之规定为："承运人包括与托运人订立运输合同的船舶所有人或承租人。"作为《海牙规则》修改版的《维斯比规则》则在其第一条规定："承运人是与托运人订立运输合同的任何人。"由此可见，《维斯比规则》将《海牙规则》中的承运人范围进一步扩大，其将船代、货代等其他人也归入了承运人的定义之中。除此之外，承运人在《汉堡规则》中是指本人或委托他人以其名义与托运人订立海上货物运输合同的任何人。同时《汉堡规则》在对承运人的定义之外还加入了实际承运人的概念（后被我国《海商法》所吸收）。《汉堡规则》中的承运人是指受承运人委托从事货物运输或部分运输的任何人。《汉堡规则》规定的实际承运人需满足三个条件：首先，实际承运人不能是与承运人签订运输合同的契约承运人；其次，实际承运人必须从事货物运输或部分货物运输；最后，实际承运人从事的货物运输必须与承运人之间有委托关系，包括转委托关系。适用《汉堡规则》的海上货物运输中，承运人对整个运输过程负责，而实际承运人对其实际执行的运输区段负连带责任。

除了上述法律规定和国际公约中的规定以外，《国际贸易术语解释通则指南》也对承运人做出了定义，承运人包括那些不拥有或经营运输设备但以合同承运人身份承担运输责任的企业等。根据这一定义，只要是与托运人签订运输合同，具有运输关系的人，就可以成为承运人。同时，该指南中还规定，除非能够证明代签的事实，否则应当认定提单签发人作为承运人。

（二）认定提单承运人的意义

认定提单承运人的身份，是在发生提单纠纷时划定责任承担的关键所在。在我国，承运人及实际承运人责任的承担被规定在《海商法》第六十条和第六十一条。我国《海商法》第六十条规定："承运人将货物运输或者部分运输委托给实际承运人履行的，承运人仍然应当依照本章规定对全部运输负责。对实际承运人承担的运输，承运人应当对实际承运人的行为或者实际承运人的受雇人、代理人在受雇或者受委托的范围内的行为负责。虽有前款规定，在海上运输合同中明确约定合同所包括的特定的部分运输由承运人以外的指定的实际承运人履行的，合同可以同时约定，货物在指定的实际承运人掌管期间发生的灭失、损坏或者迟延交付，承运人不负赔偿责任。"第六十一条规定："本章对承运人责任的规定，适用于实际承运人。对实际承运人的受雇人、代理人提起诉讼的，适用本法第五十八条第二款和第五十九条第二款的规定。"根据上述规定，认定提单承运人及实际承运人，对于租船合同当事人而言，是理清责任承担的前提。

（三）提单承运人认定的标准

在光船租船合同下，船长的雇佣及船舶的运营都是由承租人负责实施

的，承运人的识别较为简单，不论是船长签发的提单还是承租人及其代理人
签发的提单，均可以将承租人认定为提单所载的承运人。

在定期租船和航次租船实务中，虽然大部分情况下都会将承租人认定为
租船合同下提单的承运人，但是承租人往往会采取一些方式来掩饰自己承运
人的身份，从而逃避风险。目前，承运人最为常用的两种逃避承运人风险的
方式是在合同中添加"光船租赁条款"或"承运人识别条款"。光船租赁条
款（Demise Clause），又称"过户条款"，其含义通常如下：假如该船不是签
发提单的公司所拥有或不是以光船租赁方式租予该公司，那么提单只作为出
租人或光船承租人与提单持有人之间的合同，该公司只作为承运人的代理人
而不负任何责任。承运人识别条款（Identity of Carrier），其常见内容如下：
"本提单所证明的运输合同在货方和提单上列明的出租人之间订立，并且经
协议同意因运输合同的违反或任何不履行所产生的灭失或损害，由列明出租
人单独承担责任。"[①] 后者相较于前者更容易辨识，清楚地将出租人认定为
提单所载承运人。

当提单中并没有上述两项条款时，如何认定定期租船和航次租船中的承
运人呢？根据各国的司法实践，在定期租船和航次租船中，提单承运人的识
别标准主要有 4 项，分别是：① 以提单签发者作为首要标准。② 提单的抬
头和格式仅起辅助作用。③ 实质主义标准仍有适用余地。④ 除考虑签单人
有无实际授权外，运费以何人名义收取也是应该考虑的因素。在承运人的识
别上应贯彻保护交易安全的宗旨，又要结合运输中的实际情况及提单条款的
整体解释予以确定。

四、租船合同中提单的识别

提单的识别，是指依据不同的标准识别出提单应属的种类。提单的识别
是进行提单法律风险识别的必经步骤。识别出提单的具体类型，进一步根据
识别出的提单类型采取相应的法律风险防控措施。提单依据不同的标准可以

---

① 郭萍编：《租船实务与法律》，大连海事大学出版社，2014 年，第 355 页。

分成多个种类。不同类型的提单拥有不同的法律意义，对研究其背后所潜藏的法律风险有较大的帮助。提单主要有以下分类方式：

（一）清洁提单与不清洁提单

以是否有对货物状态的不良批注为标准，提单可以分为清洁提单（Clean B/L）和不清洁提单（Unclean B/L，Foul B/L）。清洁提单是指没有对货物表面状况作不良批注的提单。承运人对货物状况的审查一般仅限于对货物的外部状态。在现行法律体制下，承运人仅需对接收或装船时货物的表面状况与提单所载陈述负责，货物的内部状况不在承运人的责任范围之内。买方将会凭借清洁提单顺利地请求银行支付货款。不清洁提单是指提单所陈述的货物表面状况存在不良批注的提单。承运人签发不清洁提单意味着托运人或发货人所提供的货物表面状况存在瑕疵。承运人可以据此为证据，避免承担装船时货物表面瑕疵所带来的潜在风险。卖方向银行提出支付货款的请求将因为不清洁提单的存在而遭到拒绝。

（二）已装船提单与收货待运提单

以货物是否装船为标准，可以分为已装船提单（On Board B/L，Shipped B/L）和收货待运提单（Received for Shipment B/L）。已装船提单，是指货物装船后签发的提单。在件杂货运输中，已装船提单是银行向卖方支付货款的必要条件之一。收货待运提单，是指承运人在收取货物尚未装船时签发的仅具有货物收据作用的提单。收货待运提单并不具有物权凭证的作用。托运人在货物装船后向承运人要求换发已装船提单后，收货待运提单便完成了它的全部使命。

（三）记名提单、不记名提单与指示提单

以提单所载的收货人情况为标准，提单可以分为记名提单（Straight B/L）、不记名提单（Blank B/L；Barer B/L，Open B/L）和指示提单（Order B/L）。记名提单，是指提单上载有明确的收货人信息的提单。不记名提单，或称空白提单，是指收货人并未指明的提单。指示提单，是指收货人信息未

明时凭发货人指示交付货物的提单。对于上述 3 种提单，我国《海商法》第
七十九条规定："提单的转让，依照下列规定执行：（一）记名提单：不得
转让；（二）指示提单：经过记名背书或者空白背书转让；（三）不记名提
单：无需背书，即可转让。"记名提单在我国也不是绝对禁止流通，我国最
高人民法院在《关于审理无正本提单交付货物案件适用法律若干问题的规
定》第九条中规定了例外情况，即承运人按照记名提单中托运人的请求中止
运输、返还货物、变更到达地或者将货物交给其他收货人，持有记名提单的
收货人要求承运人承担无正本提单交付货物民事责任的，人民法院不予支
持。在其他一些国家的法律规定中，记名提单在背书（Endorsement）程序完
整的情况下也可转让，除非记名提单中明确表述不可转让。记名提单由于其
流动性较差，在国际货物贸易中使用相对而言较少。不记名提单在国际货物
贸易中同样使用不多，主要原因在于不记名提单在流转过程中一旦丢失，货
主的权利将很难获得有效的保障。目前，这 3 种提单类型中指示提单是国际
海上货物运输市场使用最多的提单类型。指示提单的收货人（Consignee）一
栏不会注明具体的收货人信息，仅载明"指示"（Order）或"凭指示"（to
order of ××）。指示提单可以通过背书的形式在国际货物贸易市场上流通。
指示提单的背书方式，通常有两种：一种是背书给收货人；另一种是背书给
银行。承运人在放货时需要仔细审查背书的有效性，重点关注背书是否连
贯，以及背书是否有瑕疵。

（四）实签提单、倒签提单、顺签提单与预借提单

以提单签发日期为标准，提单可以分为实签提单、倒签提单（Anti-Dated
B/L）、顺签提单（Postponed B/L）和预借提单（Advanced B/L）。这四种以
签发日期为区分标准的提单中，除了实签提单是符合规范的以外，其他 3 种
提单均是有瑕疵的提单。后 3 种提单在实务中甚至有可能被法院或仲裁机构
认定为提单欺诈行为。实签提单的概念是由我国海商法学者傅廷中教授提出
的。[1] 实签提单，是指按照货物实际装船时间签发的提单。实签提单，毫无

---

[1]　傅廷中：《海商法（第二版）》，法律出版社，2017 年，第 89 页。

疑问是符合各国法律规范的提单。但是，在实务中实签提单并不总是受欢迎的。因为，实签提单中的签发日期有可能是符合信用证规定的装船日期，也有可能是早于或晚于信用证规定的装船日期。卖方只有凭借货物的装船日期符合信用证要求的提单才能在银行顺利地承兑信用证，这也就导致了后3种提单的产生。倒签提单，是指货物装船的实际日期晚于信用证所规定的最后期限时，托运人为了顺利结算货款而向承运人要求签发的早于货物实际装船时间的提单。顺签提单则是指装船时间早于信用证规定的日期时，承运人根据托运人要求签发的晚于实际装船日期并符合信用证规定的提单。预借提单，是指在信用证规定日期届满，承运人已经接收货物，但尚未开始装载货物的情况下预先签发的提单。预借提单同倒签提单一样，均发生在实际装船日期晚于信用证规定日期，二者在实践中的法律后果类似。实务中，承运人一般不会同意托运人签发后3种提单的要求。托运人往往会通过向承运人提供保函的方式来换取后3种提单。

（五）直达提单、海上联运提单与多式联运提单

以货物运输方式的不同，提单还可分为直达提单（Direct B/L）、海上联运提单（Ocean through B/L）和多式联运提单（Combined Transport B/L，Multimodel Transport B/L，Intermodel Transport B/L）。直达提单，是指货物自装货港装船后，不经转船，直接运达目的地港的提单。海上联运提单，是指货物自装货港装船后，中途停靠其他港口将货物转交由其他船舶运输至目的港的提单。海上联运的运输方式中，运输主体不一定是同一个承运人。联运承运人一般是海上联运提单的签发主体，但不一定是全程的运输主体。除了联运承运人以外的运输主体被称为实际承运人（Actual Carrier）。这种类型的海上货物运输中，货物的货损货差一般会在提单中做出具体规定。多式联运提单，是指多式联运承运人将货物以包括海运在内的多种运输方式运抵目的地而签发的提单。

（六）无船承运人提单与船长提单

以不同的签发主体为标准，提单还可分为无船承运人提单（House B/L）

和船长提单（Master B/L）。无船承运人提单，是指无船承运人或其代理人签发的提单。此种提单多为指示提单。船长提单，是指实际载货船舶的所有人、经营人、承租人或其代理人或船长签发给无船承运人的提单。这种提单不用于货物买卖合同的履行和信用证结汇，因而多为记名提单。实务中，无船承运人会凭借船长提单到提单的签发人或其代理人处换取提货单，并以提货单提取货物。此种提单一般不具有物权凭证的作用。

除了上述的提单类型外，实务中提单还有租约提单、舱面货提单（on Deck B/L）、包裹提单（Parcel B/L）、交换提单（Switch B/L）、最低运费提单（Minimumfreight B/L）、合并提单（Omnibus B/L）、并装提单（Combined B/L）、分提单（Separate B/L）、简氏提单（Short form B/L，Simple B/L）、全式提单（Long B/L）等类型的提单。

第二节　租船合同中提单的法律风险识别

实务中，进行提单法律风险防范必须对提单法律风险进行识别，从而制定出相应的应对策略。提单的法律风险，因提单的类型不同而呈现出不同的特点。在上一节中，笔者已经介绍了如何按照不同的标准对提单的类型进行识别。租船合同中提单的法律风险主要发生在签单与放货这两个环节，其中签单环节包括多个类型的法律风险。笔者将根据这两个环节分别介绍提单法律风险的识别：

一、签单环节的法律风险识别

签单环节的法律风险主要是指由于不合乎规范的签单行为导致合同双方当事人发生损失的可能性。签单环节的法律风险主要有以下类型：

（一）预借或倒签提单的法律风险识别
出租人的签单风险的第一种风险类型就是预借或倒签提单的法律风险。

诚实信用原则是民法原则中的帝王原则，"提单真实"正是这一原则的体现。签单真实是承运人的一项义务，也是基本的工作原则之一，违反这项义务或者工作原则必然会导致承担不利法律后果的法律风险的发生。不论是签发预借提单还是倒签提单，这两种签单行为都是提单的签发人违反了"提单真实"的义务，在提单日期上弄虚作假的表现，属于非法提单。实务中，上述两种签单行为明显不利于收货人权利的行使，承运人的行为一般会认为是对收货人的欺诈行为。

签单日期真实的重要性主要体现在明确承运人责任期间，从而界定货物发生损毁、灭失等情形下的法律责任。我国《海商法》第四十六条规定，承运人的法律责任期间是指承运人接收货物或将货物装船时始至货物交付时止。而预借或倒签提单会导致依提单上记载日期确定的责任期间与实际责任期间的不符，对收货人而言将是极大的风险。因此，收货人对货物的实际装船时间极为重视。预借或倒签提单的行为是明显的欺诈行为，会使承运人承担较为严重的违约责任或侵权责任，甚至是刑事与侵权的法律责任。上述两种签单将导致船舶出租人面对银行的索赔时失去抗辩的理由，因为船舶出租人的船长完全可以拒绝承租人的要求去签发非法的提单。并且如果船长明知提单是预借或者倒签还是去签发，这将导致船舶出租人失去向承租人要求补偿的资格。因此，承运人在实务操作中一定要注意将装船时间与信用证要求的时间相吻合，预判是否会发生装船时间延期的情况发生，注意预借或倒签提单风险源的暴露。

（二）保函换取清洁提单的法律风险识别

在信用证制度中，承兑行一般会根据提单和信用证上所载的相关记录判断是否予以承兑。承兑行所做的判断是形式上的判断即比对提单与信用证的记载是否一致，只要形式上一致则认定为单证相符，而对实际的交易不做审查。为了保证提单与信用证所载事项的一致，就要求提单必须是清洁提单。因此，在实务中承运人及其代理人签发不清洁提单将会导致卖方无法顺利结汇。为了避免因不清洁提单而无法结汇的情况发生，托运人一般会要求承运人签发清洁提单。在货物存在瑕疵的情况下，承运人签发清洁提单将会使自己承担被收货人追偿的风险。因此，实践中经常有托运人为了换取清洁提单而向承运人提供保函的情形发生。

保函换取清洁提单的签发主体在不同类型的租船合同中情况有所区别。在定期租船合同及航次租船合同中的出租人接受托运人提供的保函而自行签发清洁提单，则出租人签发清洁提单不能归结为承租人的要求，因而失去向承租人追偿的资格。但是保函换取清洁提单中所涉及的货物是承运人自己的即承运人自己就是托运人时，船舶承租人不需要承担责任。

保函换取清洁提单的方式使得收货人将承担极大的风险，收货人将因此无法拒绝签收卖方交付的不符合货物买卖合同约定的货物，并且收货人此时可以采用的维权措施只有提起诉讼和仲裁。承运人因此将会面临收货人向其索赔的风险，而承运人在赔偿收货人后向托运人追偿时则面临着是否能够成功追偿的风险。除此之外，保函作为一种承诺，其效力在各国法律中均不被承认。因此，承运人向托运人追偿时将会负担托运人资信不良的风险。

（三）提单中关于争议解决方式约定的法律风险识别

提单中关于争议解决方式的约定是指提单中所载的提单当事人发生争议时适用何种法律作为准据法、适用何种程序解决等约定。承运人和托运人在约定争议解决方式时既可以采取提单并入仲裁条款即将租船合同中争议解决方式并入提单之中的方式约定，也可以在提单中另行约定发生争议时的准据法及适用程序。

提单中采取并入仲裁条款的方式约定争议解决方式时，提单当事人需要面临着仲裁条款效力的风险。当提单当事人选择的提单并入仲裁条款的形式不符合管辖法院所在地的法律规定时，其效力将不被认可，提单承运人将不可避免地承担由此所产生的法律风险。例如，在我国《海商法》及英国法下，采用普通提单并入形式的租约提单，其中并入的仲裁条款是不被认可的。目前，在我国司法实践中，提单并入仲裁条款被法院认定为有效的案例寥寥无几。笔者将在本章第三节中结合具体案例对提单并入条款的法律风险进行详细分析。

提单当事人在提单中另行约定争议解决方式的，也可能需要承担准据法选择不当的法律风险。提单当事人在选择准据法时，通常会倾向于自己更加熟悉或对自己更为有利的法律。但是，如果提单当事人在约定准据法时，约定不当或将争议管辖地选择为与准据法不同的国家或地区，那么就有可能会被管辖地法院认定为无效条款。除此之外，提单当事人还可能面临法律风险环境评估失误、程序选择不合理等法律风险。

二、放货环节的法律风险识别

对于租船合同双方当事人而言，放货环节的法律风险主要是伪造提单的法律风险无单放货的法律风险。

（一）伪造提单的法律风险识别

伪造提单的法律风险可能发生在海上货物运输的各个环节，但伪造提单法律风险发生并造成损失主要在放货阶级。伪造提单的行为是造成船舶出租人承担不利法律后果的风险行为。识别伪造提单法律风险需要我们对该法律风险有充分的认知。国际贸易中信用证与提单扮演着重要的角色，信用证统一惯例规定只要所提交的提单表面与信用证严格相符，承兑行即凭单证付款，而不需要核实单证所载项目是否如实发生也无法查实单据的真伪。正是因为信用证业务是纯粹的单据业务，使得不法商人伪造提单骗取货物或货款变成可能。伪造提单的主要行为主体一般有承租人、国际贸易中的卖方、托运人与承运人这三种。伪造提单的目的是骗取货款或运费。船舶出租人在经营中需要警惕伪造提单法律风险常见的 5 种情形：① 货物买卖合同中的卖方伪造提单，骗取买方货款。例如甲公司与乙公司签订货物买卖合同，约定甲公司向乙公司购买 180 万美元木材，甲公司向开证行开具信用证后，乙公司伪造提单并到承兑行凭单证合一结汇，骗取货款。② 承租人伪造提单，以骗取运费或租金。例如承租人将不该装上甲板的货物装上甲板，并开具一套虚假提单（是甲板货却不注明甲板货）用以结汇，骗取运费或租金。③ 托运人与承运人共谋串通，伪造提单及其他运输事实，骗取货款。① 例如甲公司同其海外子公司利用虚假交易与乙船务公司共谋，伪造提单进行信用证诈骗，骗取货款。④ 空单欺诈。例如一些不法商人将空白提单再次使用，向承运人提取货物，致使善意承运人将货物交给空白提单持有人。⑤ 海上货物运输中，不法分子利用货到而提单还未到的空隙伪造提单骗取货物，此种情形多发生在短程海上货物运输中。

上述的几种伪造提单的情形都是可能导致伪造提单法律风险发生的风险源。出租人还需要认识到伪造提单法律风险发生可能导致的法律风险后果。在伪造提单的案件中，大部分情形下承运人需要赔偿被欺诈一方的损失，并可向实施欺诈的一方追偿。如承租人伪造提单欺诈的案例中，承租人的行为是需要船舶出租人承担责任的，船舶出租人承担责任后可以向承租人追偿。但是，出租人仍然需要面临一种风险即承租人是否具有经济偿还能力的风险。如果是资质条件一流的承租人，出租人的损失还有可能得到补偿，但承租人若是空壳公司则出租人需要面临无法获得补偿的不利局面。除此之外，在伪造提单纠纷中，承租人不仅可能需要承担民事责任，还可能需要承担刑事责任。承运人雇佣的管理层可能因为伪造提单的行为而被认定为诈骗罪或其他刑事犯罪。因此，出租人在租船实务中需要重视伪造提单法律风险的风险源暴露，及时识别出伪造提单的法律风险。

（二）无单放货的法律风险识别

无单放货是指实际承运人将货物运抵目的港后，在未接收到正本提单的情况下将货物交给收货人。无单放货包括无提单放货和副本提单加保函的形式放货。笔者将从以下 3 个方面分析无单放货法律风险的识别：

1. 船舶出租人无单放货的法律责任承担

在规范的海上货物运输合同履行流程中，收货人需要提供正本提单以提取货物，承运人是不被允许将货物交付给无正本提单收货人的。但是，无单

---

① 张湘兰：《提单欺诈的防范与提单制度的改革》，《武汉大学学报（哲学社会科学版）》，1999 年第 6 期。

放货的情形还是时有发生，特别是在近程海上货物运输中无单放货发生的概率达到九成以上。实践中经常存在三种无单放货的情形：① 随着造船技术的发展，船舶的航速越来越快，在短程运输中发货方办理结汇的手续仍与远洋运输时的结汇手续相同，故而经常有货物已经运抵目的港而提单并未到达收货人手中的情况发生。此时收货人常常会通过提供保函加副本提单的方式请求承运人在无正本提单的情况下交付货物。② 货物装船后，因为发货方提交的给承兑行的单据与信用证所载内容不一致，发货方无法顺利结兑，延误了提单的发出时间，造成货到而提单未到的情况。③ 收货人心存欺诈的故意，不去议付行赎单或无能力向议付行赎单。

　　无单放货案件中的法律适用与责任承担，一般是由相关行为的法律性质决定的。2005 年 11 月，我国最高人民法院于南京召开的第二次全国涉外商事海事审判工作会议中将无单放货认定为违约。而 2009 年 3 月实施的《关于审理无正本提单交付货物案件适用法律若干问题的规定》的第三条第一款规定：“承运人因无正本提单交付货物造成正本提单持有人损失的，正本提单持有人可以要求承运人承担违约责任，或者承担侵权责任。”因此，在无单放货案件中正本提单的持有人可以要求承运人承担违约责任或侵权责任。最高人民法院民事审判第四庭在《涉外商事海事审判实务问题解答（一）》第一百三十二条中对无单放货损害赔偿纠纷中的责任主体作了规定：“合法的提单持有人主张海上货物运输无单放货损害赔偿的，应视不同的情况确定承担责任的主体：① 合法的提单持有人凭提单向承运人主张无单放货损失的，承运人应当承担因其无单放货行为造成的提单持有人的损失；② 实际承运人实施无单放货行为的，承运人和实际承运人应对合法的提单持有人因此造成的损失承担连带的赔偿责任；③ 合法的提单持有人凭提单向实际提货的人提起侵权之诉的，实际提货人应当对其承担赔偿责任。”根据上述司法解释，无单放货造成正本提单持有人受损的案件中，除承运人因目的港当局规定必须将货物交由当地海关或者港口或因合法理由交由海关或法院处理的外，实际承运人将依法承担违约责任或侵权责任，赔偿正本提单持有人的损失，且无法适用《海商法》第五十六条规定的关于限制赔偿责任的规定。

2. 英美国家无单放货的法律风险识别

根据英国法的规定，提单是一种物权凭证且其持有人推定占有提单上所记载货物。而作为货物实际占有人的船舶出租人或承租人需要因此承担一定的义务：承运人必须将货物交由持有正本提单的收货人。同时，只有正本提单持有人才有权向承运人提出交付货物的请求，承运人只有向持有正本提单的收货人交付货物才可避免承担因无单放货所引发的不利后果。作为物权凭证的提单一经签发即意味着买方（善意的）将受到法律足够的保护。承运人在货物运抵后，拒绝交付货物的行为或将货物交给无正本提单的提货人，都将有可能侵犯持有正本提单收货人的权利，需要承担"侵占"（Conversation）的责任。

1992 年《英国海上运输法》中的呈上规则（Presentation Rule）规定，合法、正当持有指示提单的收货人应当呈上或退回正本提单（正本提单一般是一套多份）才能向承运人要求交付货物。这一规则被要求严格遵守并保持简单化、"一刀切"地执行。因为，一旦允许例外的存在即意味着该规则变得复杂而留有余地，这会导致承运人在实践中的"混乱"。同时，这也极有可能使得买方和银行对提单物权凭证的功能失去信任，从而威胁到国际贸易的良性发展。因此，英国法院在执行《英国海上运输法》中的呈上规则时，对承运人无单放货的行为一律持否定态度，承运人将承担因无单放货行为所导致不利的法律后果。即便是在 The "Msc Amsterdam"（2007）2 Lloyd's Rep. 622 等先例中船长未犯任何疏忽的错误，也要对无单放货导致的不利后果买单。

美国关于提单的法律规定依提单的类别不同而有所区别，分为记名提单的规定和不记名提单的规定。美国法中的记名提单是不可转让的提单，其性质与英国法中的海运单类似。美国法中关于记名提单的规定是承运人可以将货物交付给记名提单所记载的记名收货人。不记名提单类似于指示提单，对于不记名提单美国法与英国法的规定是相似的，都不允许无单放货。同时不论是《英国海上运输法》还是美国《哈特法》都不承认承运人在提单中加入无单放货免责条款的效力。

综上所述，不论是适用英国法还是适用美国法的海上货物运输中，船舶出租人都需要面临因无单放货而导致的法律风险，船舶出租人需要谨慎面对。

3. 国际公约中无单放货的法律风险识别

在《汉堡规则》《海牙规则》《海牙—维斯比规则》这三大国际公约中对涉及指示提单的海上货物运输中的无单放货都是不被允许的，承运人将因此承担不利的法律后果。但是《海牙规则》《海牙—维斯比规则》都只禁止船舶出租人以明文减轻或免去海上运输期间的货损责任。①

在《鹿特丹规则》中对无单放货的相关规定较上述三大规则有了较大的变化。在《鹿特丹规则》中，规定承运人只需将货物交给承运人认可的正确的收货人或控制权人指定的收货人，删除了原有的关于提单作为交货凭证的表述。这也就意味着，承运人在一定条件下可以无单放货而并不需承担责任。其次，公约中不再使用"提单"的称谓，改以使用货物运输单证或电子记录代替。同时，公约中还规定了不管是可转让单据还是不可转让单据，货物的控制权人都可指示承运人无单放货。最后，公约还赋予了托运人或控制权人指示承运人交货的权利。

综上所述，在使用《汉堡规则》《海牙规则》《海牙—维斯比规则》的海上货物运输中，承运人仍然需要承担无单放货行为可能引发的法律风险。《鹿特丹规则》则降低了承运人在这一方面的风险。但是，截至目前，前 3 个国际公约皆已生效而《鹿特丹规则》尚未达到生效的条件，租船合同双方当事人需要对此有所认识。

第三节　租船合同中提单法律风险防控

一、完善租船合同中法律风险防控机制

法律风险防控包含了"防"和"控"，是一系列应对法律风险的解决机

---

① 杨良宜，杨大明：《提单与其他付运单证》，大连海事大学出版社，2016 年，183 页。

制。法律风险防控包含两个层面：法律风险预防和法律风险控制。法律风险防控和法律风险识别同属法律风险管理的一部分，法律风险管理又构成了企业风险管理的一部分。租船合同双方当事人应当完善自身的租船合同法律风险防控机制，实现法律风险防控的常态化、制度化，避免出了问题再解决、不出问题不解决，"拆东墙补西墙"，越补越多、越补越大等混乱局面的出现。

　　租船合同法律风险管理是租船合同当事人法律风险管理中的重中之重。相对于租船合同当事人的内部管理事务及非商业事务，租船合同涉及双方当事人的切身利益，矛盾更为突出，更难调和，需要予以格外重视。

（一）构建租船合同法律风险防控机制的考虑因素

　　实施法律风险控制的精髓，是将法律风险管理与企业经营有机地整合在一起，使企业日常工作的制度、流程、文本同时成为应对法律风险的防线，通过这"三驾马车"去实现企业合法权益的最大化、法律风险的最小化。[①]因此，租船合同法律风险防控机制不能仅从租船合同出发，租船合同当事人还需要考虑以下因素：

　　1. 不能脱离租船合同当事人风险管理的内部环境。管理层确立关于风险的理念，并确定风险容量。内部环境为主体中的人们如何看待风险和着手控制确立了基础。所有企业的核心都是人——他们的个人品性，包括诚信、道德价值观和胜任能力以及经营所处环境。[②] 法律风险作为风险的一种，它的管理包含在企业风险管理范围内。如果租船合同当事人内部没有形成具有风险理念的内部环境，管理层的素质不能达到良好内部环境的要求，那么法律风险防控机制的构建将无从谈起，即便建立了也会因可执行性过低而沦为摆设。

　　2. 需要符合租船合同当事人企业风险管理的目标设定，抓大放小。出租

[①]　吴江水：《完美的防范——法律风险管理中的识别、评估与解决方案》，北京大学出版社，2010年，第251页。

[②]　美国 COSO 制定发布：《企业风险管理——整合框架》，方红星，王宏译，东北财经大学出版社，2017年，第22－23页。

人和承租人需要确保自身的管理层采取恰当的程序区设定目标，确保所选定的目标支持和切合该主体的使命，并且与它的风险容量相一致。

3. 把握企业法律风险管理的需求。租船合同法律风险防控机制是企业法律风险管理中单项法律风险管理。租船合同当事人在构建租船合同法律风险防控机制时需要了解租船合同具体操作人员的建议，了解企业的实务需求。

4. 合理的应对成本和措施。租船合同当事人构建租船合同法律风险防控机制的核心目的是减少损失并提高收益。如果预防和控制租船合同法律风险的应对成本过高或者采取的措施有效性较低，那么将会直接违背租船合同当事人构建法律防控机制的初衷。

5. 平衡租船当事人的经营效率和企业安全。企业管理者通常希望可以效率与安全兼得，但是实践中并不总是如此完美。租船合同法律风险防控机制需要在效率与安全之间谋求平衡，租船合同当事人可以在内部饱和的情况下选择外部协作的方式解决二者间的平衡问题。

6. 谋求内部与外部的良好配合。租船合同法律风险涉及的不仅仅是一个或者两个部门，如何去解决好部门直接的配合问题是租船合同当事人的一大难题。租船合同双方当事人往往都是异国的法律主体，租船合同履行中不可避免地需要同不同国家或地区的行政部门等主体来往，因此租船合同当事人内部与外部的配合也显得格外的重要。

（二）租船合同法律风险防控机制的构建

租船合同法律风险防控需要从合同文本及合同事务两个方面入手。合同法律风险的管理主要是实现完美的合同文本管理与完美的合同事务管理，合同权益最大化最终将通过这两方面的法律风险管理加以实现。[①]

1. 租船合同文本法律风险防控机制的构建

租船合同文本的法律风险防控机制的构建需要重点考虑以下四点：① 租船合同要便于操作；② 分散租船合同中的法律风险；③ 综合考量各类

---

① 吴江水：《完美的防范——法律风险管理中的识别、评估与解决方案》，北京大学出版社，2010年，第356页。

获得成本；④ 充分利用国际公约及外围规范。

租船合同文本法律风险防控的内容主要有：① 交易主体是否合格。这一点对租船合同中的出租人格外重要。承租人如果是实力不强的企业或者压根就是"皮包"公司，那么在租船合同法律风险发生时，出租人将处于格外危险的境地。② 租船合同内容是否合法。合同存在无效、可撤销或可申请变更等情形时，对于租船合同双方当事人而言都是一种风险。例如，根据我国《合同法》的相关规定合同可能因为违背了国家强制性法律规定被认定为无效，租船合同双方当事人均有可能因此承担不利的法律后果。③ 基本内容是否完善。我国《海商法》对租船合同的内容做出了一系列的规定，这就要求租船合同当事人在订立合同时需要具有租船合同的基本条款。当合同的基本内容不完善时，租船合同双方当事人的权利、义务都处在一种不确定的状态，增加了各自的法律风险。④ 逻辑思维是否严谨。租船合同双方当事人订立合同时需要确保合同内容逻辑上的一致性，逻辑结构必须严谨。租船合同逻辑上的缺陷将会给对方或者他人钻空子的机会。同时，租船合同中的条款之间必须是配合严谨、得当的，避免条款之间关系不明、前后矛盾的情况出现。⑤ 权利义务是否明确。租船合同是双务、有偿合同，合同双方当事人的权利义务必须明确。租船合同中约定明确的合同权利义务有利于合同争议的解决，避免不必要的纠纷。⑥ 语言表述是否精确。租船合同的条款是用语言加以明确，双方的权利义务也是通过语言被固定在合同之中，文字使用的丝毫差错都可能造成意思表示的失真。因此，语言表述的精确性就显得格外重要。

2. 租船合同事务法律风险防控机制的构建。

租船合同当事人构建租船合同事务的法律风险防控机制，主要有两个途径：一是通过对交易机制的设计等，从更高的层面避免法律风险，或将法律风险不利后果或发生概率控制在一定的程度之内；二是针对合同的具体文本内容，从主体合格性、内容合法性等方面控制合同法律风险。①

---

① 吴江水：《完美的防范——法律风险管理中的识别、评估与解决方案》，北京大学出版社，2010年，第356页。

　　构建租船合同事务法律风险防控机制的内容主要包括合同管理制度的构建和对具体合同事务法律风险的应对。合同管理制度主要有：① 明确内部各部门的职能与分工。租船合同的签订与履行涉及多个部门的共同协作，各部门在此间扮演的角色和合同必须加以明确，防止因为权责不清导致的疏漏与推诿。② 完善合同签订及履行的各个环节。租船合同当事人应当完善合同签订及履行的环节，并通过实践不断地提升改进。例如，出租人因疏忽大意未对承租人资信进行调查的情况下将船舶出租给不良承租人，最终导致自身承担不利的法律后果。出租人应当对此加以总结，并在下一次租船实务中完善对承租人资信审查的环节。③ 合同的履行管理。合同的履行管理在租船合同法律风险防控中显得尤为重要。租船合同当事人在合同履行中应当尽量按照合同进行，避免发生违约，并在对方违约时及时做好证据的留存工作。④ 违反制度时的惩罚。当租船当事人的员工违反企业内部的规章制度时，必须加以惩戒，以加强企业员工的执行力。租船合同当事人在员工违反制度时对其进行惩罚，不仅仅起到威慑作用，还在一定程度上保护了员工。例如，租船合同当事人如果不对签发不实大副收据进行惩罚，大副将极有可能因为第三人提供的利益而实施欺诈行为，并最终将自己送入监狱。

　　租船合同当事人对具体合同法律风险事务的应对方式有：① 租船合同生效前的法律风险防控。租船合同当事人的责任风险在租船合同签订之前就已经存在。其中，主合同生效前由对方提供担保、在谈判阶段设定后履行义务、对合同向对方的资信进行调查等均是有效的事前法律风险防控手段。而对要约、要约邀请、承诺的操作进行控制，以及对于合同生效条件进行限制、通过主体安排或尽职调查避免签订效力待定的合同、通过有效控制避免产生缔约过失责任等，都是合同签订前实施法律风险管理的工作内容。② 合同生效后的法律风险防控。租船合同生效后，租船合同当事人可以采取的风险防控措施很多，如出租人的撤船权等。租船合同当事人拥有的不安抗辩权、先履行抗辩权等都是合同风险发生后保护自身利益的有效依据。除此之外，合同权利义务的转让及终止、合同履行期间的证据管理等也都是合同生效后法律风险防控的主要工作。① ③ 违约责任的承担与转移。租船合同中，最为典型的风险转移就是承租人以出租人的名义签发提单，承租人对第三人的风险转移至出租人。

（三）租船合同法律风险防控措施

租船合同法律风险防控的措施主要有以下4种：

1. 避免法律风险。避免法律风险，是指租船合同当事人在进行合同签订前的调查后，基于自身法律风险管理内部环境和目标，主动放弃签订租船合同的方式避免风险。例如，承租人要求船舶驶往不安全航区时，出租人可以主动拒绝与之签订租船合同从而避免法律风险。

2. 法律风险转移。法律风险转移，是指租船合同当事人通过直接或间接的方式，将本方不愿承担的法律风险转移给对方或第三方承担。购买保险，就是典型的法律风险转移行为。

3. 损失控制。损失控制是法律风险主体自觉的控制措施。租船合同法律风险主体采取损失控制的方式通过制订计划和采取各类控制措施，避免或降低发生风险事故的可能性，或在发生风险事故后控制或减少相关的各类损失。损失控制一般分为法律风险事故发生之前和法律风险事故发生之后两个阶段。在第一个阶段中，风险主体采取风险预防的措施，识别可能导致风险事故发生的潜在因素，采取一定措施避免这些因素全部成就，从而达到避免或减少事故发生的目的。例如承运人企业制作提单时使用多重的防伪技术等措施提高伪造提单的难度，预防伪造提单的可能性。在第二个阶段中，风险主体采取损失抑制的措施，控制和减轻风险事故所造成的损失程度，减少损失。例如，海上运输中因船舶搁浅抛货造成的共同海损，就是为了抑制更大损失的发生。

4. 法律风险自留。法律风险自留即自担法律风险，租船合同法律风险事故发生后租船合同法律风险当事人自负损失。风险自留的控制措施有两种，

---

① 吴江水：《完美的防范——法律风险管理中的识别、评估与解决方案》，北京大学出版社，2010年，第356页。

分别是有计划的风险自留和无计划的风险自留。有计划的风险自留是指风险主体在通过风险识别等手段识别并分析风险后，依据得出的结论，提前通过预留资金等方式确保发生风险事故后可以及时承担损失。此种风险自留的措施主要由风险主体通过设立风险预留基金的方式实现。无计划的风险自留则是指风险主体在风险事故发生造成损失后从收入中支付。无计划的风险自留极有可能造成风险主体的运营困难，是需要谨慎对待的风险控制措施。

二、把握租船合同提单法律风险防控环节及措施

提单法律风险防控是企业法律风险管理中的单项法律风险管理。租船合同当事人正确把握租船合同提单法律风险的防控环节需要紧密结合实务中提单的运作模式，切不可脱离实践。海上货物运输中，提单的操作流程为：接收货物签发提单→运输并管理提单所载货物→交付货物回收提单。其中，提单中承运人运输并管理提单所载货物的义务与提单所证明的海上货物运输合同中的义务是相同的。承运人需要格外注意接收货物签发提单和交付货物回收提单流程中的法律风险防控。

（一）签单环节的法律风险防控

在定期租船合同和航次租船合同中，允许承租人直接签发提单存在着极大的风险，船舶出租人应当对承租人签单法律风险进行有效防控。船舶出租人应当慎选承租人，尽量选择资质较高实力雄厚的承租人，确保自身承担赔偿责任后可以有效追偿。[①] 船舶出租人可以采取委托第三方机构等措施，对承租人的企业状况进行评估，从而决定是否与其订立定期租船合同。同时，船舶出租人在类似的实务中还应当避免自身签发不符合规范的提单，以确保向承运人追偿的权利不会丧失。因此，在签单环节中船舶出租人既要注意应

---

① 在光船租船合同中，虽然承租人作为承运人需要承担签单环节和放货环节的法律风险，但是出租人的利益仍然有可能因第三人实现船舶优先权而受损。因此，光船租船合同中出租人也需要对承租人的资信状况做充分的了解，以避免风险。

对船长签发提单的行为中可能存在的风险，也要注意防范承租人签发提单行为潜在的法律风险。

签单法律风险防控应当针对不同的风险类型选择有针对性的防控措施：

1. 预借或倒签提单法律风险防控措施

租船合同当事人针对预借或倒签提单法律风险可采取的主要措施有：① 船舶出租人应当在接到承租人指示后，尽快保证船舶处于适航状态并尽速赶往装运港，避免因为自身原因导致货物的迟延装运。② 船舶到达装运港后，船舶出租人应当通知或要求承租人通知货方在信用证要求的时间内尽速将货物运抵装运港，并充分考虑港口条件、天气情况等客观因素，确保货物能够按期接收和装船。③ 托运人或卖方延期交货或迟迟不将货物交与船舶接收或装载，导致货物转载延期后拒绝签发预借或倒签提单。④ 货物延期装运后要求托运人同收货人协商修改信用证中有关装运期的记载。⑤ 要求托运人签发保函，明确并规范保函内容，要求加盖托运人的公章。承运人应当要求托运人向信誉高、实力强的银行申请开具保函。

2. 保函换取清洁提单法律风险防控措施

租船合同当事人在进行保函换取清洁提单法律风险防控时，可以采取的防控措施有：① 提高船长及船员的工作能力，要求大副在检查货物时尽职尽责，避免出现因过失而未发现货损的情况发生，防止签发错误的清洁提单。② 承运人（定期租船合同及航次租船合同中的出租人和光船租船合同中的承租人）应当要求自己的船长对大副签发的大副收据自行或安排他人进行二次核对，或者要求大副在检查货物时必须两人或两人以上共同检查，避免大副签发不实的大副收据（可能是因为托运人向大副提供好处等原因）。③ 承运人可以要求托运人或卖方多备货，及时替换发生损坏的货物以签发清洁提单。④ 承运人接受保函换取清洁提单时应当注意考虑采取此种做法可能面临的赔偿金额的大小、发生货损会否波及其他货物、保函效力的程度等因素，充分衡量利弊。⑤ 承运人可以拒绝托运人或承租人保函换取清洁提单的要求，从而避免风险。

3. 提单中关于争议解决方式约定的法律风险防控措施

签发提单时，提单双方当事人会在提单中约定争议解决方式的内容。这些约定将会在一定程度上影响双方维权的难度，从而造成一定法律风险。提单中关于争议解决方式约定的法律风险防控措施有：① 合理选择准据法。船舶出租人应当对具体的合同具体对待，选择可以适用的准据法中最有利于自己的法律。例如，我国船舶出租人可以依据最密切联系原则选择适用我国的相关法律，可以约定发生纠纷时案件管辖权为我国法院等。又如，在目的地港为巴西等允许无单放货的国家的港口的情况下，船舶出租人在面对无单放货的法律风险时可以选择适用目的地港所在地法律。② 慎重选择提单并入条款的形式。不同的国家对于提单并入条款的规定有所不同，船舶出租人慎重选择提单的并入形式。例如，深圳粮食集团诉美景伊恩伊公司一案中关于提单并入仲裁条款的效力就直接决定了该案法院对该案中定期租船合同性质的认定，从而决定法律的适用问题。因为该案中提单并入仲裁的条款与我国法律不一致而被认定为无效。我国法律与该案提单中约定适用的英国法关于案件中租船合同性质的认定不同，从而导致该案中被告对于提单并入仲裁条款的本意无法实现。③ 合理选择适用程序。承运人应当根据本方在争议管辖地的影响力、法院的倾向性等因素，综合判断选择约定诉讼或是仲裁的方式解决争议。④ 对目的港法律风险环境进行全面预判。各国关于提单的规定有所不同。例如，无单放货地的公法规定不同将使无单放货责任的承担完全不同。在英国法律规定中，无单放货是绝对不允许的，而在中南美洲、非洲的一些国家，承运人只需将货物按规定交由港口当局或者当地海关即可免责。可以免责的国家主要有：巴西、尼加拉瓜、多米尼加、哥斯达黎加、委内瑞拉、危地马拉、洪都拉斯、萨尔瓦多、安哥拉、刚果等。因此船舶出租人需要针对合同中目的港当地的法律风险环境进行全面的评估和预判，提前做好相应的应对措施。

（二）放货环节的法律风险防控

承运人在放货环节的法律防控中应当注意伪造提单的法律风险和无单放货的法律风险，承运人应当注意识别提单的真伪，并避免主动实施无单放货的行为。承运人在放货环节的具体法律防控措施有：

（1）伪造提单法律风险的防控措施。根据前文伪造提单法律风险识别的内容，相应的防控主要措施有：① 提高提单防伪技术。租船合同当事人应当积极主动地借鉴最新的单证防伪技术，制作伪造难度较高的提单，从而防范不法分子伪造假提单。② 加强船员队伍建设。定期租船合同及航次租船合同中的出租人可以通过对船长及船员进行培训，提高船长及船员的素质，减少船长及船员失职的情况发生，提升船长及船员对自家提单真伪的辨识能力。光船租船合同中的承租人应当雇佣水准以上的船长及船员，并对雇员进行法律风险相关知识的培训，提高雇员风险意识。③ 船长应当尽职尽责仔细检查货物装载是否符合行业规范，拒绝签发承租人所呈上的不合规的提单，避免因装载不合规而造成货物损失。④ 船舶出租人应当拒绝与承租人及其他人共谋，伪造提单或其他运输事实。⑤ 租船合同当事人应当加强自身的空单管理，通过建立空单编号制度、信息联网等措施加强对空单的管理，避免空单欺诈的发生。

（2）要求收货人凭副本提单和保函无单放货。为了防范无正本提单收货人实施提单欺诈行为，承运人可以要求无正本提单收货人凭副本提单和保函提取货物。在实务中，货物早于提单到达目的港就意味着承运人可能需要等待托运人收取正本提单，而在目的港超期停靠。承运人将因在港口收货人持正本提单收取货物而多花费港口规费等各类费用，显然这对承运人是很不利的。因此，实务中无单放货多有发生。承运人在进行无单放货时可以要求收货人提供副本提单加保函的方式提取货物，以防范无单放货法律风险的发生。但是，这种方式并不是万无一失的。保函在持有正本提单的收货人出现时，并不能成为承运人对抗正本提单收货人的证据。保函的法律性质是提货人提供给承运人的担保，仅在承运人、提货人、担保人之间有效。这就意味着船舶出租人需要负担向提货人维权时所付出的人力、物力、时间等成本。另外保函的效力还受到其是否为善意提单以及保函上的记载是否清晰、规范的影响。恶意保函以及记载不清晰、不规范的保函都不能得到法院的认可，从而无法起到转移风险至提货人的目的。承运人还应当要求提货人向信用证开证行或保兑行、承兑行申请开具保函。银行保函上还要载明实际收货人，加盖实际收货人和保函开具行的公章。

（3）记名提单下承运人凭托运人指示无单放货。船舶承租人可以按照托运人的指示无单放货从而规避法律风险。对此，我国《关于审理无正本提单交付货物案件适用法律若干问题的规定》第九条规定："承运人按照记名提单托运人的要求，终止运输、返还货物、变更到达地或者将货物交给其他收货人，持有记名提单的收货人要求承运人承担无正本提单交付货物的民事责任的，法院不予支持。"本条规定是承运人无单放货的免责情形。但是需要注意的是《鹿特丹规则》第五十二条规定，货物控制权人在指示承运人无单放货后导致承运人对第三人承担赔偿责任的，货物控制权人应当承担承运人所遭受的损失。《鹿特丹规则》下的货物控制权人即托运人，故而在《鹿特丹规则》下承运人并不会因为托运人指示而免责。为了维护承运人的权益，承运人在这种情况下应当要求托运人出具书面指示，以方便日后维权。

（4）向法院申请裁定无单放货。收货人因提单丢失、被盗等原因导致未能获得提单的，承运人可以要求收货人向法院申请提单的除权判决。当法院做出除权判决后，根据法院裁定承运人才可将货物交付给无正本提单收货人，此时承运人免责。

（5）海运单代替提单使用。海运单是一种不可流通的海上货物运输单证，在英国法下，倾向于将记名提单视作是海运单的一种。但是提单具有货物物权凭证的特征，而海运单不具有货物物权凭证的特征。使用海运单的海上货物运输中，承运人只需将货物交由海运单记载的收货人即可证明尽到了足够的注意义务。这也可以避免使用提单情况下容易出现的无单放货问题。但是，承运人需要注意到，我国《海商法》及相关法规中并没有海运单的相关规定，承运人还需谨慎使用。

三、租船合同提单法律风险防控典型案例评析

（一）倒签提单案例评析

案情介绍：

1995 年 3 月 3 日，A 公司一份进口 5 000 吨精炼棕榈油的贸易合同，约定总货款 4 095 000 美元；装运日期：1995 年 4 月 30 日之前；装运港口：马来西亚港口；目的港：中国江阴。同年 3 月 19 日，A 公司又就该合同中的

进口货物与 B 签订一份《购销合同》，约定：A 公司销售给 B 公司棕榈油 5 000 吨，总价款人民币 3 500 万元；装运时间：1995 年 4 月 30 日以前；货到目的港前的一切费用由 A 公司负担，货到目的港后的一切费用由 B 公司承担；B 公司办理进口报关手续。1995 年 3 月 22 日，A 公司就融资、开具信用证问题与 C 公司签订一份《代理和结算协议书》，C 公司在 3 月 29 日又与 D 公司签订一份《协议书》。根据该两份协议书，该票进口货物由 D 公司对外开具金额为 4 105 000 美元的即期信用证。1995 年 5 月 22 日，B 公司致函 A 公司称：由于进口合同货物未能按时装运，已造成双方签订的合同无法履行，我们同意解除合同。双方遂解除购销合同。

原审另查明，1995 年 5 月 8 日，E 公司向 A 公司发传真电报称：F 公司货船于（5 月）6 日 15：10 驶离帕西古当。同月 12 日，E 公司再次向 A 公司发传真电报称：F 公司货船于 12 日 19：30 离香港，预抵江阴 17 日中午前后。1995 年 5 月 6 日，F 公司货船船长代表船东授权 G 对已装船货物签发提单。G 根据上述授权签发了 1995 年 4 月 30 日装船的提单。F 公司货船于 1995 年 5 月 17 日抵达江阴港。根据该轮到港时间，A 公司认为 F 公司倒签提单，于 1995 年 5 月 18 日向武汉海事法院申请诉前财产保全，申请扣押 F 公司货轮。截至 1995 年 11 月，为该票货物产生商检费人民币 41 380 元，卫生监督、检验费人民币 56 624.3 元，港口费人民币 292 797.52 元，缴纳海关关税人民币 6 065 680 元，向海关缴纳增值税人民币 4 731 230.4 元，海关征收滞报金人民币 1 295 650 元，因违反海关监管被海关罚款人民币 800 000 万元，支付信用证项下货款折合人民币 34 110 087 元，合计已支付人民币 47 393 449.22 元，销售货物回收货款人民币 39 280 852 元，共计损失人民币 8 112 597.22 元。

法院观点：

F 作为海上货物运输的实际承运人，在国际海上货物运输中，违反国际惯例，倒签装船时间，严重损害了收货人的利益，应承担赔偿责任。G 公司是接受 F 公司货轮船长的授权签发的提单，F 公司称 G 公司是货轮该航次的实际租船人而非代理的理由不能成立。G 公司的行为应视为 F 公司的行为，责任应由 F 公司承担。A 公司作为国际货物买卖合同的买方，又是对外开具的即期信用证的实际承受方，当 A 公司确认提单被倒签后，立即持正本提单向武汉海事法院申请诉前财产保全，并持正本提单依法提起诉讼，由此可以认定 A 公司是正本提单的合法持有人，且 F 公司倒签提单的行为直接侵害了 A 公司的合法权益，A 公司有权依法追究。F 公司认为 A 公司不是正本提单的持有人因此不具有诉权的理由不能成立。由于 F 公司的倒签提单行为，致使货物迟延到达，B 公司为此与 A 公司解除合同，使本应由 B 公司履行的报关等手续只能由 A 公司履行。A 公司遂委托 C 公司完成报关、提货等一系列行为，C 公司进行的报关、提货、销售货物、接受海关处罚等一系列行为，均系受 A 公司委托的行为，由此产生的法律后果依法应由 A 公司承受。因 F 公司倒签提单的行为，导致 A 公司支付在正常情况下不应由其支付的费用人民币 8 112 597.22 元，该损失应由 F 公司给予赔偿。

案例评析：

本案是因倒签提单引发的海上货物运输合同纠纷。本案中，出租人因允许承租人签发提单而导致自身承担法律风险后果。F 公司授权 G 公司签单的行为，最终导致法院认定实际承运人时将 G 公司排除在外，从而判令 F 公司承担倒签提单的责任。F 公司最重大的法律风险行为就是授权 G 公司签发提单而不加监督。

航次租船合同和定期租船合同中的出租人除了本方签发提单时需要避免倒签提单的行为，还需要警惕承租人签发倒签提单的行为（光船出租人没有签发提单的义务，避免了被认定为实际承运人）。为了避免承担因承租人签发倒签提单而产生的法律责任，航次租船合同和定期租船合同中的出租人应当拒绝承租人以自己的名义签发提单。当承租人以出租人名义签发提单时，出租人应当要求承租人签订免责协议并对签单行为进行监督。

（二）预借提单案例评析

案情介绍：

2008 年 6 月 16 日，A 公司向 B 公司购买 45 毫米×45 毫米，重量为 95.360 吨，单价为 1 140 美元/吨的 6 米长方钢，货物总价为 108 710.40 美元，付款方式为每吨 900 美元的价款通过即期信用证支付，剩余部分通过电汇支付。7 月 21 日，A 公司根据 B 公司的指示通过电汇的方式将部分涉案货款 22 886.40 美元进行支付。

B 公司委托 C 公司办理货物运输事宜。C 公司委托 D 公司对涉案货物进行装箱。D 公司受 C 公司委托办理涉案货物出运事宜，并于 7 月 25 日签发了已装船提单承运涉案货物。提单记载，抬头人为 F 公司，托运人为 A 公司，收货人凭亚洲中央银行指示，通知方为 A 公司，货物品名为方钢，货物装载于编号为 MSKU5056420、MSKU5055085、MSKU5056672、MSKU5056440 的 4 只集装箱中，船名航次为 BAHIAGRANDE830W，装货港中国上海，卸货港印度尼西亚泗水（SURABAYA），货物装船日期为 7 月 25 日，信用证号 014STSY501312。提单注明甲系承运人。D 公司收取了涉案货物的海运费 2 800 美元，并于 8 月 1 日开具国际货物运输代理业专用发票。8 月 15 日，A 公司通过信用证结汇方式向 B 公司支付了涉案剩余货款 85 824 美元，并取得涉案提单原件一式三份。提单签发后货物并未实际出运，一直堆放于码头仓库。9 月 24 日，C 公司将涉案集装箱提回。11 月中旬，C 公司股东乙向 D 公司支付了涉案集装箱的滞箱费和滞港费人民币 135 000 元。12 月 7 日，G 公司签发提单运输涉案货物。提单记载，抬头人为 G 公司，船名航次为 NORTHERNENTERPRISEW007，货物装船日期为 12 月 7 日，货物装载于编号为 TEGU2964053、TEGU2964367、TEGU2963442、TEGU2964048 的四只集装箱中，其余内容与被告签发的提单一致。涉案货物于 12 月 20 日到达目的港印度尼西亚泗水。

另查明，涉案信用证显示的最后装船日期为 2008 年 8 月 1 日。2008 年 7 月 19 日至 25 日期间 CRU 钢铁价格亚洲指数为 326，8 月 2 日至 8 日期间 CRU 钢铁价格亚洲指数为 324.8，12 月 6 日至 19 日期间 CRU 钢铁价格亚洲指数为 150.7。2009 年 3 月 20 日，在扣除改单费用人民币 3 704 元、查验费用人民币 1 240 元、代办费用人民币 500 元以及 C 公司拖欠的运费人民币 5 400 元后，D 将涉案剩余运费人民币 11 351 元退还 C 公司。

法院观点：

1. 关于 A 公司和 D 公司之间的法律关系

本院认为，A 公司已经提供证据证明 D 公司签发了涉案提单。虽然 D 公司在庭审中表示根据提单显示涉案承运人系 F 公司，其系代表承运人签发提单，但 D 公司没有提供证据证明 F 公司授权其代理签发提单，对 D 公司的抗辩理由不予采信。D 公司签发涉案提单的行为可以作为认定其系涉案运输合同承运人的证明。

2. 关于 D 公司的责任认定

本院认为，D 公司在货物尚未装船的情况下签发的已装船提单属于预借提单。D 公司签发预借提单使收货人误认为涉案货物已经出运，并据此向托运人支付货款换取提单。D 公司签发预借提单的行为有违诚实信用原则，构成对善意收货人即 A 公司的欺诈。涉案信用证规定的最后装船日期为 2008 年 8 月 1 日，D 公司签发预借提单，使 A 公司丧失了根据信用证拒付货款的权利以及根据贸易合同变更贸易价格或解除贸易合同的权利，因此造成收货人损失的，承运人应当承担赔偿责任。

3. 关于 A 公司的损失

本院认为，D 公司签发预借提单的行为导致 A 公司遭受了货物价格下跌的损失，D 公司对该损失应当承担赔偿责任。CRU 钢铁价格指数系由英国商品研究机构发布的具有国际影响力的钢铁价格指数，被国际钢铁行业广泛接受和运用。该指数采集全球钢铁价格指数并通过加权平均的方式计算，对反映一段时间内钢铁价格的走势具有较高的权威性和合理性，可以作为计算钢铁价格涨跌幅度的独立参照标准。涉案货物目的港为印度尼西亚泗水，采用 CRU 钢铁价格亚洲指数确定价格下跌幅度较为合理。但是，涉案提单显示的货物运输并未实际发生，无法确定货物本应到港的时间，A 公司主张的 8 月 7 日到港系推断，不能按照该日的 CRU 钢铁价格亚洲指数来计算货物价格下跌幅度。鉴于 D 公司在货物未装船的情况下签发已装船提单，货物延迟至 2008 年 12 月 7 日才实际装船出运。D 公司签发预借提单引起的货物迟延出运，导致 A 公司遭受了货物价格下跌的损失，故采用涉案提单显示的装船日期与涉案货物实际装船出运之日的 CRU 钢铁价格亚洲指数来计算涉案货物价值的下跌幅度较为合理。涉案提单显示的装船日期为 2008 年 7 月 25 日，7 月 19 日至 25 日期间 CRU 钢铁价格亚洲指数为 326；货物实际装船出运的日期为 12 月 7 日，12 月 6 日至 12 日期间 CRU 钢铁价格亚洲指数为 150.7；此期间钢铁价格下降 53.77%。以 A 公司支付的货物总价 108 710.40 美元为计算基础，钢铁价格下跌给 A 公司造成的损失共计 58 453.58 美元。现 A 公司以低于实际损失的 58 268.77 美元提出索赔，可予准许。

案例评析：

本案是由签发预借提单所导致的海上货物运输合同纠纷。出租人 F 公司之所以可以避免承担因预借提单所导致的法律责任，关键就在于其提供的证据证明了其并非实际承运人。本案中的 F 公司与倒签提单案例中的 F 公司，二者最大的区别就是有没有授权允许承租人以出租人名义签发提单。由此可见，租船合同当事人做好提单法律风险防控是多么重要！

司法实践中，租船合同当事人签发预借提单和倒签提单的行为，一定会被法院认定为提单欺诈行为。预借提单的法律风险防控同倒签提单基本一样，读者可以参照前文。

（三）提单并入条款案例评析

案情介绍：

甲方向乙方租船运输一批水果，装货港为越南海防港，目的港为英国费利克斯托港。承租双方在租船合同中约定了一条绕行条款，允许船舶在航次中开往、停靠任何港口，其范围广泛到该船几乎可以到达地球上任何一地。在签发提单时，乙方和甲方经协商后采用普通的并入形式将租船合同的内容并入提单之中。结果乙方根据绕行条款进行了绕航行驶，船舶因此耽搁了较长时间才到达目的地港口，以致水果腐烂严重。运输期间甲方将提单经背书转让给了丙方。丙方收取货物后，向法院提起货损赔偿诉讼，要求乙方承担货损责任。出租人乙方辩称：依据租船合同条款，船舶可以进行绕航，他不需要因此承担赔偿责任。这一点在签发提单时已被甲方认可的，丙方作为受让人应当对此有足够的认识。

法院观点：

法院判决认为，合同中的条文如果违背了整个合同的宗旨，就应该判为无效。该案中的租船合同旨在运输水果，航次本应在很短时间内完成，否则水果就烂掉了，但承运人乙方却随意绕航，延误船期，这显然违背了运输合同的宗旨。因此，即使租船合同中有绕航条款，作为承运人的出租人乙方仍需因绕航条款而对货损负责。

案例评析：

本案中，在契约自由原则下，甲乙双方订约的自由程度是很大的。乙方恰恰是利用这一点声称租船合同条款写得清清楚楚，船舶可以任意绕航、随意耽搁。但是，从法院的最终判决可以看出，租船合同双方可以在租船合同中约定任何不合理的条款，当将之并入提单中时，租船合同中的不合理条款的尺度不可以与合同宗旨相违背。本案中，提单并入条款明显违背了提单并入条款解释原则中的公平合理原则。

在实务中，租船合同当事人应当注意提单并入条款的形式，尽量不违背提单并入条款的四项基本解释原则，从而避免提单并入条款不被认可的法律风险。

（四）提单并入仲裁条款案例评析

案情介绍：

2004 年 4 月，深圳市粮食集团有限公司（以下简称粮食集团）向来宝谷物公司购买的 55 000 吨巴西大豆在巴西桑托斯港装上美景伊恩伊公司所属、由邦基公司期租经营的希腊籍"美景"轮。来宝谷物公司与邦基公司签订航次租船合同，并约定了仲裁和法律适用条款。货物装船后，来宝谷物公司代表船长签发了 1994 年格式康金租约清洁指示提单，提单载明租船合同中包括法律适用条款和仲裁条款并入提单。粮食集团经托运人来宝谷物公司背书受让了该提单，并据此在卸货港提取了船载货物。卸货过程中发现七个货舱货物均有不同程度的变色、霉变。粮食集团起诉要求美景伊恩伊公司赔偿货物损失。①

---

① 青岛海事法院（2004）青海法海商初字第 245 号，载威科先行法律信息库网站，https://law. wkinfo. com. cn/judgment-documents/detail/MjAwMDA0NzMwOTc%3D？searchId = f582b284dda5 4038bcf482a300f4d159&index = 1&q = % EF% BC% 882004% EF% BC% 89% E9% 9D% 92% E6% B5% B7% E6% B3% 95% E6% B5% B7% E5% 95% 86% E5% 88% 9D% E5% AD% 97% E7% AC% AC245% E5% 8F% B7#No_Plaintiff_999005，浏览于 2019 年 10 月 25 日。

法院观点:

青岛海事法院审理认为,《中华人民共和国海商法》仅对航次租船合同有效并入合同作出规定,定期租船合同中的仲裁条款和法律适用条款均不能成为解决因货物运输引起纠纷的依据。案涉大豆品质适合于海上运输的要求,"美景"轮的通风措施没有不当的情况。本案涉及大豆货物在海上的安全储运与大豆的自然特性、航程长短、通风措施以及海上环境因素等有关。货损的发生与部分货舱装货时雨中作业有关,但主要因货物在船舱滞留时间过长所致。综合考虑航程延长和卸货迟延的具体原因及其他相关事实与发生货损存在的因果关系,根据承运人违反其所应承担的责任和义务的过错程度,认定美景伊恩伊公司对本案货物损失承担 50% 的赔偿责任,判决美景伊恩伊公司赔偿粮食集团货物损失 39 793 440.40 元人民币及相应利息。双方均未上诉并自动履行。

案例评析:

本案是一起典型的涉外海上货物运输合同货损纠纷案件,其争议焦点在于定期租船合同下的海上货物运输中提单能否并入仲裁条款。就本案而言,法院审理中认定定期租船合同中的仲裁和法律适用条款不能有效并入提单,不构成确定管辖和适用法律的依据。这一原则的确立解决了提单运输纠纷在审判实务中的困惑。本案判决对混合原因致货物损害的责任划分及损失数额等裁判焦点问题进行了充分论证,认定应当以过失责任比例确定承运人的赔偿责任。

对于提单并入仲裁条款的认定,司法实践中一直争议较大。最高人民法院 1995 年《关于人民法院处理涉外仲裁及外国仲裁事项有关问题的通知》(以下简称《通知》)要求,对人民法院受理具有仲裁协议的涉外经济纠纷案件等问题建立纠纷制度。基于《通知》的要求,我国法院中对提单并入条款案件审理的基本思路是采取个案审理,多角度地阐述"明示",基本认定无效。司法实践中,提单并入仲裁条款基本被认定为无效,体现了我国目前司法对待提单并入仲裁条款的基本政策,隐含着司法维护国内司法主权和保护国内当事人的良苦用心。①

目前，法院在判断提单并入仲裁条款的效力时，普遍采取的方式是查明租船合同中的仲裁条款是否明确并入了提单。判断仲裁条款是否明确并入提单，标准主要有：① 提单中明示并入的仲裁条款对提单持有人具有约束力，交付提单时要交付租约，且提单持有人明示接受。② 提单持有人明示接受提单并入仲裁条款。③ 仲裁条款并入字样应记载于提单正面。④ 提单正面记载的并入租约仲裁条款必须明确租约当事人及其签订日期。除了上述方式以外，法院还会采取直接就租船合同仲裁条款是否对提单持有人有法律效力做出判断。②

综上所述，目前我国的法律风险环境决定了提单并入仲裁条款在我国很难被认定为有效。租船合同当事人在签发提单时应当尽量符合法院的认可标准，除非必要，不要在提单中约定仲裁并入条款。

（五）无单放货案例评析

案情介绍：

A 公司委托 B 公司将涉案货物从中国深圳盐田港运至哥伦比亚布埃纳文图拉港，B 公司向 A 公司签发了编号为 HDX1407011 的正本提单，记载发货人为 A 公司，收货人为国家电气进口有限公司，货运代理参考信息为 A&GLOGISTICSSERVICESS. A. S，收货地和装货港均为中国盐田港，卸货港和交货地均为哥伦比亚布埃纳文图拉港，船名和航次为"圣塔卡琳娜（SANTACATARINA）"轮 429E 航次，1 782 箱照明设备分别装于编号 SUDU5933570、SUDU6801829 的集装箱，运费到付，于 2014 年 7 月 25 日装船，运输方式为堆场到堆场（CY - CY），提单三份，授权 C 于 2014 年 7 月 25 日代表 B 公司在广州签发。A 公司订舱后向 B 公司支付了人民币 9 563.42 元，该费用包括报关费、码头操作费、拖车费、港建费等。B 公司

---

① 詹思敏，宋伟莉：《司法审查提单的并入仲裁条款法律效力的基本路径》，《中国仲裁与司法论坛暨 2010 年年会论文集》，第 449 页。

② 詹思敏，宋伟莉：《司法审查提单的并入仲裁条款法律效力的基本路径》，《中国仲裁与司法论坛暨 2010 年年会论文集》，第 447 - 449 页。

在中华人民共和国交通部登记备案了涉案提单的样本。该内容可以在交通部政府辅助网站"中华航运"网上查阅。双方当事人对涉案货物在卸货港是否被无单放货有争议。A 公司提交了汉堡南美网官网上查询涉案集装箱的动态，B 公司对该份证据材料的真实性无异议，涉案集装箱的动态查询结果记载 SUDU5933570、SUDU6801829 集装箱已分别于 2014 年 11 月 26 日、12 月 9 日空箱调度到中国上海。B 公司抗辩卸货港所在地哥伦比亚法律规定，承运人须将货物交付给当地海关及海关公共保税仓库，承运人不能控制货物的交付或处理；涉案货物因无人提取，在卸货港海关保税仓库超期存放，已由当地海关依据哥伦比亚法律规定作为弃货处理，B 公司不应当承担责任。

法院观点：

二审法院认为，本案为海上货物运输合同纠纷。A 公司委托 B 公司运输涉案货物至哥伦比亚共和国，双方之间成立海上货物运输合同关系，A 公司为托运人，B 公司为承运人。本案具有涉外因素，双方当事人在二审中对本案适用中华人民共和国法律进行处理没有提出异议，本院依法予以确认。根据双方当事人的上诉及答辩意见，结合庭审调查，本院确定本案二审的争议焦点为 B 公司是否在目的港实施了无单放货行为，是否应对 A 公司主张的货款损失承担赔偿责任。

A 公司主张 B 公司在未收回正本提单，也未得到其指示的情况下，将其托运的货物在卸货港进行了交付，导致其无法收回货款产生损失。A 公司持有 B 公司签发的涉案正本提单，B 公司确认货物已不在其控制之下。但是，根据 B 公司二审补充提交的证据显示，涉案货物在目的港码头因超过存储期限无人提取而被海关当局作为弃货处理。根据《最高人民法院关于审理无正本提单交付货物案件适用法律若干问题的规定》（以下简称《无单放货规定》）第八条关于"承运到港的货物超过法律规定期限无人向海关申报，被海关提取并依法变卖处理，或者法院依法裁定拍卖承运人留置的货物，承运人主张免除交付货物责任的，人民法院应予支持"的规定，B 公司主张其免除交付货物责任具有事实和法律依据，应予支持。

案例评析：

本案是因无单放货引发的海上货物运输合同纠纷。我国《海商法》第七十一条第二款明确规定："提单中载明的向记名人交付货物，或者按照指示人的指示交付货物，或者向提单持有人交付货物的条款，构成承运人据以交付货物的保证。"根据该条规定，承运人将因为无单放货的行为对收货人承担赔责任。但是在《无单放货规定》中，最高人民法院规定了三种承运人无单放货免责的情形。《无单放货规定》第七条规定："承运人依照提单载明的卸货港所在地法律规定，必须将承运到港的货物交付给当地海关或者港口当局的，不承担无正本提单交付货物的民事责任。"第八条规定："承运到港的货物超过法律规定期限无人向海关申报，被海关提取并依法变卖处理，或者法院依法裁定拍卖承运人留置的货物，承运人主张免除交付货物责任的，人民法院应予支持。"第九条规定："承运人按照记名提单托运人的要求中止运输、返还货物、变更到达地或者将货物交给其他收货人，持有记名提单的收货人要求承运人承担无正本提单交付货物民事责任的，人民法院不予支持。"

本案中，B公司因为满足《无单放货规定》第八条规定的情形得以免责。本案对租船合同当事人进行无单放货法律风险防控具有一定的借鉴意义。

第三篇
承运人与法律风险

第五章　承运人识别与归责

第一节　承运人的识别

一、承运人责任主体的概述

（一）承运人的概念

根据对《海牙规则》第一条（a）中法律条文的剖析，关于海运承运人的认定需要同时满足两个要求[①]：一是承托双方签订了运输合同；二是承运人需要有特定身份，即其身份要么是船舶的所有人，要么是租赁船舶的租船人。船舶所有人通常被称为船东，指通过所有的船舶从事海运业务的企业法人，是基本的海事法律关系主体。租船人，也就是船舶承租人，指的是签订船舶租用合同船舶，运输自己货物或者从事海上运输活动的人。租船人虽然不享有船舶所有权，但在海运过程中其法律地位与所有人相同。而《海牙—维斯比规则》中有关承运人的概念与上述公约内容基本一致，不再赘述。从条文上来看，《海牙规则》和《海牙—维斯比规则》对于承运人都采用了较为宽泛的概念，包括了所有与之签订运输合同的当事人，在无法穷尽列明承运人范围的情况下，给各国立法预留了足够的调整空间。

依据《汉堡规则》第一章第一条第一款[②]对承运人的概念做出了改变，提出只需要满足承托双方订立海上货物运输合同的条件即可，而不对其身份有所要求。公约中关于承运人定义的变化实质上是放宽承运人的身份限制，依照公约承运人不再限制于船舶的所有人和租船人两种身份，进一步拓宽到

[①] 《海牙规则》第一条（a）："承运人"包括与托运人订有运输合同的船舶所有人或租船人。

[②] 《汉堡规则》第一章第一条："承运人"是指其本人或以其名义与托运人订立海上货物运输合同的任何人。

代理人和受雇人的范围。货运代理可以定义为接受委托人委托，为委托人的利益，代理国际货物运输并收取劳务费的人。《汉堡规则》将实际承担运输工作的主体从承运人概念中剥离出来，目的是避免实务中签订合同的主体和实际承担运输工作的主体互相推诿，从而保护收货人利益。

相较而言，《鹿特丹规则》第一条第五款在条文的表达方面做了调整，显得更加精炼和简洁，同样仅要求承托双方签订运输合同。① 该概念实质上是对《汉堡规则》表述内容所做的进一步简化，这更加符合现代海运业务的发展需要。但该规则第一次以法律条文的方式界定了"海运履约方"的概念，海运履约方指的是在货物运输期间，包括海上运输部分和装货卸货的港口运输部分，履行运输合同的一方，这个概念实际上包括了海上运输经营人、港口经营人、装卸公司、港口仓储公司、集装箱货运站等内陆部分运输方。《鹿特丹规则》关于承运人概念与《海牙规则》相比，其范围实质上进一步缩小，限定为船舶所有人和租船人。而《海牙规则》还包括了其他任何签订合约的人。海运履约方制度的意义在于保护货方和履行辅助人。一方面，对于托运人来说，在货物发生损毁时，除了承运人以外，还可以根据实际情况向海运履约方进行索赔，增加了索赔的对象。另一方面，对于港口经营人、装卸公司、港口仓储公司、集装箱货运站这些承运人的履行辅助人来说可以享有与承运人相同的责任限制、免责事由等。

（二）实际承运人的概念

《海牙规则》对于承运人的定义过于模糊，而且将概念范围限制在船舶所有人和承租人两个身份中，而在海运业务中，实际承担运输的人和与托运人签订运输合同的人，可能并不是同一个人。在这种情况下，签订合同的人，也就是仅在形式上与托运人或其代理人签订了具体的合同称之为承运人，而真正负责运输的主体一般是与承运人订立了合同或者委托了其他人代自己订立的，《汉堡规则》将这类人从原先的定义里区分开来，称之为实际

---

① 《鹿特丹规则》第一章第一条第五款规定：承运人是指与托运人订立运输合同的人。

承运人①，这事实上是对承运人和实际承运人的身份认定做了划分。将签订运输合同的人和实际参与部分或者全部运输的人区分开来，目的是便于运输责任的划定，具体而言就是承运人对于货物运输的全部过程都应承担责任，而实际承运人仅对其实际上参与运输的部分承担相应责任。② 《汉堡规则》的改变是因为随着无船承运人的出现，依据《海牙规则》的概念难以确定其在货运过程中的责任和其所签提单的效力，另外在实务中租船运输中往往会出现承运人认定上的混乱，致使托运人判断错起诉对象而无法受偿，因此其借鉴了用于规制非运输合同承运人从事国际航空运输的《瓜达拉哈拉公约》（Gudakajara Convention），将实际承运人概念引入海运立法领域，这一概念明确划分了承运人和实际承运人在海运过程中所应当承担的责任，在国际范围内确立了实际承运人制度，我国《海商法》相关内容的制定也参考了这一点。

实际承运人的认定需要符合两个条件：一是实际负责货物的全部或者部分运输，二是接受承运人的委托或者转委托。实际承运人可以根据承运人的实际授权或者表见授权从事货物运输，也可以因表见代理进行运输。例如，船东甲将船定期租赁给乙，而乙又将船出租给了丙，丙与托运人签订运输合同，丙在其中属于承运人，而实际负责货物运输的甲属于实际承运人，这就是由于表见授权或者表见代理成为实际承运人，甲丙之间并不存在关联，两者之间也不存在实际授权。

实际承运人与受雇人和代理人不同。实际承运人与承运人之间签订运输合同或者租船合同，但受雇人、代理人与承运人签订的是雇佣合同或者委托合同。承担的责任并不相同，实际承运人以自己的名义对托运货物承担责任，而代理人和受雇人仅在雇佣或委托范围内承担其行为引发的不利后果。

---

① 《汉堡规则》第一章第一条第二款："实际承运人"是指受承运人委托执行货物运输或部分货物运输的任何人，包括受委托执行这项运输的其他任何人。

② 《汉堡规则》第二章第十条第一款：如果将运输或部分运输委托给实际承运人执行时，不管根据海上运输合同是否有权这样做，承运人仍须按照本公约的规定对全部运输负责。关于实际承运人所履行的运输，承运人应对实际承运人及其受雇人和代理人在他们的受雇范围内行事的行为或不行为负责。

如上文所说，承运人对于全部运输承担责任，包括了实际承运人的运输行为，受雇人在雇佣范围内的行为和代理人在委托范围内的行为承担责任。但也有特殊情况存在，比如说托运人在海上货物运输合同中明确约定特定部分的运输由其指定的实际承运人负责，这种情况承运人可以在合同中约定，在被指定的实际承运人运输期间发生的货物灭失、损坏和延迟交付时，其不承担赔偿责任。

在有关海上运输立法中，关于实际承运人概念的表述最初出现于《汉堡规则》，随后多个国家把这个定义引入各自国家相关立法中并广泛应用于司法实践，但在后来最新的《鹿特丹规则》里并没有相关概念描述，取而代之的是"海运履约方"概念。这一概念的产生和取代，一方面是因为在立法过程中专家认为"实际承运人"一词容易和"承运人"混淆，造成不必要的误解。而另一方面也是出于实务需要，实际承运人是指接受委托完成全部或者部分运输的人，其与托运人之间并没有运输合同关系，取而代之的是与承运人之间签订运输合同，这一概念并不包括签订雇佣、承揽等合同进行装卸、仓储等辅助工作的人，因此，立法者认为这个概念过小，已经不适合现代海运分工不断细化的趋势。

《鹿特丹规则》第一条第七款提出，海运履约方是指在货物到达船舶装货港至离开船舶卸货港期间履行或承诺履行承运人任何义务的履约方。这意味着负责内陆运输部分的承运人在履行港口范围内运输、装卸、仓储等部分服务的时候被纳入海运履约方的概念中，该概念并非承运人的下属概念，两者平行，即承运人之外的参与海上货物运输的主体为海运履约方。

（三）承运人的受雇人和代理人

我国目前对承运人的受雇人、代理人的内涵研究和外延界定主要是依据《民法总则》中关于代理关系和雇佣责任的有关规定，但是民法中代理和雇佣的研究，与承运人的代理人和受雇人的司法实践中面临的问题并不完全一致。因此，对于代理人和受雇人的研究有必要借助国际公约和国外法规定。

1. 承运人的代理人

国际货运过程复杂多变，托运方出于货物安全、运输便捷和降低费用成本的需要，往往需要借助多种运输方式将货物安全完整地送达目的地。运输方式的联系、整合和协作需要足够的人力、物力去收集相关信息，但在现实情况中，托运方单靠自身，不可能对全部运输环节都了如指掌，往往会因不了解办理流程而导致疏漏，造成损失。这种情况使得货运代理人出现，代理人根据当事人委托代办各类运输业务从而获取报酬。从事货运代理的人往往在相关领域有多年从业经验，对于相关运输行业的规定和办理承运的流程了如指掌。另外，长期的工作实践也让他们与海运相关的海关、银行和保险等行业有着密切的联系，借助他们的经验和人脉，能够降低货方的成本和风险。

承运人的代理既具有一般民法中代理人拥有的权利和义务，但又相较于一般民法中的代理有其特殊性，即代理人与被代理人存在特殊的连带关系。关于代理人的法律规定首次出现于《海牙—维斯比规则》，而该国际公约相关规定源自于普通法下的代理制度。公约第四条第二款（q）项规定了代理人免责，并非由于代理人过失或疏忽所引起的货物灭失或损坏，代理人不承担赔偿责任。代理人指的是履行承运人职责的人，比如在港口从事装卸工作的人，但是如果其作为独立合同当事人存在过错，则不能免责。

我国民法继受自大陆法系，代理制度主要来源于大陆法系的"直接代理"制度，《民法总则》中规定了直接代理制度。我国民商事实践中，出于外贸代理的需要，1991年原对外贸易部制定《关于对外贸易代理制的暂行规定》，规定了"间接代理"制度，但并未在法规的层面上对"被代理人和第三人之间直接建立法律关系"的确定。《合同法》中的委托合同引入了英美法系立法，《合同法》第四百零二条、第四百零三条立法主要移植和引进英美法系中的"隐名代理和不公开身份的代理"，从而确立了我国的民商事间接代理的法律制度。但是，有学者认为该立法导致传统代理体系发生混乱，内容上也过于简单。

货运代理人在货运过程中作用逐渐凸显，不论是为买卖双方牵线搭桥，还是交易谈判、合同订立或者进出口手续的办理，都有代理人的身影，但是承托双方的运输合同关系和托代双方的代理合同关系毕竟是两个不同的法律体系，两个领域虽然因为海运业务而关联，但又因为各自规定不同而存在摩擦。

在海上货物运输过程中，由于提单上载明代理人为托运人，并与承运人签订运输合同，而代理人并未向其表明其代理人身份，在承运人理所当然地认为代理人即是托运人。根据《合同法》第四百零二条和第四百零三条，货运代理人在货运过程的身份是隐名代理人或者为未披露委托人的代理人。如果产生贸易摩擦，承运人根据提单所记载的事项进行起诉，但上面记载的托运人并非提单持有人，即代理关系下提单上记载的托运人往往是代理人，而实际交付货物的委托人才是提单的持有人，一旦出现诉讼，由于两者利益不一致，代理人与委托人会产生权利义务上的纠纷。

另外，提单所记载的托运人和运输合同的委托方可以是不同的主体，运输过程中所产生的运费应当由谁来承担？在代理人未向承运人披露其真实身份时，法院往往会根据提单所记载的事项为运输合同的义务方，判决代理人承担运输费用。

2. 承运人的受雇人

最早在《海牙规则》中，没有关于受雇人责任的有关规定，这就致使在某些货损情况下，货方不得已只能绕过运输合同以侵权之诉追究承运人责任，而公约的不完善规定，会使得承运人丧失免责和责任限制的权利，增加承运人负担，也不利于保护货方利益。

这种受雇人不受制约的情况，直到"喜马拉雅条款"（Himalaya Clause）出现才使得承运人意识到受雇人的权利也需要保护，在运输合同中增加受雇人在协助承运人运输货物期间其行为产生的货损不向货方负责，在受雇范围内享有与承运人相同的权利。自始受雇人开始具备海上货物运输责任主体的地位，成为海运环节不可或缺的组成部分。

《维斯比规则》和《汉堡规则》也都以条文的形式确定了受雇人的法律地位，当受雇人被起诉时，可以援引承运人所享有的抗辩事由和责任限制权力，受雇人的法律地位进一步巩固。其后的《鹿特丹规则》，创设了"海运履约方"的概念，在货物到达装货港至货物运离卸货港期间所有直接或者间接参与运输的人，这一概念涵盖了除承运人以外的所有参与海上货运过程的当事人，包括实际承运人、受雇人和代理人等。同时该公约还规定了"海运履约方"也同样享有公约规定的承运人各项权利。由于受雇人的概念包含于海运履约方，侧面说明《鹿特丹规则》也同样肯定了受雇人的法律地位。三大公约的相继重视，使得受雇人的责任主体地位日渐巩固，承运人的责任主体范围进一步扩大，有利于保护货方合法权利。

【相关案例】　喜马拉雅案件

1953 年，英国一艘名为喜马拉雅的邮轮在海上行驶时，船的侧面出入口舷梯脱落，导致头等舱的乘客，一名上了年纪的 Adler 夫人，失足摔到 16 英尺下的码头上，腿部受伤。Adler 夫人先是起诉船舶所有人提出索赔，但船东向法庭出具船票上写明的免责条款，法庭没有支持 Adler 夫人的主张，随后 Adler 夫人又向船长提出损害赔偿，船东与旅客签订了运输合同，法院以合同相对性的原则，认为非合同当事人不享有合同上的权利，因为船长作为受雇人并没有与旅客签订合同，当然不适用合同中的免责条款，最后由船长支付了这笔赔偿款，其后由船东对船长进行了补偿。该案例判决一出，承运人开始在运输合同中增加相应的条款，对其雇员乃至代理人，在运输过程中的过失行为导致的损失不直接向货方负责，而且享受运输合同中规定的承运人所享有的一切权利，这样的条款后来称为"喜马拉雅条款"，并在之后的在判例法中得到了确认。随后受雇人或者代理人在受雇范围内或者代理权限内的行为导致货物货损，与承运人享有相同的免责和责任限制。

二、我国关于承运人识别的规定

（一）关于承运人责任主体的规定

1. 关于承运人和实际承运人的规定

我国有关承运人的概念具体规定在《海商法》中第四十二条，其中条文表述和分类方法大体上是参照了《汉堡规则》，将承运人划分为两类即承运人和实际承运人，具体而言，承运人是本人或者委托他人以"本人"名义与托运人之间订立运输合同的人。① 根据《海商法》第六十条规定，承运人将货物全部或者部分运输委托给了实际承运人，但其仍需对全部运输负责，承运人不能减轻自身义务和增加权利，不仅如此还需对于受雇人和代理人在雇佣范围和委托范围的行为负责。

从我国相关法律中有关海运实际承运人定义部分可以看出该条文对于《汉堡规则》相关理论和条文设计上的参考，具体而言，其定义包括两个部分：一是承运人对其提出了委托，涵盖了转委托的情况；二是其事实上承担了全部或者部分运输。该定义实际上表明了实际承运人是与承运人订立合同形成委托关系，其与托运人之间没有直接的运输合同关系。根据《海商法》规定，实际承运人和承运人均负有赔偿义务，两者在一定范围内承担连带责任，在货方遭受损失后，两者任意一方都对货方损失承担全部赔偿义务，在履行责任后，可向责任方追偿。

2. 关于承运人的代理人和受雇人的规定

《海商法》第六十一条规定："本章对承运人责任的规定，适用于实际承运人。对实际承运人的受雇人、代理人提起诉讼的，适用本法第五十八条第二款和第五十九条第二款的规定。"从条款内容可以得知，我国法律下海运承运人范围并不包括受雇人和代理人，但是第二款规定又赋予了受雇人和代理人诉讼主体的资格，自行承担海事赔偿责任，第五十八条第二款规定其享有承运人依法享有的免责和限制责任的权利，第五十九条第二款又规定了丧失上述权利的情况，即故意或者明知可能造成损失而轻率地作为或者不作为造成的货物的灭失、损坏或者迟延交付，不得援引限制责任的条款。总体来说，海商法与国际公约的立法趋势一样，同样提升了受雇人和代理人在整个海运体系中的地位。

【相关案例】

案例一：2010 年 6 月，德国的甲零件加工厂与我国香港的乙机械制造

---

① 《海商法》第四十二条：（一）"承运人"是指本人或者委托他人以本人名义与托运人订立海上货物运输合同的人。（二）"实际承运人"，是指接受承运人委托，从事货物运输或者部分运输的人，包括接受转委托从事此项运输的其他人。

厂，签订了 120 吨的零部件买卖合同。甲厂将上述货物在汉堡港交丙海上运输公司经营的 A 轮承运，目的港是中国汕头港。丙海运公司的代理人向乙厂签发了提单，提单上记载了托运人为乙钢铁厂。2010 年 9 月，该批钢材运输至香港，由丁航运公司从香港转运至汕头港，交给了 S 公司。后因为未收回上述货物的正本提单，丁公司以 S 公司无正本提单为由向法院起诉，追回钢材 97 吨。后来，甲厂以全套正本提单提取 97 吨钢材，并以丙海运公司和丁航运公司为被告向海事法院起诉，要求两个被告人就货物损失承担赔偿责任。

上述案例中，确定涉案主体的身份显然是正确处理案件的前提。首先，本案所涉及的提单由丙海运公司代理人签发的格式提单，代表人在代理权限范围内的行为，所产生的法律后果由丙公司承担，因此丙公司作为本次海上货物运输的承运人是没有争议的。问题的焦点在于丁公司的身份该如何认定呢？从案件事实来看，丁公司是接受了丙公司委托，将货物从香港运输至汕头港，实际上是从事涉案货物的部分运输的人，因此依据《海商法》第九条的规定来判断，丁公司承受了承运人的委托实际负责货物的运输，故属于实际承运人。又依据《海商法》第六十条和六十一条的规定，承运人应当对实际承运人的行为负责。同时，实际承运人也同样适用于《海商法》中对承运人责任的规定，承担相应的责任，所以丙公司和丁公司应当对货物损失承担连带赔偿责任。

案例二：2012 年 6 月，香港甲海运公司根据新加坡乙远洋货运公司提交的抬头为"乙远洋货运公司"的托运单，在维多利亚港区安排了 4 个集装箱运载货物，双方约定每个集装箱的运费为 4 300 美元，货物装船后，甲公司向乙公司签发 4 份提单，但是乙公司要求提单上的托运人记载为丙公司。当货物到达目的港口后，对于运输费用支付问题发生矛盾。甲公司向法院起诉，要求托运人乙公司支付运费 17 200 美元，但是乙公司以提单记载的托运人为丙公司，本公司受丙公司委托仅负责向甲公司办理货物托运和货物到达新加坡后的陆上运输为由拒绝支付费用。

本案中乙公司受丙公司委托负责代理托运和部分运输，而且提单上明确记载了托运人为丙公司，那么根据《海商法》第四十二条，应当认定丙公司为托运人，由丙公司支付运费，但是甲公司选择了错误的起诉对象，很可能因为超过诉讼时效，而遭受损失。

（二）承运人责任种类

1. 违约责任

运方违反合同约定，货方可以追究其违约责任，具体而言运方的合同义务主要有：

（1）适航义务。承运人必须为托运人提供能够长时间运行的船舶，以及处理航行过程中出现的各类型事故的手段和硬件设施。另外，还需配备适职的船员，具备海运的基本素质和岗位技能，足以解决海运过程中可能出现的各类问题。最后，提供适货的货仓，即符合所运货物特点，包括基本的清洁干净，也包括特殊要求比如冷冻、密封等要求，还有一些装卸设备，如起重机、吊钩等。

（2）管货义务。承运在货运中应对于所托运的货物做到妥善保管、谨慎处理的义务。《海商法》第四十八条规定，承运人应当妥善地、谨慎地装载、搬移、积载、运输、保管、照料和卸载所运货物。而《鹿特丹规则》第十三条对于货管义务是九个环节，增加了接收和交付环节，这与新的公约延伸责任期间有关联，从装货港接收货物到卸货港交付货物这一期间内承运人都要做到方法"妥善"，态度"谨慎"。同时，第五十八条规定承运人经谨慎处理仍未发现的船舶潜在缺陷的可以免责。

（3）直航义务。承运人必须依照合同约定或者习惯的航线将货物从装货港运送至卸货港，不得随意更改航线，不得绕行。第四十九条第一款规定：承运人应当按照约定的或者习惯的或者地理上的航线将货物运往卸货港。但是也有例外，正如第二款规定：船舶在海上为救助或者企图救助人命或者财产而发生的绕航或者其他合理绕航，不属于违反前款的规定的行为。

2. 侵权责任

如果承运人签发倒签提单、预借提单、无单放货等行为，将直接损害收货方的利益，收货方可以据此追究承运人的侵权责任。

（1）提单欺诈。倒签提单和预借提单是实务中提单欺诈的两种常见方式。因为货主没有及时准备好货物，又或者是因为船期延误而耽搁装船，托运人在信用证上所规定的装船结汇日期到期日还没有装船，却要求承运人先行签发已装船的提单，这样的提单就是预借提单。承运人在货物装船后签发提单，为了符合信用证上的装船日期，将托运单记载的时间提前，这样的提单就是倒签提单。这两种方式都是托运人授意或者承托双方共同谋划，更改装船时间的行为。提单欺诈对于有特别时间规定的货物影响尤其之大。如果是易腐烂的货物，倒签提单或者预借提单很可能会使得实际到达装货港的时间晚于合同约定时间，导致货物腐烂，给货主造成经济损失。在国际货物交易中，收货人一般与第三方签订合同，如果由于倒签或预借提单的原因，使得货物滞后，收货人无法在合同约定的时间内交付货物，致使其赔偿甚至拒收。我国法律中对于迟延交付赔偿做了相应免责和限制责任规定，但适用的前提在于承运人确实尽到了相应义务，提单欺诈行为显然不在此列。提单的签发需要遵循公平自愿、诚实守信的原则，保护货方合法利益，维护的是整个海运业务市场的运行秩序，严格规范提单签发、明确倒签提单和预借提单责任是必要的也是必然的，第七十四条的关于收货待运提单的详细规定也反映了这一点。

（2）无单放货。托运人在到达目的地后，基于信任，在没有提单的情况下将货物交给了他人，这种无单放货承运人应当承担违约责任，赔偿托运人损失。但无单放货的情况相对复杂，如果是因为国际贸易的收支方式不同，或者是提单在流转过程中出现一些难以把握的情况等，对于无单放货的性质就不能一概而论。比如说在没有人去银行赎单的情况下，承运人进行无单放货，而这个时候提单持有人是银行，其行为可视为对银行的侵权，承担的就是侵权责任。另外，提单的流转过程中并没有存在意外情况，但是承运人仍然无单放货而导致提单持有者无法取得货物。在这种情况下，根据违约与侵权竞合的法律规范，托运人或者收货人可以向承运人提起侵权之诉。总之，由于任何原因实施无单放货的行为，都是对托运人和收货人合法利益的严重损害，承运人必然将对自身这种故意损害行为承担相应的责任。

【相关案例】

2009 年 10 月 5 日，A 贸易公司与 B 远洋运输公司签订海上货物运输合同，将一批货物运送至甲国 C 公司，B 公司向 A 公司签发了收货人为 C 公司的正本提单。12 月 2 日，A 公司收到 C 公司的电子邮件，邮件内容表明其已经收到货物，但因为部分货物损坏而拒绝支付货款。12 月 10 日，A 公司多次电告 B 公司，要求对方归还全部货物，但收到回复说，已经完成清关手续，并出售部分货物。

A 公司向法院起诉，要求 B 远洋运输公司赔偿所有货物总价值 70% 的货款，A 公司认为提单具有物权凭证的作用，提单持有人才有权要求承运人交付货物，但被申请人采取"无单放证"的行为，损害了托运人利益，违反了运输合同中约定的义务。

本案中，B 公司向 A 公司签发了提单，提单可以证明双方之间的海上货物运输合同关系，B 公司应当凭正本提单交付货物，但是在提单仍在 A 公司手中时，货物却被 C 公司提走，B 公司应当承担无单放货给托运人造成的经济损失。

（三）承运人和实际承运人的责任划分

1. 承运人的权利和义务

根据《海商法》第六十条的规定，承运人对全部运输负责，包括实际承运人承担的运输、受雇人受雇范围内的行为和代理人在受委托的范围内的行为负责。除非托运人在海上货物运输合同中明确约定特定部分的运输由其指定的实际承运人负责，这种情况承运人可以在合同中约定，在被指定的实际承运人运输期间发生的货物灭失、损坏和延迟交付，其不承担赔偿责任。这一规定与《合同法》第三百一十二条不同，第三百一十二条中"两个以上承运人以同一运输方式联运的，与托运人订立合同的承运人应当对全程运输承担责任。损失发生在某一运输区段的，与托运人订立合同的承运人和该区段的承运人承担连带责任"。承运人对于实际承运人负责的区段货物运输并不存在免责的情况。相较而言，《海商法》的相关规定减轻了承运人责任。

这也是出于海上货物运输的特殊性所做的改变，《海商法》的规定相较于合同法属于"特别法"，对于两者规定不同，在司法实践中应优先适用《海商法》规定。

2. 实际承运人的权利和义务

第六十一条对实际承运人的责任做出了规定，实际承运人对货方应当提供船舶适航义务、管货义务等，其所承担的责任并不低于承运人所承担的责任。实际承运人同样受第四章的全部规定制约。第六十二条"当承运人对货方做出承诺增加自己法定义务之外的义务时，只有当实际承运人书面同意履行该承诺，该承诺才对实际承运人生效。否则，其只能约束承运人。"如若承运人在实际承运人不知情的情况下对托运人某些特殊情况做出了特别的赔偿承诺，实际承运人在承诺的情形发生后对此并不承担责任，当然在其得知承诺后以书面形式做出同意的除外。

实际承运人同样适用承运人所享有的免责和责任限制的规定。例如，因天灾、战争等事由导致的货损，实际承运人同样不承担赔偿责任。在责任期间和赔偿限制方面的规定，实际承运人也享有和承运人相同的权利。但是，依据《海商法》第六十二条的规定，实际承运人仅享有第四章所规定的权利并承担该章所规定的义务，而实际承运人是否适用其他章节的规定，法条并没有做出明确的表述。例如，第十章所规定的诉讼时效，该规定是否适用于实际承运人，仍然存在一定的争议。

《海商法》中关于海上货物运输赔偿的时效是 1 年，而民法规定一般是 2 年，相对较短。符合海运业务特点，保护承运人利益。承运人可以利用时效抗辩，这样的权利同样为实际承运人享有。但实际承运人并未与托运人签订运输合同，并非合同当事人，因此不是所有承运人享有的权利实际承运人都享有。就比如说运费，除非承托双方在签订合同时约定由托运方直接向实际承运人支付，否则运费由承运人收取，实际承运人没有权利直接向托运人收取运费。此外，受雇人和代理人根据《海商法》第五十八条第二款规定同样有权享有承运所享的抗辩理由和责限制。而根据《海商法》第五十九条第二款，受雇人和代理人在故意或者明知可能造成损失而轻率地作为或者不作为造成的货物的灭失、损坏或者迟延交付情况下，与承运人同样丧失赔偿限制责任的权利。

3. 承运人与实际承运人的赔偿责任划定

实际承运人与承运人承担连带赔偿责任，这意味着货方在索赔时可以向承运人和实际承运人中任一方或者同时提出索赔其全部损失的请求。如果其中一方无力赔偿全部债务，负有连带赔偿责任的另一方有义务承担余下的赔偿责任。索赔方可以同时主张也可以有先后顺序，但后被主张的一方不得以索赔方已经向另一方主张过而拒绝赔偿。即使法院对于索赔方的先前主张已经做出判决，但在其权利实现之前，索赔方仍然可以向未被起诉的一方主张权利，另行起诉。此时前一判决部分中止执行，等到所有判决确定后，执行其中一个判决满足货方权利，而其余判决终止执行。另外，为了保障货方索赔权利得以实现，货方向承运人或者实际承运人主张全部或者部分请求时，被主张权利的一方不得拒绝。两者都负有给付义务，但这个义务并不受限制。根据第六十四条规定，索赔方向承运人和实际承运人及其受雇人、代理人提出赔偿的总额受第五十六条规定的限制，即索赔方从中可以弥补损失但不能因此获利，当然如果是由于故意或者明知可能造成损失而轻率地作为或者不作为造成的货物的灭失、损坏或者迟延交付的不受该条款限制。

承运人和实际承运人在两者均负有赔偿责任的范围内负有连带责任，超过这个范围的依照法律规定和合同约定，各自承担相应责任。另外，货方主张两者负有连带责任，负有对货损原因在两者均负赔偿责任的范围内。依据《海商法》规定，承运人对全程运输都负有责任，因此不需要特别举证，但对于实际承运人，货方必须举证证明货损是发生在他所负责的区段范围内。值得注意的是，在货方发生货损后无法确定损失发生的原因和所处的运输区段，只能以承运人作为被告进行起诉，否则贸然起诉实际承运人，可能会造成不必要的损失。为保护货方的利益，建议将这部分的举证责任归于实际承运人，即实际承运人如若不能证明货损并非发生在其所负责的区段时，应当承担赔偿责任。

承运人与实际承运人对货方的连带赔偿责任不影响他们之间的相互追偿。实际承运人与承运人签订合同，在一方对货方货损做出赔偿后可以依据双方签订的合同约定向对方追偿。如果两者之间签订的是海上货物运输合同，则受法律强制性规定限制，比如说关于最低责任或免责的规定，在此基础上确定合同条款效力；如果两者签订的是定期租船合同，则依据合同整体性来解释其效力。

实际承运人的赔偿责任实际上是由《海商法》以法律形式规定的。实际承运人和货方两者之间并不存在合同关系，但其对于货运过程中承担的责任适用承运人的规定，运输合同的效力由当事人拓展到第三方。这是合同法的一种趋势，一定程度上平衡了货运双方的利益，也更加符合现代航运实务的需要。但是从法律规定来看，两者承担的责任并不等同，实际承运人仅对其负责的区段运输承担责任，也存在实际承运人对货方做出额外承诺的情况，双方承担责任的重合部分并非一成不变。因此货方在进行索赔时，应根据实际情况选择索赔对象，避免不必要的损失。

三、现行司法中承运人的识别标准

（一）海上货物运输方式

班轮运输和租船运输是常见的两种海上货物运输方式。实际承运人与货方没有直接的合同关系，两者关系通过承运人连接。那么在实务中有效识别实际承运人，需要视具体采取的运输方式而定。

1. 班轮运输

班轮运输一般是轮船公司按照事先的船期表，特定的航线，固定的港口，定期运输货物，并且依照已公布的费率或者协议收取运费的一种运输服务。这种运输方式主要是面对种类多，数量少，并且有较多运输需要的客户，其优点是运输及时、风险小、效率高。在班轮运输中，承运人在货主没有把货物装上船前是不能与其签订运输合同的，因此处理运输过程中发生的纠纷主要依据提单，提单正面印制运方名称，一般是班轮公司名称，背面印有承托权利、义务等条款。从事班轮运输的公司大多资信良好，管理规范，提单的内容比较完善，通过提单可以判断承运人的身份，明确承托双方责任。

另外，班轮公司是海上货物运输领域较为普遍的承运人，因为班轮公司的航期、航线、停靠口岸以及运费多数情况固定不变，运输时间和费用成本可预期。事实上班轮公司一般是利用自己所有的船舶进行货物运输，这种情况他本身就是承运人，并没有所谓的实际承运人。但是也有一种情况，如果班轮公司是租赁他人船舶从事海运业务的，这时他的身份就是承运人，而被出租的船舶的所有人就是实际承运人，其接受了承运人对他提出的委托，事实上承担了全部或者部分运输。

2. 租船运输

租船运输不同于定期船运，一般是针对一些有大宗运输需求的客户，是船舶的出租人与承租人双方签订运输合同或者租船合同，承租人租赁其船舶用于货物运输的一种海运方式，具体可细分为航次租赁、定期租赁和光船租赁，每种租赁方式识别的依据也有所不同。

（1）航次租船。如果承租人就是货方时，出租船舶的人为承运人，由货方自己运输货物，这就没有所谓实际承运人。当承租人并非货方，提单的签发人是谁就是确定当事人身份的重要依据。如果是承租人签发提单，租赁船舶的人为承运人，出租人为实际承运人。如果出租人签发提单，出租人本身就是承运人并且负责货物运输；如果转承租人签发提单，那么他就是承运人，出租人就是实际承运人。

（2）定期租船。租赁船舶的人将船用于班轮运输时，与托运人签署的是货运合同，其身份是海运承运人，而出租船舶的人就是实际承运人。但是实务中存在船舶转租的情况，而且转租并不限制次数，这就可能出现这样的情况：一种是以转承租人名义签发提单，这样转承租人与货方之间形成了合同关系，从承运人定义可以得出，转承租人为承运人，出租船舶的人仍是实际承运人；另一种是以出租人名义签发，这时有直接合同关系的就是出租人和托运人，出租人既是签订合同的承运人又是实际负责运输的实际承运人，这种情况也就不存在所谓的识别问题。

（3）光船租赁。光船租赁合同具有财产租赁的性质，合同成立后意味着出租方转移了对船舶的占有、使用和收益的权利，这表示出租人不可能负责货运，也没有权利与托运人签发提单，其与运输的整个过程没有直接关联，这个时候光船租赁人是承运人，并且没有实际承运人存在。

（二）承运人识别标准

1. 依据提单签名识别

司法实践里，海运提单的签章是识别承运人的参考依据之一，所以提单所载的签章是谁签发的或者代表谁签发，往往是解决识别问题的核心问题。而海运业务里提单上的签名一般是船长、承租人或其代理人，而依据三类人群身份不同识别有一定区别。另外，也存在未注明签发人的提单，对于这类情形如何识别也应有所考虑。

如果提单上签名是船长，这种情况下结构简单，权责分明，因为船长有权代表船东（即船舶所有人）签发提单，而船长代表船东签发的提单效力应当约束船东，即船东是本次海运业务的承运人。根据我国法律规定，船长所签发的提单可以看作是他代表承运人签发的，这无须获得的特别授权①，这也是国际普遍承认的行为，如果承运人不愿授权船长这项权利，则需要在事前做出约定。但有些特别情况会使得船长签名难以有效认定承运人，比如他代表承租人签发时，如何确定身份和归责会有相应难度。在实践中，通常双方会做如下约定：船长所签的提单效力应当约束到承租人，其中会有类似于承租人授权的条款内容。这个约定是防止货物运输过程出现问题从而第三方对船舶所有人提起索赔要求，表明船长已被授权可以代表承租人签名，该类提单的效力应当约束承租人。

如果提单上签名是承租人或其代理人，若其得到授权基于代理行为签发的，此时船东身份为承运人，一般是由船东来承担签名的效力，另外根据对我国《合同法》第四百零二条内容的理解，承租人或其代理人在授权范围内签订的提单，提单直接约束船东和托运人；② 若以自己名义签发的，其身份为承运人，则由他自己承担签名所带来的权利义务。具体而言，签名为承租人或代理人的而由船东受签名效力约束需要两个要求：一是得到承运人的授

---

① 《海商法》第七十二条第二款：提单可以由承运人授权的人签发，提单由载货船船舶的船长签发的，视为代表承运人签发。

② 《合同法》第四百零二条：受托人以自己的名义，在委托人的授权范围内与第三人订立的合同，第三人在订立合同时知道受托人与委托人之间的代理关系的，该合同直接约束委托人和第三人，但有确切证据证明该合同只约束受托人和第三人的除外。

权，二是以承运人的名义签发，不满足两项要求的提单不对承运人产生法律上的约束效力。然而，在现代的实际海上运输过程有种情形十分普遍，在租约的条款中并未注明承租人及其代理人被授权代表船东签发提单，但他们在实际航运中却扮演着船东代理人的角色。承租人或其代理人对船东的代理行为给提单持有人造成其被授权的误导，在出现纠纷时，提单持有人会错误地对船东提起诉讼。对于上述情况法律中有所规定，若没有获得船东授权，承租人以承运人身份留下签章不足以约束船东。没有得到授权，承租人独自承担相应责任。

而在实践中还有另一种情况即提单没有写明签发人的名称。此类情况识别承运人主要是看该提单内容是从哪一方利益角度出发。换而言之，在若未注明签发人的提单是从船东利益角度出发而签发，则对于托运人来说，船东将被视为承运人并承担规定的责任；若提单是从承租人利益角度签发的，那么承租人承担规定的责任。

2. 依据提单抬头识别

《汉堡规则》① 和《海商法》② 都有规定承运人名称是提单正面应当记载事项之一。而提单抬头有三种情况：一是抬头为船东，二是抬头为承租人，三是抬头空白。该部分进一步讨论善意第三人依据提单抬头识别承运人的效力，而抬头空白的情况在后面依据船名识别承运人部分讨论。但是依据提单抬头识别承运人身份方法往往在抬头与签章相符时才能起到所期许的作用，这种方法存在不足。

当提单抬头记载船东名称，且提单格式符合船东格式时，提单具有合法效力，可以依此认定船东为本次海上运输业务的承运人。因为依据规定，船长签发提单是不需要承运人特别声明授权的，所以船长签发抬头为船东的提单时，效力同样适用船东。

在实践中，抬头为承租人的提单是十分普遍的情况，但是以承租人名义

① 《汉堡规则》第四章第十五条第一款：除其他事项外，提单必须包括下列项目：……（c）承运人的名称和主要营业所；……
② 《海商法》第七十三条：提单内容，包括下列各项：……（二）承运人的名称和主营业所；……

并且符合承租人格式所签发的提单可以分为两种情况：一是由承租人签发，签章与抬头一致，这时承租人视为承运人。承租人租用船舶虽不享有船舶的所有权，但其法律地位与船舶所有人和承运人相同，有以自己的名义与当时签发提单的权利。二是抬头与签名不一致，如果由其代理人签发，承租人承担责任。若由船东授权，这时船东作为承运人承担海上运输中的责任。因为由船东授权，那么承租人或其代理人的签发提单的行为则是代理行为，授权范围内船东对代理人所实施的民事法律行为承担责任，由此，当抬头与签发人不一致时由船东作为承运人承担责任。当然，如果承租人包括其他代理人没有得到船东授权或者超出授权范围的法律行为，对船东不产生约束力。

应当特别注意的是，当提单转让给善意第三人时，因为善意第三人并没有参与最初的合同签订，大多数情况对于合同的了解仅限于合同内容，在海上贸易运输过程中对于当事人身份的判断仅限于提单上记载事项，最直接的依据是提单抬头所印制的名称，至于承租人的名称为何会作为提单抬头，或是提单是否为承租人等授权签发，这些情况善意第三人无从得知。事实上，如果承租人的名称被作为抬头印制在提单里，可以认为承租人选择放弃了对善意第三人否认其为承运人身份之机会，默认为他作为承运人应当履行合同义务。当承租人等若想避免上述情况，做出代理行为时应表明其代理人的身份，并且提单抬头应载明船东名称。因此，对于善意第三人来讲，提单中所写内容是其接受的货物的最终证据，其中所有条款均应有着最终证据效力，善意第三人根据提单内容为依据判别的当事人身份是有效的。

3. 依据船名识别

在实践中，海运提单可能会以空白形式存在，没有注明承运人名称。当提单未显示承运人名称时，为保护货方利益，部分国家的法律规定可以用于运输的船舶的船名作为识别承运人的标准。索赔方可以根据船名找出船东，并起诉船东作为承运人对运输合同负责。

4. 依据背后条款识别

英国以及英联邦体系的国家通常承认背后条款的效力，依据提单背后的条款识别通常包括光船租赁条款和承运人身份条款两个部分。依据上述两项条款该如何识别承运人的依据有所不同。

　　光船条款通常意味着提单上所载明的签发人实际并不是运输合同当事人，在这种情况下是船东或者光船承租人作为被代理人为承运人，并担负承运人的相关责任。光船条款的作用之一就是可以根据条款内容排除签章的效力，从而缩小承运人识别范围，降低识别难度，但该条款效力在很多国家的司法适用中都存在着争议。①

　　另外，在实务中，双方常在提单背面上加入承运人身份条款以解决识别问题，但是依据该条款能否正确识别承运人，仍需要根据相关情况来判别。②

　　承租人有代理权且提单有记载的情况，承租人得到授权，在代理权限范围内与托运人签发提单之时已经向托运人表明了其代理人的身份，而且提单内容上有记载船东的名称，那么背后的身份条款可以作为识别的依据，依此排除掉承租人作为承运人的情况。

　　承租人无代理权或提单无记载的情况。承租人并没有得到代理的授权，或者超出其权限范围，又或者提单上没有记载船东的名称。这样的情况对托运人或收货人来说，难以识别真正的承运人维护自身利益，从交易公平和运输安全方面考虑，法院一般会判决该身份条款是无效的，那么此时承租人的身份仍为承运人，承担相关责任。

第二节　承运人的归责原则与限制

一、归责原则的概述

（一）归责原则的概念

　　对于承运人来说，归责原则是确定运输货物损害赔偿的基础，是指法律要求承运人对他所受托运的货物发生损毁等情况应当承担责任的原则，它是

---

①　典型的光船条款的措辞通常是："如果签发提单的公司或班轮公司不是船舶所有人或光租承租人，本提单仅作为船东或光船承租人作为被代理人签订的合同，上述公司或班轮公司作为代理人对提单不负任何责任。"

②　承运人身份条款典型措辞为："本提单所证明的系货方与船东之间的契约，双方同意仅由船东对于因违反契约或契约不履行所致之毁损单独负赔偿责任。"

海运过程中双方责任区分和承担的中心。归责原则几经发展，大体可以归纳为四段演变阶段：从早期的严格责任制，发展到代表运方利益的《海牙规则》《维斯比规则》所提出的不完全责任制和《汉堡规则》代表货方利益而提出的完全责任制，以及意图对货运双方利益再平衡的《鹿特丹规则》所提出的"混合"责任制度。关于承运人的归责原则，国际公约上具体规则不尽相同，只有在对国际公约充分了解的基础上，探究海运承运人归责原则的发展，才能对我国海运方面的相关立法做出与国际环境及中国国情相符的评析。

承运人归责原则决定了责任的构成要件、举证责任分配、免责事项和责任限制等方面的内容，因此归责原则是承运人责任制度的核心。纵观归责原则的国际立法史，其内容为了适应时代发展不断改变，无论怎么改变相关规定都是争论不断。但是无论归责原则的规定如何改变，如何充满争议，其规制基础都是建立在合同法严格责任原则基础上的，其主要表现在举证责任方面，索赔人首先需要举证的是存在货损或者货差，而不是承运人是否存在过错，所谓不完全责任制或者完全责任制仅仅在于是否将过失因素纳入责任构成判断。

海运最终目的是使得托运的货物安全到达目的地。承运人是海运合同的履行主体，其在运输过程中法定或合同约定应承担的责任和免责事由切实关系着托运人的利益。从事海上运输业务的国家都会依据本国的贸易习惯制定相应的规则，然而海上运输贸易是国家与国家、国家与地区、地区与地区层面的贸易往来，不同国家国情各有不同使得相关法律千差万别，也因此在贸易中出现的矛盾往往是法律适用上的问题，这就促使了像《海牙规则》《维斯比规则》《汉堡规则》《鹿特丹规则》等这些以协调各方利益、保障海运安全及发展为目标的国际公约的产生。但不同的公约对于承运人的定义、归责原则和限制的部分规定并不相同，这就导致先前出现法律适用方面的矛盾并没有彻底解决。错综复杂的立法背景、利益关系和历史源流，使得归责问题一时难以解决。而我国积极谋求海运领域的强国地位，又迫使我们不得不直面难题。从内容来看，我国相关立法是在对相关国际公约借鉴的基础上产生的，法律移植避免了走弯路、走错路，但是不同的历史文化、交易习惯以及政治体制使得移植来的法律与我国海运实际发展状况并不契合，而对其本土化过程又缺乏理论指导，因此当前承运人的归责制度存在一些问题，而合理有效地解决这些问题是我国推动海运业务进一步发展的关键。

（二）归责原则的种类

1. 严格责任制

体现严格责任原则的规定最早确定在罗马法之中，比如该法中所称海上运送营业人，在受领运送物到交付的时间内，就运送物的损毁承担赔偿，除非该损毁是由于不可抗力导致的。[①] 因为在那个时期海贸交易的特点是风险大，运输时间长，在此期间任何风险发生都有可能，在此背景下货方几乎将其全部货物安全交给承运人，该制度的产生和应用是为了避免承运人疏忽大意或者监守自盗的情况发生。随后严格责任原则通行于中世纪的地中海国家，包括法国西部。那个时期提单与现代提单不同，因为当时还未形成完整的运输合同的定义。因此，承运人从托运人处接收到货物那刻开始，运输和保管货物，以及到达目的地后完成交货的整个过程，被认为是货物保管行为。在这个意义上讲，这个时期承运人被看作是货物保管人，所以他对货物安全负有着完全责任。

严格责任制的本质在于认定承托双方之间是一种托管关系。随着国际海运事业的进一步扩张，在该原则指导下，承运人对于货运过程中的责任不断地加重，除非货物损毁是因为货物本身特有的缺陷和天灾等不可抗力原因导致，否则承运人对货运中运送物的全部损失负责。而托运方与承运方两者之间的关系被认定为托管关系，则意味着承运方在收受托运方所托管货物之后，就应该承担其作为货物托管人的责任，妥善保管货物并在规定时间内交给寄托人从事海上运送的人须负严格责任。但这一归责原则不利于海运业务发展。而这个时期货运角色分离，运方具有较强的"议价"能力，根据契约自由，承运人开始签发具有更多免责条款的提单，而且免责的范围也越来越大，从原来的 4 项免责条款扩大到了六七十项，甚至连最基础的适航义务和

---

① 史尚宽：《债法各论》，台湾荣泰印书馆股份有限公司，1961 年，第 582 页。

妥善保管都可以在提单内增加免责条款，原本为了保护运方的利益，使其不至于因为沉重的赔偿破产而放宽的免责范围，似乎已经超出了原本的打算。这个时期货运双方力量的天平再次失衡，货方利益得不到保障，双方矛盾日益尖锐。面对这种情况，拥有世界上最大商船队的英国，代表着船方利益，以契约自由为由，宣布并且要求贸易对象承认这些不公平的免责条款有效。19世纪后期，美国作为当时的货主大国对外贸易需求增加，为了保护本国出口企业利益和打击英国商船肆意增加不合理免责条款的行为，制定了关于承运人责任的《哈特法》，要求承运人谨慎处理使船舶适航，妥善而谨慎地管理船舶，但对于管理船舶过失导致的货损免责，归责原则开始由严格责任制转变为不完全责任制。

2. 过失责任制

过失责任制，是指合同当事人一方违反合同规定，不履行相应义务时，以过错作为确定责任的要素。因此确定违约人责任，不仅需要其具有违约行为，还要同时具有主观上的过错，即违约方是因故意或者过失导致违约行为发生，在这样的情况下，违约人对其不履行合同义务的行为承担法律后果。换而言之，在过失责任制下，如果因为不可抗力等非过错因素导致合同违约，违约的一方不对此承担相应责任。

随着海运业务的发展和国际贸易的繁荣，海上货物运输责任制度逐渐从严格责任制发展为过失责任制，但必须要说明的是，海上货运中过失责任的归责原则，与民法中的过失责任不完全相同。不相同的地方在于责任限制的规定。运方未能履行运输合同上的义务，需要承担相应的法律责任，但是这个责任经过责任期间、免责事由和单位赔偿限额的限制后，相较于一般民法中的过错责任要轻得多。

首先，责任期间的限制。多数国际公约和国内立法都规定了承运人的责任期间。承运人对于货物运输的责任，谨慎处理是船舶适航的义务，运输过程中的货损货差的赔偿责任都是有期间限制的。适航义务的责任期间在于船舶开航前到开航之时，这期间承运人需保障对托运人提供的船舶各方面状况良好，可以进行远航运输工作。如果开航后，因为船舶不适航而导致的货损，承运人对此不再负承担赔偿责任。另外，在接受货物到卸载货物期间，是承运人对于货物安全承担责任的期间，不同的公约对此规定不尽相同，但大体上还是以货物在承运人控制期间范围内起伏，在此期间内承运人法律规定范围内对货损承担赔偿义务。

其次，赔偿范围的限制。一般民法的过错责任，责任人要对自己的过错行为给对方造成的直接和间接损失承担赔偿责任。但是《海商法》中的过失责任的赔偿范围有限，承运人仅对其过失行为导致的货物灭失、损害予以赔偿，相较而言，海运承运人只对直接损失承担责任。

最后，赔偿责任的限制。承运人在赔偿货方损失时，并非对货物全部价值进行赔偿，国际公约和我国《海商法》都有对单位责任赔偿的限制，就比如说《海商法》第五十六、五十七条，对于货损的赔偿，按照每件或每单位666.67个SDR，或每公斤2个SDR，同时适用则采用两个标准中赔偿限额较高的那个。但是如果货方在货物装运前已经对货物的性质和价值进行申报并且在提单中写明，又或者承托双方在合同中另有约定的，不受此规定限制。单位赔偿责任限制意味着，对于超出承运人赔偿限额之外的损失，只能由托运人自行承担，承运人不对超出限额外的损失负责。

从上述过失原则的特点来看，海运承运人的归责原则与一般民法意义上的归责原则不同，具有以下法律特征：

（1）法定性。在不完全过失责任制下，承运人对于其责任期间、免责事由和单位赔偿责任都需要法律明文规定才能产生效力，承运人对此不得通过事先约定减轻货物运输期间的赔偿责任，这是其法定最低强制性义务。但是承运人与托运人的约定是放弃自身享有的限制责任的权利，从而变相加重自身的责任的约定并不禁止。

（2）条件性。如果托运人可以证明货物的灭失、损坏或者迟延交付的产生在于承运人的故意或者明知可能造成损失而轻率地作为或不作为造成的，在这样的情况下承运人丧失限制赔偿责任的权利。此规定也同样适用于承运人的受雇人、代理人。因此，承运人行使限制赔偿责任的权利是有一定的前提条件的。当然对于责任期间、赔偿范围这类限制是无条件享有的。

（3）相对性。承运人责任的限制是相对于一般民法的过错责任原则而言的。《海商法》在以过错责任原则为其基本的归责原则的同时，对承运人的责任加以限制，使得承运人承担相对于过错责任原则更轻的责任。

（三）归责原则的历史演进

海上贸易最早兴起于地中海地区，根据《罗德海商法》第二十九条规定可见，负责货物运输的人除了共同海损和过失行为导致的损失外，对于无过错发生的损失或海难也要承担一定的赔偿责任，货物运输的风险几乎全部转嫁在承运人头上。[①] 这是由于当时的海运技术并不发达，出海行为更是一种"赌博"，当时货主要么本身就是船东，要么就是随船出行交易，承运人所承担的风险，其本人同样面临着，但货物一旦损失，这个后果由货主独自承担，这样使得整个交易显得"不公平"。商人通过订立契约解决贸易和运输过程中出现的纠纷，逐步形成了商业习惯。

后来随着海上贸易的兴盛，货主更加注重贸易本身而不是运输，不再随船出行，而是将货物的运输责任和风险完全转交给承运人，这时船长的职位不再由船东兼任，而变成了受雇人。当时的通信技术并不发达，而且航行过程中情况多变，船长必须要有足够的独立代替货主做出决策的权力，这时承运人有了较大的代理权。另外，由于货运关系的变化使得提单的内容发生了改变，以文字形式明确了承托双方的权利义务。这时提单具有了物权凭证、有价证券的性质，可以用于证明运输合同关系的成立。在托运人将货物交给承运人后，两者之间形成了一种托管关系，承运人需要对货物运输承担责任，也要承担货物托管的责任，对于托管期间货物发生的损毁，承担赔偿责任，无论货损的原因是否与其相关。这样的规定意味着承运人需要承担绝对适航义务，除了不可抗力和货物本身的固有缺陷等免责事项以外，承运人对于货损几乎承担全部责任。即使后来对于承运人的可以免责的事项进行了增加，但也仅限于公敌行为、火灾、固有缺陷和共同海损这类事项，实际上免责范围很小。这时承运人的归责原则是严格责任制，采用这样"不近人情"

[①] 《罗德海商法》第二十九条：如果船长和全体船员疏忽大意，导致货损或沉船，船长和全体船员须对货物承担弥补损失的责任。如果是因商人的疏忽大意而导致船和货丢失，商人应对船难引起的损失负责。如果船长、全体船员或商人均无过错，损失或船难发生，获救的船船和货物列入共同海损分摊。

的归责原则也是一种无可奈何的选择，在漫长的航运过程中，货主在没有随船的情况下很难了解船上货物的实时变化，在遭受损失后，也无法证明承运人对货损结果的发生存在行为上的过失，为了保护自身利益采用对承运人极为不利的归责原则，使得承运人担负了较重的赔偿责任。

《哈特法》首次将承运人的航海过失免责写入法律，其对各国海商法的制定和修改具有重要影响，推动了《海牙规则》诞生，该公约实际反映了代表货方利益的美国与代表运方利益的英国博弈的结果，最终对英国主张的"契约自由"做出严格限制，其将承运人责任规定为不完全过失责任并且明确规定航海过失免责。由于海上运输对于当时的航海技术而言风险仍然很大，《海牙规则》并没有改变当时保护承运人的立法趋势，该公约仍然代表的是运方利益，但是对于免责范围的限制很大程度上平息了当时船货双方的冲突，推动了国际贸易繁荣和海运业务的发展。但是随着科技进步、国际政治和经济形势的改变，其中存在的问题也再次暴露出来，也推动了《维斯比规则》的诞生。《维斯比规则》提高了承运人责任限制的额度，虽然对于那个时期货运双方利益的再次平衡起到了一定效果，但并未涉及归责原则的改变，很多依靠出口的发展中国家和代表货方利益的发达国家想要的愿望未能实现。但是《海牙规则》和《维斯比规则》主张的不完全过失责任制已经为多数国家所接受，即使后来的《汉堡规则》主张的完全过失责任制能够更好地平衡货运利益需求，但《汉堡规则》从1978年制定后一直到14年后才正式生效，而且很多国际贸易大国仍然没有签署，《汉堡规则》的影响力不足，三大公约并存导致了两种归责原则并存的局面。

为了改变这一局面，《鹿特丹规则》诞生了，共96个条款，条款数量远超之前的任何一个公约，被称作一部"教科书式的国际公约"。新公约条款详尽而烦琐，其中创新性的规定并不为所有国家接受，因此大多数国家仍处于观望的状态。新公约采取了过失责任原则，列明了15项免责事由，并将举证责任分配给了索赔方，在承运人基于规定免责事由主张免除赔偿责任时，证明承运人存在过失行为的责任在于索赔方。并且与《海牙规则》相比，新公约废除了航海过失免责和火灾免责。另外，新公约将以往公约生效后产生的新的运输方式、技术变革和商业模式纳入规制范围，包括集装箱货运下发展的"门至门"的运输方式、电子运输单证、批量合同等，意图为承托双方提供一个更加全面的法律制度。虽然《鹿特丹规则》的归责原则在完全过失责任制的基础上做了一定程度调整，但能否为贸易大国和航运大国所接受，从而具有普遍影响力，还需要一定的时间。

二、国际公约中关于归责原则的规定

（一）《海牙规则》《维斯比规则》确立的不完全过失责任制

1. 不完全责任制的发展背景

随着中世纪契约自由精神兴起，严格责任制度逐步瓦解，在此过程中，船方依仗契约自由不断地在双方订立的合同中增加一些有利于自身的免责条款，使得海运的风险近乎全部转嫁到托运的一方，两者之间的利益冲突日益激化。而在第一次世界大战后，经济危机的负面影响覆盖全球，造成航运业的不景气，随之海上运输的货运量不断下降，并且伴随着货物损坏和货物差少情况的增加，这时所增加的免责条款严重损害货方利益，货方对明确海运承运人应当承担的责任以及免责范围产生强烈需求，以避免承运人逃脱承担商业风险。对限制契约免责的问题是当时各国海上立法的实际需求。1924 年 8 月《海牙规则》讨论通过，该公约规定对由于航海过失及火灾过失所产生的货物损失，运方不承担赔偿责任。一方面，这使得承运人归责原则由原来的严格过失责任基础上放开了一个免责的口子，对于过失方面的责任认定变得"不完全"；另一方面，也限制了运方对契约免责的滥用。随后产生的《海牙—维斯比规则》使用的是相同标准，都为不完全过失责任，直到现在，不完全过失责任仍然得到国际社会主流的认可。

2. 不完全过失责任制度的本质

不完全过失责任制度是运方在运输合同中肆意增加免责条款以逃脱应负责任背景下产生的，其目的是明确运方在货运过程中应当承担的责任和免于承担的责任。依照上述两个国际公约所确立的不完全过失责任制，运方不赔偿对于航海过失和火灾过失所产生的货物损失。其中航海过失免责意味着运方对于船舶适航并不存在绝对义务，只要运方满足"应尽的职责"的条件即可，具体可以包括开航前后谨慎处理相关事务，关于货物处理适当而谨慎等行为。只要运方能够拿出自己已经尽到应尽的职责的证据，由于船舶不适航而产生的损失，就不用承担相关赔偿责任，而且对于"未尽职责"的由索赔人进行举证，大大降低了运方的责任，是货运两边对于滥用免责条款问题商讨后，托运人在海运巨大利益面前的妥协，也是双方在海运业务上利益的再平衡。

3.《海牙规则》《维斯比规则》下的举证责任

《海牙规则》对举证责任的规定可以分为承运人和索赔人各自的举证责任分配以及举证顺序两部分。一般来说，是指在发生货物损毁的情况下，索赔人向承运人索赔时，各自承担的举证责任分配与举证顺序的问题。《海牙规则》对于承运人的举证责任分配，承运人对于属于规则列明的免责事项申请免责时承担举证责任（除了火灾免责一项），索赔人承担承运人存在实际过失和故意的举证责任。举证责任的起点是索赔人证明承运人在未能在目的地完好地向其交付货物，即证明承运人违反完好送货与交付货物的合同义务开始的。

（1）索赔人承担货损货差的举证责任

索赔人承担的首要举证责任是损害结果，即证明承运人承诺完好运输并完好交货的货物在承运人运输和交货前的阶段发生了损坏或灭失。损害结果在合同法领域里是赔偿责任成立的基本要件，也是承运人违约的直接表现。具体来说，承运人在接收货物之后，应该对货物的完整情况进行谨慎妥当的检查，查看货物的外包装是否完好、数量是否足额，据此签发清洁提单或不清洁提单。一旦承运人签发了清洁提单，便意味着承运人认可所接收的货物完好无损。承运人在运输和管理货物的过程中应该尽到善良管理人的义务，保持货物的完好无损。当货物抵达目的港时，货物状况与提单记录不一致，就形成承运人应该担责的初步证据。索赔人只需要证明货物状况与提单记录不一致即可完成初步的货物损毁的举证责任。

（2）承运人承担其履行义务的举证责任

在索赔人完成了上述的初步举证责任之后，承运人首先要履行的举证责任就是根据索赔人的举证提出直接相反的证据反驳货物发生损毁是在自己管控期间，或者提出并不存在货损。其次，承运人可以证明货物发生损毁灭失存在着法定免责事由，举证证明损害发生的原因以及原因属于可以免除责任的法定事项。值得注意的是，《海牙规则》第三条第一款、第二款对承运人适航义务和责任认定做了相关规定。这个规定是否可以认为是承运人在证明自己存在法定免责事由时首先应该证明自己已经尽到了适航的义务呢？或者说索赔人在主张承运人应该对货物损毁承担责任时，还需要证明承运人违反了船舶适航义务。

承运人在主张免责时，默认为自己完成了适航义务。适航是承运人主张免责的前提。根据《海牙规则》第四条第一款之规定，"凡由于船舶不适航所引起的灭失或损坏，对于是否谨慎处理使船舶适航的举证责任，应该由要求免责的承运人和其他人承担。"也就是说，索赔人在对承运人进行索赔时，无需对承运人是否尽到谨慎处理使船舶适航的义务进行举证，只需要对无货存在毁损进行初步举证即可。相反，承运人若想证明货物发生毁损灭失的原因属于法定免责事由，首先要证明自己尽到了使船舶适航的责任。

（3）举证责任的顺序

《海牙规则》没有对举证责任的顺序做出规定。但根据其相关的规定和内涵，以及世界各国的实践操作，可以总结出在《海牙规则》下的举证责任顺序，其先后顺序为：

第一，由索赔人举证货物受损情况。具体而言，索赔人应该证明货物遭受损毁的基本事实，并证明货物损毁是发生在承运人管控货物期间；第二，由承运人证明货物发生损毁的原因；第三，承运人负责证明自己在开航前已经小心谨慎处理使船舶适宜航行，恪尽职守地尽到了适航的义务；第四，承运人证明造成货损的原因属于免责事由，争取免除自己的责任；第五，承运人与索赔人就其他问题进行争论。这是通常情况下的举证顺序。

但是在适用火灾免责条款时，《海牙规则》有着特别的规定。引用火灾免责前三步顺序和一般情况一样，由索赔人举证货损事实及货损发生在承运人管领期间，承运人证明货损原因和适航。但从第四步开始，双方的举证责任出现了变化：第四，索赔人需要举证证明承运人对火灾的发生存在过失，并证明该过失与火灾的发生存在因果关系；第五，承运人来反驳索赔人的证明，证明自己不存在过失或者对火灾的发生原因并不知情；第六，索赔人证明承运人在火灾发生后，并没有尽职尽责地照看货物，没有采取合理的措施尽量减少货方损失，或者证明承运人没有积极救火，或者证明承运人为了救火不得不放弃部分货物时没有做出合理的利益衡量。

（二）《汉堡规则》确立的完全过失责任制

1. 完全过失责任制的发展背景

第二次世界大战后，不完全责任制开始不再符合各国经济复苏的需要，《海牙规则》适用 50 年后，国际航运发展，贸易市场扩大，国际贸易的分工和结构多中心化发展，加之造船技术、航员素质和管理水平的提高，另外科学技术在海运领域的应用，特别是集装箱运输的出现，使得海运情形大幅改变，从根本上动摇了不完全过失责任制的基础。[①] 虽然随后产生的《维斯比规则》增加了单位赔偿责任限制的内容，该部分增加虽说是向货方做出退让，但在货方最为关心的航海过失免责和火灾免责两个部分上并没有相关举措，因此，涉及海贸国家主张对当时所确立的归责原则进行全面修订。1978年《汉堡规则》通过，该公约的通过确立了在海运业务中对运方归责的完全过失责任制，是海运立法领域上的一次革命。《汉堡规则》的条文明显代表货方利益，通常认为其增加运方的责任范围，建立较为合理的承托双方权利义务关系。[②]

2. 完全过失责任制的本质

《汉堡规则》实质上是将货运两方在货运中责任范围部分重新设计，废弃原先不完全过失责任制度，进一步增加运方在货运过程中的责任，称之为完全过失责任制。其"完全"在于公约奉行的是货方利益保护主义，具体而言，该公约废除航海过失免责，增加迟延交付责任，进一步提高责任限额，延长了责任期间。事实上，《海牙规则》和《汉堡规则》都是以"过失"为要素进行归责的，两者区别在于前者承认承运人在特定情况下的过失可以免

---

① 司玉琢、李文志：《中国海商法基本理论专题研究》，北京大学出版社，2009 年，第 317 页。
② 贾林青：《海商法》，北京大学出版社，2013 年，第 87 页。

责，比如说航海过失免责，而后者在条文设计里废弃前者中规定的诸多免责事由，只要承运人包括其代理人在海运过程中对货损货差等问题存在过失，其必然要对其作出赔偿，因此可以说，《汉堡规则》是对《海牙规则》"不完全"之补足。

3.《汉堡规则》下的举证责任

（1）承运人的举证责任

与《海牙规则》不完全过失责任制不同的是，《汉堡规则》确定了推定过失与举证责任相结合的完全责任制，规定凡是在承运人管控货物期间发生货损，除非承运人能证明承运人已经为避免事故的发生及其后果采取了一切可能的措施，否则便推定损失是由承运人的过失所造成的。《汉堡规则》较《海牙规则》而言扩大了承运人的责任。也就是说，承运人必须证明自己对货损的发生不存在过失，"为避免该事故发生及其后果已采取多种形式的一切所能合理要求的措施"，才能免除相应的赔偿责任。

（2）索赔人承担迟延交付的举证责任

《汉堡规则》明确规定了承运人延迟交货的责任。如果货物未在议定的时间内或者虽然没有明确约定时间，但未考虑实际情况尽到诚实勤勉的承运人所能合理要求的时间内，在合同约定的卸货港交货，即视为承运人延迟交货。对此，承运人应该负责延迟交货的责任。而索赔人则需承担证明承运人存在延迟交货情形的举证责任。但是在没有约定交货时间的情况下，对于合理时间内交货存在争议。目前也没有统一的认定"合理时间"的标准。因此索赔人在未约定交货时间的情况下想要举证证明承运人存在延迟交货的情况比较困难。

（3）火灾的举证责任

《汉堡规则》取消了承运人火灾当然免责的条款，采取过失责任制，当承运人对火灾的发生或者火灾造成的损害存在过失时，承运人承担赔偿责任。对于承运人的火灾过失，由索赔人承担举证责任。即索赔人必须举证证明承运人在火灾的发生和火灾造成的后果存在过失，才能使得承运人承担相应的赔偿责任。具体而言，索赔人承担以下两种证明责任：

第一种情况是索赔人举证证明火灾的发生与承运人的过失之间存在因果

关系。即火灾的发生是由于承运人、受雇人或者船员等工作人员的疏忽，未能尽到合格的管理人的责任导致火灾发生。当不能证明承运人对火灾的发生存在过失时，承运人免责。

整体而言，《汉堡规则》的规定从责任期间实现到货、增立延迟交货条款等方面都扩大了承运人的责任。但是在火灾举证责任上却是采取保护承运人利益的态度。《汉堡规则》是第三世界国家经过反复斗争，经过各国代表多次磋商，并在各方面做出利益衡量和妥协的结果。火灾发生的原因往往难以确定，如果由承运人承担证明自己不存在过失的责任比较困难，相当于实行了无过错责任制。发生火灾带来的损失巨大，这样可能会让承运人对几乎所有的火灾事故承担责任，不符合利益均衡保护的原则。

第二种情况是在火灾发生后，索赔人就承运人在减轻火灾损失的过程中存在过失承担举证责任。承运人在火灾发生后负有及时有效采取合理措施灭火的责任，如果没有尽到救火的责任，对此可能导致的火灾损失扩大要承担相应的责任。除了应该及时灭火，承运人在救火过程中还应采取合理的措施，不能只为了救火而肆意伤害货方利益。在救火过程中必须牺牲部分货物时，这个牺牲应在合理的范围内。索赔人可以就承运人在救火过程中采取不合理的方式使得火灾损失扩大举证，要求承运人承担责任。

（4）承运人在活动物运输方面的举证责任要求被降低

《汉堡规则》扩大了货物的定义，将活动物、甲板货包含在货物内，同时还包括了集装箱和托盘等包装运输工具。《海牙规则》的货物定义范围则较窄，不包含活动物和甲板货。

因为活动物有其自身生存的风险性，所以在对活动物受到损害时若仍然要求承运人为了避免活动物发生损害采取一切合理措施未免有失公平。关于活动物受损承运人的举证责任的相关规定，《汉堡规则》放宽了要求，承运人只需证明以下两点即可免责，一是承运人证明自己在运输过程中已经按照托运人提供的对于活动物运输管理的专门指示行事，二是证明活动物在运输过程中本来就存在特殊风险，当这种风险发生时，所运输的活动物有可能死亡。

（三）《鹿特丹规则》确立的"混合"过失责任制

1. "混合"过失责任制的发展背景

随着全球经济一体化进程的加速，世界上主要的经济大国开始在贸易领域和航运领域共同发展，各国不再单单代表货方利益或者船方利益，利益格局发生了变化，而上述国际公约，不管是倾向于保护承运人利益还是奉行货方利益保护主义，现在都不再能够平衡海运各方的利益，特别是《汉堡规则》并不为多数国家和地区所接受，可见确实需要一套新的公约来统一规制。因此，2009 年，《鹿特丹规则》正是响应这种需求产生的，新公约目的在于统一国际海上运输法律制度，取代建立在过去货运双方利益博弈基础上产生的三大国际公约，建立全新的归责原则，再次形成新的平衡点。

2. "混合"过失责任制的本质

《鹿特丹规则》所采取的归责原则其实也是完全过失责任制，不过在分配举证责任方面，它区别于《汉堡规则》的"一边倒"，是"分层次"的，即一部分事实举证的责任在于运方，一部分举证责任在于货方。① 《鹿特丹规则》第十七条规定了承运人赔偿责任基础，对比条文可以看出它所确立的归责原则实质上是完全过失责任与不完全过失责任的"混合体"②。另外，该条关于免责事由的规定涉及若承运人在货运中没有过失则对于货损货差不承担赔偿责任，这与完全过失责任制理念相同，但是该规定并不意味着免除了运方对存在过失行为的全部责任，因为运方需对自己在事实上不存在过失进行举证。同时进一步针对不可抗力等原因所导致的货损情况，《鹿特丹规则》也罗列了 15 项可免责事由。

3. 《鹿特丹规则》下的举证责任

《鹿特丹规则》采取的是完全过错责任制，极大地加重了承运人的责任。在几种国际规则之间，《鹿特丹规则》对承运人责任的规定是较重的。但是在举证责任的分配上，《鹿特丹规则》平衡了船货双方的利益。具体规定在

---

① 司玉琢、李文志：《中国海商法基本理论专题研究》，北京大学出版社，2009 年，第 305 页。
② 程一航、陈本寒：《国际海运承运人责任基础与归责原则之比较法研究》，《江汉论坛》，2013 年第 3 期。

第十七条。

（1）索赔人的举证责任

根据《鹿特丹规则》第十七条的规定，索赔人应该承担至少四个方面的举证责任：

首先，索赔人应该完成初步举证责任，证明货损货差发生在承运人的责任期间。根据第十七条第一款的规定，承运人承担货损货差的赔偿条件是，索赔人要拿出有效的证据证明货物发生损差是在承运人的责任期间内。索赔人在完成这个初步举证责任之后，才能进行下一步的诉讼。

其次，索赔人证明承运人存在过失。即索赔人应该证明货物发生损毁是由于承运人或其代理人在保管货物或者行船过程中存在过失造成的。根据《鹿特丹规则》第十七条第四款第一项的规定，索赔人可以证明承运人或者规则规定的相关责任主体（履约方、船长、船员和承运人的代理人等）存在过失，使得承运人所援引的免责事项发生，则承运人对货物发生损毁、灭失或者延迟交付承担全部或部分的赔偿责任。

再次，索赔人应该证明货物发生损毁或者延迟交付是由条约规定的免责事由以外的事件造成的。如果索赔人证明是免责条款所列事项以外的事件或者情形造成了货物的损毁灭失或者延迟交付，承运人又不能证明自己或者自己的代理人、受雇人、船长、船员对该事件的发生不存在过失，则承运人需要对货物的延迟交付、损毁灭失按照其责任大小承担全部的或者部分的赔偿责任。

最后，索赔人证明承运人没有尽到适航义务。根据《鹿特丹规则》第十七条第五项第一款之规定，索赔人能够证明造成或可能造成，或促成灭失、损坏或延迟交付的原因是船舶不适航，配备船员、装备船舶和补给供应品不当，或货舱、船舶其他载货处所由承运人提供的载货集装箱不适于且不能安全接收、运输和保管货物，且承运人无法证明自己尽到了适航义务，或者造成货损所依据的事项属于免责事由，则承运人应该对货损货差或者延迟交货负部分或者全部的赔偿责任。

（2）承运人的举证责任

在《鹿特丹规则》下，船舶适航不再是承运人免责的前提条件。不需要像《海牙规则》那样，承运人首要的举证责任就是证明自己已经谨慎处理使得船舶适航，一旦自己不能证明已经尽到了适航义务，则无论货物发生损毁的原因是否是不适航，承运人均无权免责。在《鹿特丹规则》下，承运人只需要根据索赔人的举证做出相应举证回应即可。

第一，承运人证明自己不存在过失。即承运人证明货物发生毁损或者延迟交货的情形不是由于自己或者受雇人、代理人的过失造成的，据此才可以请求免责。具体规定在《鹿特丹规则》第十七条第二款，"如果承运人证明灭失、损坏或延迟交付的原因或原因之一不能归责于承运人本人的过失或第十八条述及的任何人（证明承运人或任何履约方、船长、船员、承运人的受雇人）的过失，可免除承运人根据本条第一款规定所负的全部或部分责任。"在本条规则下，承运人首先需要证明货损货差与自己或者代理人、受雇人、船长、船员的行为没有因果关系。在索赔人提出货损货差是由于免责事项之外的情形造成时，承运人还需承担自己不存在过失的举证责任。

第二，承运人证明造成货损货差的原因系属免责条款所列之项。承运人在不能证明自己不存在过失的情况下，可以证明造成货损货差的原因是条约规定的免责事项中的一项，也可免除自己的赔偿责任。

第三，承运人承担证明自己尽到了适航义务的责任。与《海牙规则》相比，《鹿特丹规则》下的适航义务不仅仅局限于在开航前和开航时，而是贯穿在整个航行之间。这种规定使得承运人的适航义务全程化，明显加重了承运人的责任。承运人要证明自己尽到了适航义务，就需要证明在整个的航行过程中自己都有小心谨慎地处理和操作，使得船舶适航。具体规定在第十四条，"承运人必须在开航前、开航当时和海上航程中恪尽职守：（一）使船舶处于且保持适航状态；（二）妥善配备船员、装备船舶和补给供应品，且在整个航程中保持此种设备、装备和补给，并且使货仓、船舶所有其他载货处所和由承运人提供的载货集装箱适于且能够安全接收、运输和保管货物，且保持此种状态。"该条规定增加了在海上航程过程中和保持适航状态的规定，使得承运人的适航义务不仅仅是开航前的一项短暂性的义务，而成为一种连续的、贯穿整个航程的义务。承运人不仅在开航前使得船舶适航，在航行过程中的休整港也需要使得船舶在开航前和开航时适航，并且要在整个的航行过程中维持这种适航状态。承运人在应对索赔人的举证时，必须就整个航行过程举证证明自己完成了适航义务。

在索赔人主张货物发生毁损是由于船舶不适航造成的时候，承运人如果不能证明自己已经尽到了适航义务或者货物毁损与船舶适航与否无因果关系，就要承担相应的赔偿责任。承运人只需证明自己尽到了适航义务或者虽然没有尽到适航义务但与船舶毁损之间不存在因果关系即可免除赔偿责任。

第四，承运人证明甲板货是由于特殊风险造成的。索赔人就甲板货物损失向承运人索赔时，承运人需要证明甲板货的损失是由于运输该种货物的特殊风险造成的才能够实现免责。

第五，关于混合原因导致的货物损毁的举证问题。《鹿特丹规则》采用严格责任制，规定承运人只需要对其不能免除责任的那部分原因导致的货物损毁负责。具体规定在第十七条第六款，"承运人根据本条规定被免除赔偿责任的，承运人仅对根据本条应由其负赔偿责任的事件或者情形所造成的那部分灭失、损坏或者延迟交付负赔偿责任。"也就是说在两种以上原因造成货物损毁的时候，承运人如果证明一部分属于免责事由或者证明自己不存在过失时，可以免除这部分的赔偿责任，只需要对自己不能证明免除赔偿责任的部分负责。关于免责部分和不能免责部分在货损发生中的作用和所占比例，属于法官自由裁量的部分。

（3）举证责任的顺序

《鹿特丹规则》是举证内容规定比较详细的国际海事规则。对于索赔人和承运人的举证顺序从其规则的内涵和逻辑上分析，区分先后顺序。具体来说：

第一，索赔人进行初步举证，证明货损货差发生在承运人的责任期间。

第二，承运人证明自己在管控货物过程中不存在过失，或者证明造成货损的原因属于规则所列的免责事项，可以免除责任。

第三，索赔人举证，证明是由于承运人的过失或者不在免责事由之内的事件造成了货损货差，或者证明承运人没有恪尽职守尽到适航义务。索赔人在进行了初步举证之后，既可以继续罗列其他证据证明承运人存在过失，或者不存在免责事由等，不需要承运人提出证据证明自己无过失或者尽到适航义务以后提出反驳。

三、国际公约中关于责任限制的规定

海上运输风险极大，承运人冒着"船毁人亡"的自然风险，又要承担几乎无限赔偿责任的法律风险，是对航海行业发展的巨大打击。另外，海上贸易习惯和惯例，船长权限范围极为宽泛，在航海过程中船长可以代表船东，其大部分行为后果由船东承担，这可能会导致所有的货损情况都需要船东承担责任，过于加重船东责任。因此，出于海上货物运输的风险和对承运人利益的保护，对承运人归责的限制是必不可少的。为了发展航运、保护海运企业，国际公约在责任期间、免责事由和单位赔偿责任方面相关规定做出限制。

（一）国际公约中关于责任期间的规定

一般的《合同法》中并没有责任期间的规定，该概念独属于国际海运法律体系。起先《海牙规则》里没有此类概念，仅涉及货物运输的定义，具体是将货物装上和卸离船舶的两个行为之间的时间视为运方运送货物的时间，学术界则进一步将该时间段视为该规则所规定的责任期间。① 《汉堡规则》首先对这一概念做进一步的概念描述和范围限制，将运方对货物担责的时间扩张到装货港时期，即货物到达装货港后直到卸货港，运方对此期间内货物承担责任。② 对于该期间学界有不同的见解，总而言之，责任期间是指承运人应当对受托货物承担法律规定责任的时间范围。

关于海运的四个公约都有涉及责任期间或者类似于此期间的规定。《海牙规则》类似的概念是将货物的装上与卸载作为担责时间段，学术界又称之为"钩到钩，舷至舷"；而《汉堡规则》明确提出这一概念，该期间是从运

---

① 《海牙规则》第一条（e）："货物运输"是指自货物装上船时起，至卸下船时止的一段期间。
② 《汉堡规则》第四条第一款：按照本公约，承运人对货物的责任期间包括在装货港，在运输途中以及在卸货港，货物在承运人掌管的全部期间。

方在装货港接收货物之时直至卸货港向收货人交付货物之时为止，即所谓"港至港"。《鹿特丹规则》扩张了此期间范围，将海运前后部分所采用的其他运输方式也包括在内，及"海运＋其他"的形式，称为"门至门"，它的适用不仅只着眼于海上运送阶段，在其他运输部分运方仍然承担相应责任，下面我们具体研究它们各自的规定，并进行比较。

1. 《海牙规则》及《维斯比规则》对责任期间的规定

《海牙规则》类似于责任期间的规定表现为第一条（e），将货物运送上船舶和从船舶上卸载下来这段时间是运方承担责任的时间。学术界对于该规则的规定称之为"钩到钩，舷至舷"方式。具体而言：

"钩到钩"规则中"钩"指的是装载和卸载货物时所用的吊钩，利用吊钩勾起货物的瞬间开始到卸载货物离开吊钩的期间是担责期间，这种规则适用于使用船上的装卸设备进行货物的装载和卸载的情形。

"舷到舷"规则中"舷"指的是船舷，货物在装载过程中从跨过船舷的那刻起到卸载时离开船舷的时间是运方的责任期间，当双方利用港口里装卸设备来装卸货物时适用这种规则。

在随后的《维斯比规则》里对于该期间的表述和上述规则大体是一致的，也同样为"钩到钩，舷至舷"方式。

2. 《汉堡规则》对责任期间的规定

《汉堡规则》对责任期间的规定属于"港至港"的方式。其中"港"指的是装货港和卸货港，具体而言，在装货港拿到货物那刻起到达卸货港将货物交给收货人的时间段内，如若这批货物的损毁，运方对此承担相应责任。相对上一个公约里运方责任承担仅限于运输过程的期间规定，该公约应该说是延长了运方承担责任的期间长度。

3. 《鹿特丹规则》对责任期间的规定

《鹿特丹规则》对于该期间规定被称之为"门至门"方式。运方对于货物承担责任的时间不再以地点为划分依据，而是以运方对于货物的接收和交付两个行为时间点，两点之间的时间属于运方应当对货物承担责任的时间。另外，该规则的责任期间不仅涉及海运部分，也涉及在此前后使用其他运输方式的时间，即货物到达运方手中，运方再将此货物使用其他运输方式运送到港口装载和到达卸货港后使用其他运输方式运送到收货人手中的期间也属于运方承担责任的期间。该规定是为了配合现代海运中集装箱运输的需要，在上述公约基础上更进一步拓宽了运方担责的期间的时间长度。①

（二）国际公约中关于免责事由的规定

各国相关立法或者国际公约多数都规定关于承运人在部分情况免责的事项。这部分法律规定属于海上货物运输立法的特别规定，承运人在海上运输中如若因为他的疏忽或过失造成货物损毁，导致货方利益受损，只要这些事故发生在免责范围内，运方将不负赔偿责任。具体而言，在其责任期间出现的货物损毁，承运人是否应该承担责任，视其在该情况中是否存在过错，有过错则有责任，无过错则无责任。

1.《海牙规则》规定的免责事由

《海牙规则》对于此规定主要表现于公约第四条第二款，该条文一共罗列17项运方可以免于承担相应责任的事由，但所谓免责应该是承运人原本应当承担责任但因法律规定而予以豁免，依此理解，17个具体事项里事实上真正可称为免责事由的仅有航海过失及火灾过失部分，剩下的应为除外风险。②

2.《汉堡规则》规定的免责事由

与其他公约相比，《汉堡规则》在免责部分取缔了航海过失免责及火灾免责的两个事由，这意味着如若因驾驶或管理船舶出现过失及火灾导致的损失，运方应当负有相应责任。但依照该规则规定，索赔方负有火灾举证责任，即索赔人对于运方在火灾导致损失方面存在过失，否则火灾的发生属于意外情况，运方不承担责任。③ 但是在海运过程中发生的火灾，苛求索赔方

---

① 李璐玲：《〈鹿特丹规则〉对承运人责任的权衡：一个得失兼具的体系》，《中国海洋大学学报（社会科学版）》，2013年第2期。

② ［日］樱井玲二：《汉堡规则的成立及其条款的解释》，张既义等译，对外贸易教育出版社，1985年，第276页。

③ 《汉堡规则》第五条第四款（a）：承运人对下列各项负赔偿责任：（ⅰ）火灾所引起的货物的灭失、损坏或延迟交付，如果索赔人证明火灾是由承运人、其受雇人或代理人的过失或疏忽引起的；（ⅱ）经索赔人证明由于承运人、其受雇人或代理人在采取可以合理要求的扑灭火灾和避免或减轻其后果的一切措施中的过失或疏忽所造成的货物的灭失、损坏或延迟交付。

把握船上的具体情形显然是不可能的,举证难度较大。因此,承运人火灾免责仍然间接存在。

3.《鹿特丹规则》规定的免责事由

与其他公约相比而言,《鹿特丹规则》从条文上删除了航海过失免责部分,但只对于火灾免责的范围做出限制而没有取缔,即该部分免责仅仅适用于船上,另外新增加了"海盗""恐怖活动"以及环境污染等事项免责的规定。同时,《鹿特丹规则》不再有承运人有过失免责事由。关于不可抗力之类的事项,该规则写明了的 15 项可免责事由,但承运人需证明其在事项中没有过失。

(三)国际公约中关于赔偿责任限制的规定

四大国际公约在对单位赔偿限制的额度、计数单位以及价格单位方面的标准各不相同,条文复杂给司法实践带来困难,但是对不同标准的详细研究有助于我国结合海运当前状况和未来发展需要制定合适的限制标准。

1.《海牙规则》的标准

《海牙规则》对于此类责任限制是对于超过 100 英镑/件或单位的赔偿要求部分,运方不对此负责。[1] 另外,关于计价单位,该公约的第九条第一款提到:"本公约提及的货币系黄金价值。"对于不适用英镑作为货币单位的国家,可根据与英镑货币汇率以一定方式进行计算以本国货币赔偿。[2]

2.《维斯比规则》的标准

关于赔偿限制,《维斯比规则》在公约条款中初次使用"双轨制",即索赔方可以适用"每件或每单位 10 000 金法郎"作为单位计量,也可以采用"毛重每公斤 30 金法郎"并以其中较高数额为标准。关于集装箱货物数

---

① 《海牙规则》第四条第五款:承运人或是船舶,在任何情况下对货物或与货物有关的灭失或损害,每件或每计费单位超过一百英镑或与其等值的其他货币的部分,都不负责;但托运人于装货前已就该项货物的性质和价值提出声明,并已在提单中注明的,不在此限。

② 《海牙规则》第九条:本公约所提到的货币单位为金价。凡缔约国中不以英镑作为货币单位的,得保留将本公约所指的英镑数额以四舍五入的方式折合为本国货币的权利。各国法律可以为债务人保留按船舶抵达卸货港之日通知的兑换率,以本国货币偿清其有关货物的债务的权利。

量的计量标准，要求以提单内容中写明的数量为准，若上面写的是单位集装箱内货物件数，就以该件数为标准。若提单只写了集装箱数量，则以集装箱为标准。另外，部分情形采取该规则 1997 年特别提款权议定书，则标准为666.67SDR/件或 2 SDR/公斤。

3.《汉堡规则》的标准

《汉堡规则》要求单位赔偿限额是 832SDR/件，或者是 2.5SDR/公斤，如若两者同时适用则采用额度较高的那个标准。① 而对于货物迟延的承运人对此责任承担是有限额的，即不得超过该运输费用的 2.5 倍，而且还不能超过根据运输合同规定的运费总额。另外，若是因为承运人等故意导致而货损情形的，则不享有该项权利。

4.《鹿特丹规则》的标准

《鹿特丹规则》有关该项的限额标准是四大国际公约里最高的。该公约的标准定为 875SDR/件或者单位，或 3SDR/公斤，两种标准同时适用较高额度那个。至于对货物迟延交付情况运方承担责任之限制，公约所提出之标准是以该货物的 2.5 倍运费为最高赔偿额度。

第三节　我国关于承运人归责的立法

一、我国法律下承运人归责原则

我国海上运输业务事实上涉及两个部分：一是国际海运；二是国内水路货运。对于两个部分采用的归责原则并不相同，我国目前在内河、沿海部分对承运人归责是依据《合同法》采用严格责任，而在国际海运部分采用不完全过失责任，这两种制度并行，形成我国当前与众不同的"双轨制"归责原则。

---

① 《汉堡规则》第六条第一款（a）：按照第五条规定，承运人对货物灭失或损坏造成的损失所负的赔偿责任，以灭失或损坏的货物每件或每其他货运单位相当于835 记账单位或毛重每公斤 2.5 记账单位的数额为限，两者中以较高的数额为准。

（一）国内水路货运采用的严格过失责任制

如上所说，我国水上运输可以分为国内水路货运和国际海上货运，而国内水路货运又包括沿海货运和内河货运两个部分。根据《海商法》第二条规定，第四章的"海上货物运输合同"不适用于国内水路货物运输。关于水路货运部分由《合同法》第十七章调整，第一百零七条规定，"当事人一方不履行合同义务或者履行合同义务不符合约定的，应当承担继续履行，采取补救措施或者赔偿损失等违约责任。"第一百二十条又规定，"当事人双方都违反合同的，应当各自承担相应的责任。"从上述规定来看，《合同法》并未将违约方主观具有过错作为违约责任确定的要件，而是只要有违约事实存在，无论违约方是否有主观上的过错，均应承担违约责任，因此采用的是严格责任制。

另一方面，从第三百一十一条规定①内容来看，除了不可抗力、货物自身的自然性质或者合理损耗以及托运人、收货人的过错造成的以外，承运人对于货物毁损、灭失都要负担赔偿责任，而不考虑承运人在其中是否有过失行为。这意味着承运人未能履行或适当履行合同义务时，托运人只需要对承运人存在违约行为承担举证责任，不用证明其行为是否有故意或者过失的主观心理因素。货方的举证责任相较运方要轻得多，对于承运人来说，他需要证明货物损失事由不可抗力、货物固有缺陷或者货方原因导致的，才能免于承担赔偿责任，但是对于不可抗力等情况法律上也有严格的规定，难以满足。另外，法律对承托双方自行约定免责条款没有做出禁止性规定，但是依据《合同法》第五十三条规定："合同中的下列免责条款无效：（一）造成对方人身伤害的；（二）因故意或者重大过失造成对方财产损失的。"即运输合同中约定免责的条款不能涉及免除承运人因故意或者重大过失导致的损失，以及未经托运人同意的免责条款同样不能生效。通过约定来免责，同样难以实现。

---

① 《合同法》第三百一十一条：承运人对运输过程中货物的毁损、灭失承担损害赔偿责任，但承运人证明货物的毁损、灭失是因不可抗力、货物本身的自然性质或者合理损耗以及托运人、收货人的过错造成的，不承担损害赔偿责任。

2000 年 8 月 28 日颁布的《国内水路货物运输规则》，同样是划定承运人责任范围的重要依据。从规定的内容来看，其采取的也是严格责任原则，比如第四十八条规定①的十项免责基本上可以归结到不可抗力、货物本身的自然性质或者合理损耗以及托运人、收货人的过错这三类中，所以规定在归对于承运人的归责与《合同法》的规定基本一致。另外，第三十条到第三十三条规定了承运人的四项基本义务，即适航义务、按规定接收货物义务、管货义务和不进行不合理绕航义务。将四项义务单独列出来，条款内容明确而细致，这使得《国内水路货物运输规则》在实务上更具有可操作性，也使得承运人责任的承担更加"严格"。

【相关案例】

2015 年 9 月 12 日，甲瓷器厂委托乙船舶公司运送 5 000 件瓷器，由我国 A 港运输到我国 B 港，收货人为丙瓷器专卖店。9 月 20 日，乙公司采用集装箱货运的方式运载该批瓷器，起航时检查箱体和铅封均完好。10 月 1 日在海上遭遇风暴，箱底一侧固定锁损坏，集装箱剧烈晃动，承运人没有采取相应的防护措施。11 月 5 日，装载瓷器的船舶到达约定目的地 B 港。2 天后收货人丙提取集装箱时，箱体和铅封都无异样。在从港口运送至丙店的仓库途中未经历颠簸，但丙公司在仓库内开启集装箱时，发现集装箱内部分瓷器有不同程度破损，丙公司立即电告甲厂。最终，丙公司损失共计 28.8 万元人民币。由于甲瓷器厂与乙船舶公司就赔偿问题没能达成一致意见，甲瓷器厂向海事法院提起诉讼。

本案涉及国内港口之间的沿海货物运输，根据《海商法》第二条第二款的规定，关于海上货物运输合同的规定不适用于国内港口之间的海上货物运

---

① 《国内水路货物运输规则》第四十八条规定：承运人对运输合同履行过程中货物的损坏、灭失或者迟延交付承担损害赔偿责任，但承运人证明货物的损坏、灭失或者迟延交付是由于下列原因造成的除外：（一）不可抗力；（二）货物的自然属性和潜在缺陷；（三）货物的自然减量和合理损耗；（四）包装不符合要求；（五）包装完好但货物与运单记载内容不符；（六）识别标志、储运指示标志不符合本规则第十八条、第十九条规定；（七）托运人申报的货物重量不准确；（八）托运人押运过程中的过错；（九）普通货物中夹带危险、流质、易腐货物；（十）托运人、收货人的其他过错。

输，因此，调整本案的沿海货物运输关系的法律依据，应当是《合同法》和有关国内水路运输的法律法规，而不能适用《海商法》中有关海上货物运输的规定，对于承运人的归责原则也应当适用严格责任制。

（二）国际海运部分采用的不完全过失责任

我国目前涉及国际海运部分所确立的是不完全责任制，源于我国海运业发展较早吸收了《海牙规则》的立法理念和条文设计。《海商法》中能够反映归责原则的条文主要体现在第四十六条、第五十一条。具体而言，第五十一条规定对于由于航海过失或火灾原因造成的货损或货物灭失，运方不对此赔偿，故依此关于海运部分我国归责原则实际上为不完全过失责任制，但与《海天规则》的差异之处是对于火灾导致损失免责，明确规定运方需对自身不存在过失进行举证①。

1. 关于承运人的主观因素的规定

我国《海商法》第四十六条："在承运人的责任期间，货物发生灭失或者损坏，除本节另有规定外，承运人应当负赔偿责任。"对于承运人是否承担赔偿责任并没规定主观因素的影响。但是第五十条规定了承运人过失原因导致货物损失的，承担赔偿责任。以"过失"作为确定责任的要件，反映了过错原则的理念，部分情况下承运人只有存在故意或者过失的主观因素才对其违约行为导致的货损承担赔偿责任。

2. 关于承运人义务的规定

《海商法》第四十七条、第四十八条是关于承运人适航义务、管货义务的规定，与《海牙规则》相似，分别使用了"谨慎处理"和"妥善地、谨慎地"的用词，这是我国法律对于承运人两项义务的要求和标准。另外，根据第四十一条关于海上货物运输合同的规定，承运人的运输义务是把货物从

---

① 《海商法》第五十一条：在责任期间货物发生的灭失或者损坏是由于下列原因之一造成的，承运人不负赔偿责任：（一）船长、船员、引航员或者承运人的其他受雇人在驾驶船舶或者管理船舶中的过失；（二）火灾，但是由于承运人本人的过失所造成的除外；（三）天灾，海上或者其他可航水域的危险或者意外事故；……承运人依照前款规定免除赔偿责任的，除第（二）项规定的原因外，应当负举证责任。

装货港运至目的港，从规定内容可以看出其合同性质是双务有偿合同，即海上货物运输合同的标的，是运输货物的行为，而非所运输的货物。

3. 关于适航的首要义务

与《海牙规则》不同，我国《海商法》没有将适航义务作为承运人的首要义务，适航义务与其他义务地位平等，违反该义务只是作为承担赔偿责任的一项可能因素，如果货损与船舶不适航之间没有因果联系，那么承运人不会因为不适航而对该损失承担法律后果，这是吸收了现代国际货运立法的经验。

4. 关于举证责任的规定

我国《海商法》明确规定了承运人的举证责任，第五十一条规定除火灾以承运人想要以所规定的事由导致货物损失的主张免责，对于免责事由的成立承担举证责任。但是对于火灾导致的损失，举证责任由索赔方来承担。同样，第五十二条规定货物的损毁是由于固有的运输风险所致，承运人免责，对此承运人需要证明该固有风险确实发生，以及固有风险与货损之间的联系，这体现了"谁主张，谁举证"的原则。第五十九条对于承运人或受雇人和受理人故意或明知可能造成损失而轻率地作为或不作为造成损失的举证责任，由索赔方证明。承运人违反适航的义务（第四十七条）、管货的义务（第四十八条）、不得不合理绕航的义务（第四十九条）时没有举证责任的具体划分。第五十条规定了如果承运人有过失则承运人负担赔偿责任，但这个"过失"是由谁来证明，没有明确规定。

二、我国法律下承运人责任的限制

（一）我国法律对于责任期间的规定

与国际公约相关条文不同，《海商法》第四十六条的条文内容中针对不同运输方式进行了划分，对于不同运输方式采用不同的责任期间计算方式。

1. 使用非集装箱装运的方式运送货物的责任期间

非集装箱装运方式运送货物包括班轮运输、多式联运和航次租船运输。而根据《海商法》第四十四条规定，采用上述运输方式的运方对于货物承担责任的期间是从货物装上船时起至卸下船时止，货物处于承运人掌管之下的全部期间。这一规定参考了《海牙规则》第一条第五项规定，即所谓的"钩至钩""舷至舷""管至管"，对于其具体理解如下：一是利用船上配备的吊杆来装卸货物。这时责任期间的计算是从吊钩勾住岸边货物之时为开始的时间点，将船上货物吊起放到岸边后吊钩脱离之时为结束的时间点，两个时间点之间就是承运方对货物状况承担责任的期间，这就是"钩至钩"。二是利用港口设备来装卸货物。这时责任期间的计算是从货物从岸边吊起越过船舷的那刻，到目的地港口设备将船上货物吊离船舷的时刻，这就是"舷至舷"。三是利用管道装卸粮食、原油等特殊类型货物。以接口处为划分点，装货时穿过接口处进入船舱到卸货时通过管道接口离开船舱时为担责期间。

2. 使用集装箱装运的方式运送货物的责任期间

集装箱装运有别于传统运输方式，对使用集装箱装运的方式运送货物，采用"港至港"的方式计算责任期间，即货物运入装货港并接收直到运送到达卸货港并为收货人接受的时间段。但是如果提单上没有写明集装箱货物交接方式或者相关内容较为模糊，那么直接按"站到站"为标准，即货物被装卸港口的集装箱货运站接收之间的时间来划分相关责任，但这种计算方式无法明确划分承运人与港口经营人的责任。这类问题出现的原因在于我国集装箱运输管理还有待完善。

需要特别说明的是，对于谨慎处理让船舶适航这个强制性义务，该部分责任期间仅在开航前到开航那刻，开航之后如若因船舶不适航的原因致使货物发生损失的，运方不对其负相应责任。①

（二）我国法律规定的免责事由

我国《海商法》对承运人的归责采用过失责任，但并不意味着运方对货

---

① 《海商法》第四十六条：承运人对集装箱装运的货物的责任期间，是指从装货港接收货物时起至卸货港交付货物时止，货物处于承运人掌管之下的全部期间。承运人对非集装箱装运的货物的责任期间，是指从货物装上船时起至卸下船时止，货物处于承运人掌管之下的全部期间。在承运人的责任期间，货物发生灭失或者损坏，除本节另有规定外，承运人应当负赔偿责任。前款规定，不影响承运人就非集装箱装运的货物，在装船前和卸船后所承担的责任，达成任何协议。

运中一切过错行为都担责，而免责的部分结合我国海运业务发展状况参考了部分国际公约规矩。一般而言，我国对承运人的免责事由可分为两类情况，一种是法定免责事由，一种是合同约定免责事由。法定免责事由的相关规定借鉴了《海牙规则》，具体体现在该法律中的第五十一条、第五十二条和第五十三条条文内容里，其中第五十一条规定了 12 项免责事由，除航海过失及火灾免责的部分外，剩下 10 项与《海牙规则》规定仅在表达方式上有所差别。[1] 第五十二条对活物运输特殊风险的免责事由作了规定；第五十三条则规定了甲板运输特殊风险免责。

总结我国《海商法》的相关规定，以及《海牙规则》的内涵，法定免责事由的核心精神实际上可以归结为航行过失、管理船舶过失以及火灾，在此之外的事项都属于可以归责于航运人的事由。

对于货物损毁情况运方对此是否需要承担责任，必须根据相关人员有无过失来决定。但如果损失是因为其航行中行为过失或者是因为火灾所导致，运方在此情况下是不负赔偿责任的。具体而言，如果货物的灭失或损坏是由船长、船员、其他受雇人或代理人在驾驶船舶或者管理船舶中的过失或由于他们的过失引起的火灾所致，承运人可以免责。这一原则被《海牙规则》确认，称为过失免责制度，在应用过程中得到了世界各国的认可。但随着航海运输业的发展和科技的进步，这一规则被越来越多的国家所排斥。《汉堡规则》和《鹿特丹规则》取消了航海过失免责和火灾过失免责，采取完全过失责任制。

免责和适航的关系的规定参考了《汉堡规则》。虽然关于运方对于适航和管货方面责任的规定，我国借鉴了《海牙规则》规定了承运人适航和管理货物的义务，但并没有直接规定适航与免责的关系。对于实务中适航和免责出现冲突时，通过我国《海商法》第五十四条可以推断在当不适航和可以免责事由一同导致货物损毁，运方仅在不能免责范围内担责，但对不适航原因承担举证责任，要求免除在不适航之外的原因引起的损失的部分责任。也就是说，即使承运人在不适航的条件下发生了货物损毁，只要货物损毁的原因

---

[1] 司玉琢，李文志：《中国海商法基本理论专题研究》，北京大学出版社，2009 年，第 316 页。

在我国《海商法》的免责范围内，那么承运人仍然可以就能够免责的事由进行举证。然而在《海牙规则》的体系下，适航是承运人得以请求免责的基础条件，即适航是得以免责的前提。承运人在《海牙规则》下援引相关免责条款时，首先需要举证承运人尽到了负责谨慎使船舶在适航条件下航行的责任。

我国的合同法采取完全责任制的精神，即只要合同一方当事人具有违约行为，产生损害后果，行为与后果之间存在因果关系，即认定违约一方当事人承担违约责任。在此基础上并不考虑行为人是否存在主观过错。而在《海商法》中则采取的"不完全过失责任制"，即承运人满足违约行为、损害后果、因果关系三要件并不当然承担责任，还需考虑承运人是否存在主观过错。并且在有些条件下，即使存在主观过错也可以免除部分责任，如船舶不适航和其他免责事由共同引起的损失，承运人可就免责事由申请免除部分责任；还有因船舶工作人员过失引起的火灾产生的货物损毁也可以免除承运人的责任。这也是《海商法》与《合同法》规定不一致的地方，背后有其特别的背景和事由。研究免责事由对丰富和完善我国《海商法》具有重要意义。

（三）我国法律对于赔偿责任限制的规定

随着航海技术不断发展，卫星通信和远航定位功能的普及应用，现代船舶好像能够不再惧怕海上风险，这些好的现象似乎在表明我们已经不必为了保护船方利益，而继续维持一个较高的责任限制，但是事实上海运业务直到今天依然是高风险行业。因为造船技术的进步，使得国际货运更加安全，人们更加放心把贵重货物通过海上运输方式交易，而且船只能够容纳的货物也更多，使得一船的货物的价值较之以往更加高，如果船只在运输过程中发生意外，可能会造成上千万元的直接经济损失，所以说现代海运风险并没有减少，而是加重了。因此继续限制赔偿额度、保护船方利益对于我国来说依然是必要的。

与上述国际公约不同，根据承运人对货物损毁和迟延交付导致损失的责任不同，我国相关法律提出了不同方式及标准：

1. 货物损毁的情形。《海商法》第五十六条明确了单位赔偿限额标准，即每件或每单位 666.67 个计算单位，或每公斤 2 个计算单位，同时适用采用两个标准中赔偿限额较高的那个，装运器具中的货物数量单位采用提单上所记载的，若无记载则装运器具视为 1 件或 1 单位。①

2. 迟延交付情形。该法的第五十七条，当由于运方的迟延交付导致货方遭受损失的，以被未按约交付的货物运送费用额度为货方索赔的限额。如果货物的损毁及迟延交付这两种情况是一同发生的，运方承担两种赔偿责任，但其额度应按照第五十六条所确立的标准。②

3. 除外条款。并非所有情况都是依照上述标准进行的，两种情形除外：一是托运人在提前做出申报且在签订提单时载明了有关货物的价值或其他信息；二是运托双方达成约定以高于适用标准的限定额度进行赔偿。在上述两种情况下托运方可以按提单所载或双方约定的标准索赔。

4. 不享有限制赔偿责任权利情形。单位赔偿责任限制制度并不是绝对的，按我国相关法律第五十九条所规定的，运方有故意、明知可能造成损失而轻率地作为、不作为三种行为导致货物的损毁或者迟延交付的造成货方损失，则承运人不享有该项权利。③

另外，运方对于货物赔偿经过单位赔偿责任限制后的最终额度依然超过了规定限额时，运方还可以依据海事赔偿限制再次限额，这就是第二次赔偿

---

① 《海商法》第五十六条：承运人对货物的灭失或者损坏的赔偿限额，按照货物件数或者其他货运单位数计算，每件或者每个其他货运单位为：666.67 个计算单位，或者按照货物毛重计算，每公斤为 2 个计算单位，以二者中赔偿限额较高的为准。但是，托运人在货物装运前已经申报其性质和价值，并在提单中载明的，或承运人与托运人已经另行约定高于本条规定的赔偿限额的除外。货物用集装箱、货盘或者类似装运器具集装的，提单中载明装在此类装运器具中的货物件数或者其他货运单位数，视为前款所指的货物件数或者其他货运单位数；未载明的，每一装运器具视为一件或者一个单位。装运器具不属于承运人所有者或者非由承运人提供的，装运器具本身应当视为一件或者一个单位。
② 《海商法》第五十七条：承运人对货物因迟延交付造成经济损失的赔偿限额，为所迟延交付的货物的运费数额。货物的灭失或者损坏和迟延交付同时发生的，承运人的赔偿责任限额适用本法第五十六条第一款规定的限额。
③ 《海商法》第五十九条：经证明，货物的灭失、损坏或者迟延交付是由于承运人的故意或者明知可能造成损失而轻率地作为或者不作为造成的，承运人不得援引本法第五十六条或者第五十七条限制赔偿责任的规定。

责任限制权利。海事赔偿责任限制是海商法独有的法律制度，它是以发生的海损事故作为判断基础来确定赔偿限额，适用于船舶所有人、船舶经营人、承租人和救助人等，属于综合责任限制。对于货损赔偿，承运人以单位赔偿责任限制和海事赔偿责任限制所确定的赔偿金额较小的额度进行赔偿。

三、《鹿特丹规则》对我国承运人归责的影响

《鹿特丹规则》虽然是我国积极参与所制定的新国际公约，但是我国并没有签署新公约。对于是否加入新公约，学术界一直有所争议。有学者认为，基于《鹿特丹规则》内容变化的梳理，新公约是在吸收以往公约归责和免责规定基础上形成了独特的责任基础。我国未来签署的可能性极大，应该对新公约关于归责方面的规定进行探讨，同时，未雨绸缪，我国应该借此机会对原责任基础进行修改。[①] 但是也有学者表示反对，认为我国在短时间内改为采用新公约的归责原则可能性极小，因为原有制度与新公约内容差别极大，一旦全面修改牵扯极广，为了制度的稳定性和延续性，更适合先对现有归责原则改良适用，然后再循序渐进发展。[②] 总之，是否加入新公约仍值得商榷，但可以肯定的是其中部分制度是值得我国国内法借鉴的。

（一）对承运人识别的影响

《鹿特丹规则》使用"运输单证"概念取代之前所提到的"提单"概念。在此前的三大公约其实是围绕提单进行立法的，这样的立法手段是因为提单的重要性，它是货方和运方展开运输业务所必需的凭证。但在《鹿特丹规则》用"运输单证"取代了提单。"运输单证"的概念范围包括但不限于提单，除了之前公约所适用的提单，该概念还包括不可转让运输单证。具体而言，新公约中运输单证可以分为可转让和不可转让的两种类型。其中可转

---

① 南海燕：《海上货物运输承运人责任基础的变迁——〈鹿特丹规则〉对"两个推定"的构建》，《河北法学》，2013 年第 2 期。

② 陈敬根：《海运货损赔偿责任规则的变迁：从〈汉堡规则〉到〈鹿特丹规则〉——兼论我国海商法相关条款的修改》，《社会科学》，2013 年第 6 期。

让的运输单证代替提单的概念。这种名称上的改变，目的在于突出提单的
"物权凭证"功能。在此之前，提单的重要性就是在于它可以作为物权凭证，
收货人可以凭此取货，而且还能把提单作为资本进行投资获利。提单概念的
消失对于基于提单进行承运人识别标准是否仍然有效，还需大量的司法实践
予以考量。另外，新公约提出来"海运履约方"，将履行辅助人纳入概念范
围，以取代存在逻辑和语义矛盾的"实际承运人"概念，是否引入该概念，
学术界仍存在争议①。

（二）对归责原则的影响

《鹿特丹规则》采用"混合"过失责任制，实际上是在大部分责任分配
上适用完全责任制，但是举证责任适用的是《海牙规则》的相关规定：对运
方的管货义务采用过失推定，由运方承担举证责任；对运方免责事由实行无
过失推定方式，由货方承担相应举证责任。②另外，公约还特别规定了运方
的适航义务，首先由货方举证，证明运方并没有合理尽到适航义务，然后由
运方举证，证明自身已经尽到相应责任又或是证明不适航与货物损失两者不
存在关联性。《海牙规则》关于举证责任分配的规定是通过无数案例积累形
成的，其合理性至今依然适用，所以新公约吸取两大国际公约的优点，形成
了以完全过失责任制为基础兼并《海牙规则》举证责任分配的"混合"过
失责任制。

《海商法》相关规则制定是参考《海牙规则》采取不完全过失责任制，
也同样包括航海过失免责。但新公约的"混合"过失责任制，删除了航海过
失免责，对于我国现在航运业发展状况来看，尚不适合过早删除航海过失免
责。但公约对举证责任的规定，充分考虑到承托双方的利益平衡，值得我国
海事立法参考。

---

① 闻银玲：《海运履约方法律制度研究》，法律出版社，2010 年，第 77 页。
② 胡绪雨：《国际海上货物运输承运人责任基础的强制性发展》，《现代法学》，2016 第 1 期。

（三）对免责事项的影响

《鹿特丹规则》中免责事项特别之处反映于删除航海过失免责部分，并对火灾免责范围做出限制。另外，新增由于"海盗和恐怖活动"和保护环境三种原因使得货物灭失、损坏或迟延交付致使货方利益受损的免责部分。[①]但对我国现行规定来说：

1. 不适宜取消航海过失免责

根据我国目前的海运业务发展和立法现状，现在并不是删除关于航海过失免责条文规定的恰当时机，过早取消这部分免责并不适宜。

首先，增加了运方责任。删除这部分免责或许会致使剥夺运方对由于恶劣天气等海上风险使得货物损失这一情况免责权利的事实。因为海运过程中情况千变万化而缺乏有效的监管手段，一旦发生损失，到底是因为海上风险还是航运过失导致的，难以说清，运方也难以有效举证。

其次，不利于我国航运业发展。我国虽然是航运大国，但是在世界范围内有足够竞争力的大型企业的只有少数，而占绝大多数的中小型船运企业本身在目前经济下行的环境下已经生存艰难。另外世界上大多数国家都是基于《海牙规则》进行海事立法的，《鹿特丹规则》作为一个新的公约，正式签约的国家并不多，如果单方面取缔这一免责，只会进一步加重国内海运企业压力，从而大幅降低国内海运业务在国际上的竞争力。因此，过早删除航海过失免责规定只会产生消极作用，相对我国目前实际情况来说过于激进。

再次，不利于货方利益。取消航海过失免责导致承运人责任加重，承运人面临的风险增加必然会为自身争取更大的利益，很大程度上会要求托运人增加运费，如此，货方的交易成本因而大增，取消这一免责最终是不利于他们的利益的。

最后，影响其他法律制度。海事立法牵一发而动全身，取消该方面的免责会给其他法律制度带来相应变动，比如共同海损制度、海上保险制度等，

---

① 焦杰，居伊-勒费佛尔：《鹿特丹规则中海上货物承运人的责任——法律迷宫？》，《比较法研究》，2011 年第 4 期。

这都需要随着该规定的取消做出相应改变，极大地消耗司法资源。①

2. 火灾免责的规定不合理

新公约中对于该部分免责的范围在法条上进行了特别强调，也可以视为一种限制，即火灾的发生地点必须在船上，对于货物离开船舶后因在船上埋下火灾隐患造成的损失不承担赔偿。同时运方对自己对于火灾的发生并不具有过失进行举证，而货方也需要对运方确有过失进行举证，在之后运方对货方举证再进行质证。这一反复举证质证的过程可以看出，公约关于该类免责的举证责任重心实质上在货方。对货方索赔过程来说，反复举证是个困难的要求。货方在火灾发生时并不在船上，对于导致火灾发生的原因很难有清晰的把握。

3. 我国可以吸纳的免责条款

首先，增加"海盗和恐怖活动"免责的规定。这是对我国法律相关规定的完善，也是符合反恐和维护国家海上贸易安全的需求。

其次，增加保护环境而致货物损毁等情况导致损失免责的规定。保护环境是目前我国基本国策之一，应当在各部门立法中予以体现。

再次，考虑提高责任限额。责任限额的提高符合国际大环境，但应对实际情况衡量后再进行修改提高，不能照搬《鹿特丹规则》的规定。

最后，借鉴迟延交付的规定。迟延交付的规定是公约对我国代表建议的折中采纳，相对而言我国现行的规定要更加合理，去掉现行规定的"明确"二字，增加默示条款。

---

① 高华：《对海上承运人责任之归责原则的思考》，《华中科技大学学报（社会科学版）》，2007年第3期。

第六章　承运人归责的法律风险

第一节　承运人识别风险及防控

海上运输贸易是一项古老的贸易行为，最早形成稳定航线并通过运输业务获得利润的国家是古罗马。很多沿海国家都有着海运的历史传统，也有一些国家是在近现代发现其中存在的巨大经济和政治利益后以国家力量带动海运业务发展，希望迎头赶上，比如我国。海运在我国进出口运输方式中占极大比重，对我国经济发展有重要影响。而海运承运人的识别是承运人责任制度的基础，正确识别承运人关系到承托双方之间的责任分配，也关系到我国海运业务的健康发展，因此承运人识别中存在的法律风险及风险防控值得学术界进一步思考。

一、承运人识别风险的起因

（一）运输分工的细化

在海上货物运输业务的早期，货运分工不明确，这种情况下船东和货主可能是同一个人，也有可能是货主随船参与运输，在这一时期并不存在承运人风险识别问题，因为货方本身就是运方。随着国际贸易的发展，业务量增加，货主很难每次都随船出海，或者是自身的船舶承载能力不足以应付大量的订单，这时货主和船东角色开始分离，开始出现了租船人参与运输，这将货主从长时间的运输工作中解脱出来。租船人在找到有货物运输需求的客户后，通过定期租赁船舶的方式从事海运业务，因此，船舶所有人不再独享运输经营权。比如，20 世纪 60 年代，香港作为亚洲航运的中心，很多日本承租人就以 10 年甚至是 15 年的租期将香港的船舶租下来，用于货物运输。

传统的承运人仅仅是船舶的所有和承租人，相关的法律关系较为具体和清晰。但是随着海运业务进一步分工细化，货运代理人、受雇人和无船承运人、多式联运经营角色的出现使得运输过程中的关系网络更加复杂，导致了承运人识别困难。

（二）班轮运输的出现

班轮运输的特点是航线固定，运费和航期也都是事先公布的。对于货主来说，这种运输方式时间和费用成本是可预估的，而且不需要花费额外的精力去找寻和协商，班轮运输成为较为常用的运输方式。在此类运输中，货运双方通常没有签立运输合同，货物运输中当事人权利义务和责任分配问题主要依据提单内容来划分。在早期提单签发还不规范时，也没有统一的格式，尤其是用于运输的船舶是租赁而来时，班轮公司往往在提单内容上做些"小手段"，比如提单抬头是其他没有关联的公司；提单签名部分可能混杂着船长、代理人、承租人等多人的签名；提单背面的识别条款相互冲突等，让货主和法院无法凭借提单记载事项确定身份，从而逃避承运人责任。

（三）集装箱运输的发展

集装箱运输的发展，极大地解决了传统运输方式耗时长、装卸成本大、货损严重、效率低下等问题，这种优势使得新的运输方式得到了普遍的应用。尤其对于货运代理人来说，新的运输方式使得他们能够进一步参与海上货物运输。原先的货运代理人仅负责揽货、订舱、托运和报关等业务，但现在他们可以通过自身掌握的大量的货源信息，将多批零散订单货物汇集到一个集装箱内，以自己的名义托运，对于货主来说代理人就是承运人，对于船东来说代理人是托运人，在货运中的角色从一个协助者，变成了当事人。这种情况下，代理人与运输货物的船舶没有任何关系，我们称这类代理人为无船承运人。相较于船舶所有人和承租人，无船承运人没有雄厚的资金作为后盾，往往无力赔付货主损失。而货主尝试向船舶所有人或者承租人索赔时，发现他们之间并不存在运输合同关系，没有权利要求他们承担赔偿责任。事实上，当前海运除了船舶所有人以外，航次承租人、定期承租人、光船承租

人、货物代理人等都有可能和签订提单而成为承运人，但又没有签订正式的
运输合同，提单上记载的承运人信息模糊造成识别困难。

二、影响承运人识别的因素

（一）承运人概念不统一

众所周知，在海上贸易立法的领域中如何正确地识别承运人身份一直是
相关海事海商审判的首要问题。早期由于不同国家法律规定的不同和关于承
运人概念的模糊，造成承运人识别上的困难，给托运人在货物灭失和损毁后
的索赔带来极大困难。模糊的承运人概念导致法律适用上的混乱。但随着海
运业务发展及回应相关需要，产生《海牙规则》且提出"承运人"概念，
随后《汉堡规则》在此基础上增加"实际承运人"的概念。但大多数国家
目前相关海事海商法律都是建立在《海牙规则》或者《维斯比规则》这两
个公约基础之上的，而上述公约内容并未对两者具体概念和区分标准做出准
确说明，故对于责任主体的识别只能借助国内法和相关判例。各国对两者规
定不尽相同，我国法律有关定义基本参考《汉堡规则》，与其他签订或者参
考《汉堡规则》的国家或地区的海上贸易行为，或许可以依据两者定义进行
识别承运人，但是对除此以外国家或地区关于两者概念在法律规定就存在差
别，在实践中适用法律不同，对于哪些作为承运人来承担相应责任有着重大
影响。承运人和实际承运人定义的不统一带来了法律适用上的混乱，我国相
关法律中亦无有关地理适用的强制规定，给损失发生后认定责任主体带来
困难。

另外，我国关于实际承运人的概念与所借鉴的《汉堡规则》规定亦不统
一。我国对于该概念偏向于"委托关系"，而后者更偏向于"运输关系"。
而实践中实际承运人经常是租船合同的出租人，但从性质来看其与承租人的
合同关系难以认定为委托关系，所以原概念使用"委托"这一表述事实上限

定了实际承运人制度的适用。① 另外该定义中包含了"转委托"的情形,可以理解转委托的受托人为实际承运人,但是转委托人是否也为实际承运人?接受承运人委托负责货物装卸的港口经营人是否是实际承运人?而且概念的适用范围也没有做出明确规定,这些问题都没有得到很好的解释,司法实践中该如何应用也没有参考标准,比如"桐城"论再审案中,对于连云港明日公司是否为实际承运人在一审、二审中均产生争议,因其符合概念的全部条件,但在再审判决中,最高人民法院以该概念不涵盖航次租赁合同为由判决其不负赔偿责任。

(二)提单制作和签发的混乱

在海上货物运输关系中当事人之间并非一定签订了运输合同,在无运输合同的情况下提单可以用于证明双方之间的运输关系,提单应当明确的记载承运人名称和营业所在地等识别信息,但是在实务中提单上没有相关信息,或者相关信息模糊甚至矛盾的情况经常出现。比如,提单的抬头和签章不一致,承运人签发的可能是实际承运人的提单,或者是某航运协会制作的标准提单,甚至是借用其他不相关公司的标准提单。

提单制作和签发上的混乱很大一部分原因是缺乏法律的有效干预。我国《海商法》第七十三条第一款规定了提单需要具备的内容,但第二款又规定缺少前款规定的一项或几项,不影响提单效力,也就是说缺少承运人的名称和主营业场所的提单依然是有效的。该条款原本的目的在于保护货方利益,提单具有物权凭证的效力,这样规定避免因为提单部分内容的缺失而导致货方无法正常提货,但是宽松的提单制作签发管理也使得承运人可以签发缺少内容或者内容模糊的提单,从而逃避责任。

(三)依据提单识别承运人规则的缺陷

目前在实务中运用的识别承运人规则都有其缺陷,索赔方仅照搬规则去

---

① 胡正良,於世成,郏丙贵,等:《〈鹿特丹规则〉影响与对策研究》,北京大学出版社,2014年,第476页。

识别承运人并不能很好地维护自身合法利益,有可能造成时间、金钱上的损失。具体而言,存在以下几方面问题:

1. 依据提单签章识别问题

根据提单中签章能否正确识别责任主体应视情况而定,因为该部分仅仅表述了其有作为承运人的意愿,表明签章对应当事人有对基于签发提单行为所形成的债权承担责任的意思表示。提单上是船长签名的,一般权责明确,但有些特别情况会使得船长签名难以有效认定承运人,比如他代表承租人签发时,如何确定身份和归责会有相应难度。在实践中通常双方会做如下约定:船长所签的提单效力应当约束到承租人,其中会有类似于承租人授权的条款内容。这个约定是防止货物运输过程出现问题从而第三方对船舶所有人提起索赔要求,表明船长已被授权可以代表承租人签名,该类提单的效力应当约束承租人。①

但在代理关系、船舶租赁关系中签章所代表并非承运人,因此不能仅根据签章所对应的人就是承运人。租约条款中并未注明承租人及其代理人已被授权可以代表船东去签发提单,但在实际航运中他们却享有着该项权利。承租人或其代理人对船东的代理行为给提单持有人造成其被授权的误导,在出现纠纷时,提单持有人会错误地对船东提起诉讼。

2. 依据提单抬头识别问题

依据提单抬头识别承运人身份方法往往在抬头与签章相符时才能起到所期许的作用,这种方法本身就存在不足。而且当前海运行业对于提单管理制度存在疏漏,所签发的提单,或许是承运人自己的,又或者属于实际承运人的,也或许属于是航运协会所统一印制的标准提单又甚至属于没有任何关联公司的提单。因此,依据抬头难以识别承运人。

3. 依据船名识别问题

部分国家规定在提单上没有可以识别承运人的相关信息时可以以船名作为识别标准,进而要求船东作为承运人承担赔偿责任,但以船名识别承运人并不准确。如果存在以下情形,不适用船名识别承运人:

---

① 司玉琢:《海商法(第4版)》,法律出版社,2018年,第105页。

首先，船舶所有权变动情形。原用于货物运输的船舶所有权发生变动，签发提单的承运人并不承担通知托运人船舶所有权变动的义务，导致货方对之前的船东情况并不了解时，仅凭船名作为承运人识别的标准并不准确。货方在发生海运纠纷后索赔时，依据船名所起诉的"承运人"并非真正的承运人，造成货方利益的损失。

其次，船舶登记资料有误情形。船舶登记资料是由船东自行申报，对于该资料的可信度是存疑的。在实践中，在船舶所有权变动或者船舶名称变更时，船东并不会及时向相关部门提出变更申请。另外，有时为了避免法律上的风险，所登记的船舶所有人名称是名义上的公司，而非船舶的真正所有人。因此，依据船舶登记资料上记载的船名对于货方来说并不可以有效地识别何者为承运人。

最后，光船租赁情形。如若是光船租赁的情形，船东无需对运输合同负责。因为在此情形下，光租人应作为承运人对运输合同负责，因为光租人实际占有使用船舶。但是船舶登记资料里通常不会记载光租人的具体名称，因此索赔方即使通过船名能确定船东信息也没有用。

4. 依据背面条款识别问题

依据背面条款识别主要凭借两种：一是光船租赁条款；二是承运人识别条款。在英国和英联邦国家的司法实践中对于上述条款持肯定态度，但在美国和大陆法系国家，两者的效力很少被肯定。[①] 而且在实践中往往会有这样的情况出现，承租人并没有得到代理的授权，或者超出其权限范围，又或者提单上没有记载船东的名称。这样的情况对托运人或收货人来说，难以识别真正的承运人维护自身利益，从交易公平和运输安全方面考虑，法院一般会判决该身份条款是无效的，那么此时承租人的身份仍为承运人，承担相关责任。

这些条款的主要目的是为了使船东承担承运人的责任。因为其有免除本承租人的责任的嫌疑，不符合我国相关法律规定，在司法实践中通常起不到

---

① 张文广：《国际海上货物运输承运人的识别》，《中国社会科学院研究生院学报》，2013 年第 6 期。

识别承运人的作用，而且多数国家也不认可这些条款的效力。①

【相关案例】

案例一：甲公司与乙公司签订货物买卖合同，交易货物由甲公司的代理商进行托运，代理甲公司与 A 航运公司签订航次租船合同，A 公司又与 B 海运公司签订相同合同，约定由"×轮"进行运输。该轮船所有人为 C 公司，由 D 公司负责配备船员和经营管理，D 公司将货物运送到达目的港口后，出现了错误卸货，甲公司赔偿乙公司对此的经济损失，后依据船舶注册信息向船东 C 公司追偿。

本案的焦点在于，船舶所有人 C 公司与船舶经营人 D 公司之间是一般船舶租赁关系还是光船租赁关系？D 公司负责配备船员和实际经营，其身份应为光船租赁人，对于货物运输担责。但是船舶注册信息中一般不会有光租人名称，而且本案中，多次签订航次租船合同，也给承运人的识别带来困难，A 公司依据注册信息向船东 C 公司提起诉讼只是无用功。

案例二：甲公司将货物交由 A 公司安排运输，A 公司签发了抬头为 B 公司的提单，提单背面的识别条款也是 B 公司，但签章部分为 A 公司，B 公司将货物运送到目的港，在没有提单的情况下放货给了乙公司，造成甲公司损失。事后查明，A 公司有权代理 B 公司签发提单。

一审法院认为，A 公司签发提单是有权代理，即使提单上未标明其身份为代理，但是依据提单抬头和背面识别条款可以认定承运人为 C 公司，所以 A 公司不承担赔偿责任。二审法院认为，A 公司签发提单时未表明其为 B 公司代理人的身份，这就意味着 A 公司默认其是海上货物运输合同的承运人，即使提单抬头和背面签章都表明了 B 公司身份，也不影响 A 公司作为承运人被起诉。两次审判的观点差异，反映了当提单记载事项模糊不清甚至相互矛盾时，承运人该如何识别仍然是一个难题。

---

① 张文广：《国际海上货物运输承运人的识别》，《中国社会科学院研究生院学报》，2013 年第 6 期。

三、承运人识别风险的防控

我国承运人识别制度是从国际公约移植而来的制度，但法律移植有其固有的缺陷，这也是承运人识别风险产生的根源，把握风险产生的根本原因，了解防控风险的意义才能有效防控承运人识别风险，推动我国航运业务和国际贸易的健康发展。

（一）承运人识别风险产生的根源

1. 法律移植的固有缺陷

由于历史原因和传统社会结构，我国在海事海商立法方面几乎没有建树，而且国际贸易连接的是国内和国际两个完全不同的市场，这种情况对国际相关法的移植是必然的也是必须的，但法律移植有其固有缺陷，使得移植来的法律并不能达到预期效果，有时会导致白白浪费大量资源，这也是我国不得不面临的问题。

一方面，通过法律移植无法形成系统的理论体系。严格地说，我国关于海事海商立法是"移植国际公约形成的法律"。上述在承运人和实际承运人定义、具体识别规则的阐述中多少可以看出我国的相关规定是在参照国际公约规定的基础上制定的。我国相关法律最大的移植对象是国际公约，但是公约本身是吸纳海事习惯和惯例产生的，有缺乏系统性的缺陷，因此移植公约行为虽然能够快速形成法条，但无法形成系统理论，对于我国后续立法和实务适用产生不利影响。

另一方面，移植得到的法律不符合本国国情。相关法律的制定需要基于国家经济状况和海运业务发展的客观情况进行仔细考量，但对当初立法环境来讲，"慢工出细活"不切实际，"与国际接轨"的迫切需求让法律中部分条文的设置显得可有可无，甚至相互矛盾。

2. 制度本土化困难

实现承运人责任制度本土化是我国相关立法未来发展方向，其关键在于基于本国国情下吸收外来法律条文，建立协调包容的海上货物运输法律理论体系。但目前该理论体系的建立仍然遥遥无期。

最大的困难在于相关理论和司法实践资源不足，不足以推动移植法律的本土化。[①] 海上运输法律的产生很大程度上依靠海事习惯和航海惯例，但是我国古代在很长一段时间处于闭关锁国状态，海上贸易活动较少，可供参考的案例匮乏，难以形成习惯和惯例。更何况我国历史上属于农耕社会，与海洋国家相比，对于海上贸易行为并不热衷，所以相关法律大多是移植国外法律或者国际公约。对于《鹿特丹规则》起草的积极参与也是我国对相关理论体系的建立和完善积累经验，但就目前来看远远不够。

另外，移植的法律中的术语、概念和规则不是仅靠照搬法条就能理解的，本土化另一个困难在于立法理念的不契合和文化背景的差异，而缺少相应的文化背景，一些规定就显得"水土不服"。然而对于海事海商立法的本土工作并非一朝一夕能够完成积累，本土化仍然有很长的道路要走。

3. 法律移植与本土化冲突

外来法的本土化是各国法律制度发展的必经过程，但是外来法的移植和对其本土化的工作受诸多因素影响，主要是受本国政治经济文化的影响。[②] 我国作为社会主义制度国家，有着区别于西方国家的政治体制和经济环境。[③]

另外，立法理念和传统观念的差异也会导致法律移植和本土化冲突。虽然说法律移植是一项效率极高的立法过程，移植的法律如果能符合本国国情，或者合理本土化，可以极大节约司法资源。[④] 但是从以往的实践经验来看，法律移植工作往往是达不到这样理想的效果的。移植的法律由于适用环境的不同，如果本国法律发展没有相应的传统甚至有着相反的观念，这时即使通过一定的立法技术强行本土化使得其编撰成型，但其立法理念不为本国居民认可仍然会给法律适用带来难度，更甚者导致民众思维混乱。移植所得的法律条文的国际性和本土法的传统性两者之间产生矛盾，不仅不能推动相关立法发展，反倒成为一种障碍，阻碍本国法的发展。

---

① 何勤华：《法的移植与法的本土化》，法律出版社，2001年，第300页。
② 何勤华：《法的移植与法的本土化》，法律出版社，2001年，第22页。
③ 刘兆兴：《比较法学》，社会科学文献出版社，2004年，第81页。
④ 何勤华：《法的移植与法的本土化》，法律出版社，2001年，第298页。

（二）承运人识别风险防控的意义

快速而准确地识别承运人一直是学术界重点关注的问题，也是海事海商立法急需解决的问题，这切实关系着货运双方的利益。准确识别承运人，有效防控风险的意义在于：

首先，确定索赔对象。承托双方签订了运输合同，但可能并非提单的持有人，提单经过多次转让后，持有人难以在发生货损后确定真正的承运人。而找出责任主体是保障货方利益的前提，在货物发生损坏时选择正确的索赔对象，才能弥补货方遭受的损失。

其次，防止超过诉讼时效。海上货物运输的诉讼时效只有一年，而一般民事诉讼的时效是两年，如果索赔方告错了对象，很可能因为超出诉讼时效而不能弥补自身损失。另外，对于船舶所有人来说弄清楚自身是否为承运人，才能确定自身对于货物损毁是否承担责任或者承担何种程度的责任，维护自身合法权益。

最后，保障提单的流动性和安全性。班轮运输和集装箱运输方式的出现使得国际贸易更加便捷，也降低了交易的门槛。提单往往代替运输合同作为识别承运人的依据，但缺乏有效的、明确的识别标准，提单持有人不能够准确找出责任主体，其自身合法利益得不到保障，提单安全性受到质疑，那么市场上对于提单的接受度也会下降，这样不利于提单的流通，也会影响国际贸易的发展。

（三）完善承运人识别规则

在实务中，承运人识别风险很大程度上是因为识别规则的不完善，索赔方依据不完善的识别规则选择了错误的起诉对象，或者是超过诉讼时效等，因此防控承运人识别风险最有效的方法就是完善相应的识别规则。

1. 扩大强制适用范围

国际公约和《海商法》都对承运人和实际承运人的概念进行了阐述，可现实情况为目前各国关于两类身份符合标准仍不统一，原因之一在于在三个主要的国际公约出台前，涉及海运的国家都根据自己国家的国情制定了相适应的法律，然而每个国家的国情不完全相同，各国又难以退让本国利益，从而达成统一意见，因此承运人的概念难以统一，进而致使承运人的识别出现困难。但是承运人的定义不仅涉及我国的法律，更包括其他国家海商法和国际公约，在为世界多数国家接受的新公约产生前，仅靠本国立法能起的作用有限。

目前来说，统一承运人概念难以实现，但是我们可以要求若是在中国港口处进出口贸易的海运业务需采用本国相关法律中关于两者的概念和有关规定。这样一来，根据《海商法》所适用的承运人提单制度，提单的签发人和承运人可当作同一个人，给司法实践中身份的识别减轻了难度。可以在《海商法》第四章添加地理范围的强制适用，如"本章规定适用于所有进、出中国港口的国际海上货物运输合同"①。

2. 明确承运人识别标准的效力

司法实践中识别承运人方式首要根据是两者概念。除此以外，应明确不同识别规则的效力层次，比如说承托双方签发提单后，提单是承运人识别的依据，如若第三人持有提单则根据提单记载所能得知的信息判断承运人。另外，在标准效力的优先级上，应当规定提单上的签名先于抬头，提单正面记载先于背面条款。

如果当事人之间没有签订运输合同或者经背书转让后提单持有人无法得知合同的具体内容时，提单就成为识别承运人的重要甚至是唯一的依据。但是提单内容由于管理混乱以及识别标准效力不明确，在记载内容冲突时，谁的效力在前就变成了一个说不清的问题。是依据提单的抬头所记载的确立承运人，还是依据提单上的签章，又或者是其他内容，比如船名或者背后条款。由于提单管理混乱，船舶公司借用甚至冒用其他公司的提单时有发生，如果根据提单抬头作为识别标准，许多没有关联的人会莫名其妙地收到起诉书，相较而言提单的签章是在确立运输合同关系后才会签字或者盖章，更加可靠，因此笔者认为提单的效力应该在抬头之前。但提单签章也存在"代签""乱签"和"不签"的问题，法律可以对签名和盖章做出严格的规定，签发人应该在获得承运人书面授权的情况下才能够代理签字，除非是船舶的

---

① 胡正良：《中国〈海商法〉需要现代化》，《中国远洋航务》，2015 年第 3 期。

所有人，在代理签发时应在提单上注明所代表的当事人名称。另外，我国立法也可以参照《鹿特丹规则》明确并强制规定提单必须记载承运人名称和地址，确保依据签章可以准确识别承运人。

3. 延长诉讼时效

《海商法》第二百五十七条规定了索赔方的诉讼时效为一年，相较于我国民法规定的诉讼时效少了一年。这是参照最早的《海牙规则》，在公约实践中发现较短的诉讼时效事实上是变相损害了货方利益，《维斯比规则》对于时效规定进行了调整，增加了在双方当事人同意的情况下可以延长诉讼时效，但是被索赔的一方如何愿意继续让自己处于不利的境地？《汉堡规则》更是明确要求时效期限定为两年。随后的《鹿特丹规则》也采取了相同的规定。公约的立法趋势是延长诉讼时效期限，但是我国法律并没有做出相应改变，这使得实务中承托矛盾不断发生。继续坚持一年时效期限，很可能会导致国外当事人由于本国两年的诉讼时效因此而胜诉，而国内当事人却因时效较短而使得胜诉权无法保障，这不利于我国海运业务和国际贸易的繁荣发展。

4. 规则的修改需注重保护收货方利益

海运风险大，一旦出现风险，很可能是"船毁人亡"的结果，在此过程中货方处于弱势地位，对于发生的风险，承运人身份的变化等情况一概难以详细了解，因此利用识别规则来确定责任主体是可以规定优先保护收货人的利益。比如在利用背面条款来识别的适用上，如果承租人主张适用承运人识别条款时应当判决该主张无效，而收货人主张此类条款，则判决有效。

第二节　归责原则的适用风险及防控

在目前四大国际公约并存的背景下，各国所采用的归责原则不尽相同，法律适用问题原本在海上贸易纠纷就难以解决。而我国尚未加入任何公约，在与其他国家展开运输贸易时选择使双方都能满意的适用原则就更是"难上加难"。对于归责原则我国大体借鉴了《海牙规则》，但又因为历史原因目前适用的原则有其特殊性，对内河、沿海部分采用严格责任制，在国际海运部分采用不完全责任制，归责原则的"双轨制"在一定时期推动我国海运业发展，但随着国内经济体制改革和国际海运市场发展，两种原则并行的风险也开始慢慢显现，也因此，建立统一的海上运输法律体系成了新的立法需求。

一、"双轨制"的法律适用风险

（一）"双轨制"归责原则的产生背景

我国的目前采用"双轨制"归责，在涉及内陆水运、沿海运输部分适用《合同法》的严格责任制，而涉及国际海运部分对运方归责则适用不完全过失责任原则。国内水路、沿海运输没有被纳入《海商法》的规制范围，不是因为内河沿海运输风险比较小，很大程度是因为当时国内水路、沿海运输受计划经济调整，市场化不足，双方当事人也缺乏合约性，这与国际高度接轨、市场化较高的海上运输贸易状况不同，所以采取两种不同的归责原则，这是有历史原因的。但从归责原则的历史演变角度来看，严格责任制被取代是合理的，统一归责原则也是必然的趋势。首先，该原则的苛刻要求不符合海运的发展需要。海运给托运方带来极为丰厚的利益同时要求承运方承担大部分风险，这使得愿意作为承运人承运货物出海的人越来越少，要求减轻责任的诉求不断增加。其次，现阶段托运人被丰厚利益驱使下，主动或被迫地开始减轻承运人在货运中所应承担的责任。最后，随着国内市场的全面开放，两种责任制并行对于承运人是一种极大的负担，我国迫切的需要同一规范体制，实行统一的归责原则来适用和连接内河和海运两个市场，形成统一的运营体系。

此外，我国对水路货物运输方面的立法也存在不足。国内对于单一方式的货物，比如说航空、铁路、海运，都是根据行业的特点分别制定更具专业性的法律来进行调整的。由于《海商法》第二条规定："本法第四章海上货物运输合同的规定，不适用于中华人民共和国港口之间的海上货物运输。"该法条排除了《海商法》对我国沿海和内河货物运输的适用，因此国内水路货物运输仍由《合同法》这一普通民事法律调整。虽然，《合同法》第十七章有关于运输合同的规定，但这并不完全适用国内水路货物运输的特殊情况。而且从海运实务中来看，国内水路货物运输实质上在风险和收益等方面与国际海运并无明显的差别，但两部分的运输分别适用不同的部门法，这样的法律适用方式缺乏准确性和针对性。因此，从当前我国水路货运的实践和现行立法对比来看，"双轨制"归责原则的规定存在很大的缺陷，并不能满足当前海上贸易发展的需要。

（二）"双轨制"导致的法律适用风险

国内水路货物运输适用《合同法》的严格责任制，国际海上货物运输适用《海商法》的不完全责任制，"双轨制"归责原则的产生有其历史原因，但是随着现代航运业务的发展，继续适用两种不同的归责原则，存在法律适用方面的风险。

1. 《海商法》和《合同法》在适用范围上存在的问题

《合同法》第一百二十三条对其他法律对合同另有规定的，适用该法律的规定。这意味着，《合同法》与《海商法》规定不同时，适用后者规定，两部法律之间是一般法和特别法的关系。在海上货物运输过程中出现矛盾纠纷时，优先适用《海商法》的规定，在其没有相关规定时以《合同法》规定内容作为补充。但是《合同法》第三条规定①实质上是将运输合同关系纳入规制范围，而《合同法》第十七章关于承运人归责与《海商法》中的规定有较大不同。另外，一般法通常是先于特别法出台，但是《海商法》是先于《合同法》颁布的，两者规定并不完全一致，后颁布的《合同法》对于归责原则的规定差异，是否代表着未来严格责任的立法趋势，这个并没有准确的答案，但是可以肯定的是，这种差异规定反映的是法律体系的不协调，而这种不协调会给司法实践带来一定程度的困扰。

---

① 《合同法》第三条规定：本法所称合同是平等主体的自然人、法人、其他组织之间设立、变更、终止民事权利义务关系的协议。

2. 国内港口间货运在法律适用上的冲突

《海商法》第二条第二款规定："本法第四章海上货物运输合同的规定，不适用于中华人民共和国港口之间的海上货物运输。"该条款排除了海上货物运输合同对国内港口间货运的适用。在"双轨制"归责原则下，对于不同运输区域采取不同的责任制度，国内港口间的运输属于内河或沿海运输，适用《合同法》，而国际货运则适用《海商法》。但是深入研究我国港口间的货运类型后，发现其在法律适用上存在矛盾冲突。

（1）沿海货物运输

我国港口间货运是指国内装货港和卸货港之间的货物运输，且没有航经国外港口，也称之为沿海货物运输或水路货物运输。根据"双轨制"归责原则，沿海货物运输适用我国《合同法》和《国内水路货物运输规则》，国际海上货物运输适用《海商法》。但2005年4月1日海关总署开展内外贸集装箱同船运输以及中国籍国际航行船舶承运转关运输货物试点工作后，沿海货物运输法律适用问题开始变得复杂。

（2）内支线运输

内支线运输是指我国港口之间的转关外贸货物海上运输。对于该运输方式的法律适用，在实务中货物运输的目的港在国外，但是航行过程中途经国内另外一个港口经了转船，转船前的货物运输是国内港口间的货物运输，属于沿海货物运输，适用《合同法》规定；转船后的货物运输是国内港口与国外港口间的货物运输，属于国际海运，适用《海商法》规定。内支线运输大多出现在多式联运合同中，《海商法》第一百零五条："货物的灭失或者损坏发生于多式联运的某一运输区段的，多式联运经营人的赔偿责任和责任限额，适用调整该区段运输方式的有关法律规定。"即货物损毁发生在某一区段，由该区段适用的法律确定多式联运经营人的赔偿责任。这就存在一个问题，如何确定货损发生的具体区段？第一百零六条又规定了："货物的灭失或者损坏发生的运输区段不能确定的，多式联运经营人应当依照本章关于承运人赔偿责任和责任限额的规定负赔偿责任。"即在毁损区段不能确定情况下，多式联运经营人按照承运人的相关规定承担赔偿责任，这样的规定变相扩大了《海商法》对内支线运输的适用，这又与我国《海商法》第二条的规定相互矛盾。

（3）国内港口间的国际海运

国家海上货运过程中，船舶在离开国内港口向国外港行驶过程中，途径国内另外一个港口出现货物损毁，这时候如何适用法律？如果以航线符合国际海上货物运输的规定，判断承运人适用《海商法》，但实务中也可能出现下面这种情况：一艘货轮上同时装运着通运货物和国内港间的内贸货物，而且在此期间这两种货物同时发生了损坏或灭失。这时应当适用何种法律？是否要根据货物种类的不同来区分对应的责任？这种情况并非不可能发生，但是以我国目前的两种归责原则并行的法律规定难以合理适用。

对于同一运输方式采用两种归责原则不符合市场经济对统一的法律制度的要求。且不论"双轨制"归责原则在实务中的法律适用问题，国际和国内差别规定的制度也难以体现平等公平的法律原则。

二、归责原则的选择

（一）确定归责原则的意义

认定承运人的责任需要遵循一定的归责原则，归责原则是指基于法定的归责事由而确定责任成立，或者确定承运人是否承担责任的法律原则。因此，归责原则对于承运人责任的确定具有重要意义，不同的归责原则对承运人责任的内容要求不同，具体体现如下：

一方面，归责原则直接决定着承运人责任的构成要件。比如说，在过失责任制中，过失是违约责任的一般构成要件，而严格责任制却不以过失为责任构成要件。目前国际海运部分实行的不完全过失责任原则中，原则上以运方有过失作为其是否承担责任的要件，但也规定了免除部分运方过失的责任，如第五十一条规定："在责任期间货物发生的灭失或者损坏是由于下列原因之一造成的，承运人不负赔偿责任：（一）船长、船员、引航员或者承运人的其他受雇人在驾驶船舶或者管理船舶中的过失；（二）火灾，但是由于承运人本人的过失所造成的除外；……"该条款就排除了航海过失和非由于承运人本人过失所引起的火灾。统一后的归责原则是否以过失为责任构成要件，对于承运人责任的认定至关重要。

另一方面，归责原则决定着承托双方举证责任的内容。在内河或沿海货运中，采取的严格责任制不以过失为责任构成要件，因此，运方没有必要反证证明自己在货物运输过程中不存在过失。在国际海运中，《海商法》规定，承运人如果能够举证证明自己的过失属于航海过失，或者是不属于承运人本人的故意或者过失所造成的火灾，可以免于承担赔偿责任。

（二）归责原则的选择标准

是在"双轨制"归责原则框架里调整，还是制定统一归责原则？适用不完全责任制，还是完全责任制？归责原则的选择涉及整个海运行业的利益，需要谨慎考虑。而选择何种归责原则，必然是需要确立合理的选择标准，该标准既要考虑到海运业务的特殊性，也不能违反一般法对于归责原则的选择标准。

1. 选择承运人归责原则的具体标准

（1）能够合理平衡货运双方利益。承运归责原则反映的是货运双方量博弈的结果，选择合理的归责原则，除了考虑海上运输的巨大风险性以外，还需要考虑承运人的基本义务，使得货运双方的利益在一定程度上得到平衡。过度保护一方利益，必然会损害另一方利益，最终破坏海运市场的健康运转，不利于货运双方的长远发展。对于我国来说，最初归责原则的制定考虑的是保护海运业务的起步发展，但对于目前已经相对完善的海运技术和市场，继续偏向运方利益就显得不合时宜，适度维护货方利益，能够增强我国商船在国际海运市场的竞争力，促进我国海运业的进一步发展，从而推动国际贸易繁荣。

（2）具有可操作性。归责原则的制定目的在于确立划分承运人和托运人之间责任的标准。承运人归责原则不仅需要为大多数海运企业或者利益关联方所接受，并且遵循该原则从事海上货物运输工作，也是在发生矛盾纠纷时提供司法裁判的依据。这就要求了在制定相关法律时，措辞应当准确，避免因为字意句意的理解不同导致归责原则适用上的纠纷。另外对于举证责任的分配，也要考虑到实际情况，对于航海过程中可能发生的各种意外情况，货方并不能及时把握情况，这时候就不能将承运人存在过失的举证责任强加给货方。

（3）与国际立法趋势保持一致。由于海上货物运输连接的是国家与国际、国家与地区、地区与地区之间的贸易往来，所以归责原则的选择需要考虑与国际公约的立法趋势保持一致，如果我国采用的归责原则与世界上绝大多数国家的立法都不同，势必会增加国际海运中的矛盾纠纷，影响国际贸易发展。与国际立法趋势保持一致，也能够保障法律的稳定性，立法过程漫长，而国际贸易关系随时都可能变化，但是国际公约反映的是各个国家相关立法的总体趋势，各国在修改国内相关立法时都会以此为参照，不会出现新的法律出台后，已经不再适用的情况。我国是海运大国，也是国际贸易大国，对于归责原则的选择也应当与国际立法趋势"挂钩"。

2. 选择承运人归责原则的一般标准

在选择承运人归责原则时，除了要考虑上述具体标准以外，还需要考虑到选择归责原则的一般标准。法理学中对归责确定了三项基本原则，即责任法定原则、公正原则、效益原则。

（1）责任法定原则

责任法定原则，是指在违法行为或者法定事由出现时，根据法律事先规定的责任性质、责任范围、责任方式，来确定当事人责任。只有法律明文规定，才能成为追究承运人责任的依据，并且对于相关规定必须严格依法执行，并且严格限制类推使用。因此，承运人归责原则应该是国家立法机关通过法定程序制定的法律条文中直接反映出的，内容清晰明了，不存在理解上的争议。

（2）公正原则

归责原则的选择需要遵循公正原则，保障货运双方的利益。一方面，对于承运人的任何违法行为导致的货方损失，应该对其追究相应的责任，这是一种公平，另一方面，对于承运人的责任和其造成的损害相匹配。承运人造成货方货损货差，需要承担相应责任，但对于如果承运人的赔偿与损害不相适应，赔偿不足以弥补损失，是对货方的不公平；赔偿超过损失，又是对运方的不公平。归责原则的选择需要考虑到这一点，公平地调整双方的责任。

在公平正义的理念下，归责原则要求在一定程度上考虑保护弱者，兼顾追求法律的实质正义，这反映了权利本位立法向社会本位立法发展的趋势，表明了个人之间的依存关系增强，为了共同发展，适当强调社会公共利益是非常必要的，保护弱势群体成了法律公正的表现之一。由于海上货物运输风险的不确定性，货方自然属于弱势一方，应当受到法律更多的保护。

（3）效益原则

归责原则的选择应当从效益出发，即在追究承运人的法律责任时需要考虑相应的成本，即如何用成本较低的权利配置形式和实施程序最大化的保护货运双方利益。立法、守法和司法都需要投入大量的资源，这些资源的消耗就是归责原则选择的成本，而投入成本后可能取得的收益，包括平衡货运双方利益、减少海上货物运输的纠纷和保持海运市场稳定发展等。如果其成本大于收益，则不能适用该原则，如果收益大于成本，而且在成本不变的前提下，该归责原则可以使得双方利益最大化，那么这个原则就是最好的选择。

（三）采用不完全责任归责原则的分析

关于采用哪种归责原则，学术界一直有所争议。有学者认为不完全过失责任制是当前乃至随后很长的一段时间内都应继续适用的归责原则，但在免责事项和举证责任部分应该根据海运特点做出相应修改。这也是学术界对于承运人归责的整体态度。确实，目前所适用的不完全责任制推动了我国海运业的快速发展，但也带来不少海运实务和司法实践方面的问题。

一方面，《海牙规则》所确立的不完全责任制度符合那个时代特征，可以均衡当时货方和运方两者之间的利益。但随着海上货物运输技术的进步，不完全责任制度不再适应当前的国际海运环境。其不足之处主要在于两点：一是不再适应国际海运之新趋势和新要求。中世纪后，随着航海技术和船员素质提高，海上贸易风险降低，收益极大提高，承运人地位也因此水涨船高。同时契约自由原则盛行，承运人凭借自身在海运领域逐渐形成的垄断地位，不断要求货方在承运人责任承担方面退让，增加诸多免责条款。但是在经济不景气的时期，货方从海运贸易中的收益下降，且货损货差情况增加，这时货方的退让使得其利益进一步受损。航运技术的发展使得船方有足够能力避免风险，这时仍然采取不完全责任制度使船方忽略自己应尽的义务，损害货方利益。二是不符合追求公平价值的时代潮流。随着经济发展和法制的进一步完善，在效率与公平的两个价值上，人们逐渐偏向于公平，这是全世界范围内立法的普遍趋势。不完全责任制是在当时时代背景下追求效率的产物，不符合当前价值追求的新趋势。

另一方面，对比我国目前实际发展情况，随着我国海运业逐步将科学技术应用到航海领域，进一步提高船舶管理水平以及船员素质，这样的新变化使得承运人能更好地规避风险，将货物安全送达，这时仍然完全采取现有不完全责任制度是对承运人的放纵，会损害货方利益。另外，不完全责任制是我国鼓励发展经济、追求经济效率时代的产物，随着经济发展和法制的进步完善，在效率与公平这两个价值上，立法应逐渐偏向于公平正义。我国如果依然坚持现有制度，这与国际发展趋势相违背，也不适合我国海运业发展现状，在与其他国家运输贸易时，承托双方对于条款的理解极易产生差异。

值得注意的是，不完全责任制度对于我国现阶段海上贸易发展的存在不利影响，并不建议贸然舍弃现有原则，一方面由于对海运业务发展的迫切需求，我国采取这样的归责原则由来已久，已经形成大大小小的利益集体，另一方面，国际上多数国家的海商法都是借鉴了《海牙规则》，对于不完全责任制度接受度更高，而且我国各类海事法律的制定也都绕不开该原则，考虑到成本和效益，继续采用该原则有利于平衡各方利益，也有助于制度体系的稳定，因此，应该遵循循序渐进的原则，继续实行现有归责原则，并在此基础上修改部分规定，逐步探索适合我国的归责原则。①

而之所以不进一步推行更加公平的完全责任制度，原因在于《汉堡规则》虽然顺应国际经济发展要求，站在货方立场上对运方免责范围进行必要程度限制，但《汉堡规则》在免责事项上的变动并未令货方完全的满意，虽然其称之为完全过失责任，但亦不是真正的"完全"过失，依然规定了运方一定的免责情况。首先其保留了危险除外的免责事由。公约仅是废弃了涉

---

① 高华：《对海上承运人责任之归责原则的思考》，《华中科技大学学报（社会科学版）》，2007 年第 3 期。

及运方过失免责的条款，这意味着如果货损货差等情况是由于意外事故，自然灾害或者其他的不可抗力导致，且在此情况中运方没有过失，运方对此是不赔偿的。虽说这是合理保护承运人的利益，但在实务中往往出现承运人或其代理人面对意外事故等情况未穷尽手段维护托运人利益的情况，本身"合理"保护承运人利益的规定变得"不合理"。另外，举证责任分配上的不合理的安排。《汉堡规则》强调承运人举证责任，即运方需要证明自身已经采取了所有可能措施来防止或者应对事故发生，即尽到自身应当尽到的职责，如果没能合理举证则由运方担负相应责任。但是涉及货方举证的部分设计并不合理①。若海运过程中船舶发生火灾情况，规则规定索赔方承担举证责任，但是在海运途中索赔方如何能了解事件的具体情形？该规定事实上是为承运人保留了火灾免责。

三、统一归责原则的法律思考

目前，我国法律关于承运人责任的归责原则的情况是在国际海运部分适用《海商法》第四章的规定，采取不完全过失责任原则，而内河及沿海运输适用《合同法》，采取严格责任原则。但从在当前海运业务发展态势来看，我国应"双轨制"转变为统一适用不完全责任制。相较而言，适用同一种法律制度更加具有优势。承运人归责原则适用同一种法律制度，这样也可以最大限度地立足于本国经济发展特点和制度体系的基础上，寻求承托双方在公平和效益追求上的平衡。随着经济的发展和法律理论发展趋势，侵权责任法与合同法两者界限模糊，对承运人的责任不进行法律定性，避免法官和当事人纠结于理论上存在的分歧，最大限度保护索赔方利益，虽然不完全责任仍存在一些不利影响，但是结合现实情况，我国应该依然实行现有归责原则，但需要对于其中部分规定进行修改。

---

① 贾林青：《海商法》，北京大学出版社，2013 年，第 87 页。

（一）统一归责原则的必要性

首先，法律依据发生改变。我国将水路货物运输分为国际和国内两个部分并采取不同的归责原则，有其历史原因。在当时背景下，国内和国际市场环境不同，国内水路运输面对的是计划经济，而国际海上运输面对的是市场经济。对于海上货物运输，不完全责任制为多数国际所接受，与国际通行的原则保持一致，内河和沿海货运承运人都是中国籍船舶，外籍船舶未经批准不得从事相关运输，这也是我国没有对国内水路运输单独立法，而是通过民法、合同法和部门规律来规制的原因。但是市场环境已经改变，我国经济制度由计划经济转变为市场经济，"双轨制"归责原则的基础已经不在。目前，国内水路运输和国际海运承运人的权利和义务几乎没有区别，随着改革开放的深入，国内市场将进一步与国际市场接轨，作为当时立法依据的客观环境已经发生了改变，对同一领域的不同的运输市场分别实行两个不同的归责原则，一方面没有必要，另一方面会带来法律适用上的风险。

其次，水路货运的发展需求。如果采取统一的归责原则，一方面，方便法律对运输关系的调整，另一方面也可以维护法制的统一，有利于我国的水上货物运输的发展。制定法律的目的不是通过立法程序形成白纸黑字的法律条款，而是要得到人们的执行和遵守。而要使人们执行和遵守制定的法律，那么法律本身应该是条理清晰、便于实施的。目前我国采取的"双轨制"可以说并不符合上述条件，两套不同的法律制度不但烦琐而且相互之间有冲突，所以应统一的归责原则后，我国的水路货物运输才能得到更好的发展。

最后，水上货物运输的立法需求。《海商法》《合同法》《国内水路货物运输规则》等法律规定可以调整的水上货物运输关系，但是这些法律在立法目的和时间不同，在细节上并没有考虑与其他部门法是否协调，导致不同法律的条款之间存在一些冲突和矛盾，如果统一法律制度，可以发现以往立法过程中的问题进而调整，有利于我国水上货物运输法律体系的健全。

（二）统一归责原则的可行性

1. 统一归责原则应遵循的原则

（1）立足水路货运的发展现状。我国水路货物运输分为国内水路运输和国际海上货物运输两个部分，目前两部分货运的发展并不平衡。与国际货运相比，从计划经济下产生的国内货运发展相对缓慢，与其他航运大国相比处于一个较为落后的状况。但是我国沿海、内河的航运和贸易关系着国家经济发展，统一归责原则，健全承运人责任制度，需要立足于我国当前水路货物运输的发展现状。

（2）立足水路货运的立法现状。由于国内与国际运输的归责原则不同，我们目前还没有专门调整国内水路运输的法律，对于这方面的规制主要依靠《合同法》和《国内水路货物运输规则》，当前立法已经滞后于海上货物运输发展的需要，相较而言，国际海运的立法因为吸收国际公约的立法理念和法律条文，应该说更加符合航运实际。因为严格责任制已经实行较长时间，国内的大小航运集团也都"适应"了这两种不同的归责原则，贸然改变会导致一定时间的混乱，损害航运业发展。故在制定或修改法律时应当考虑法律的适用性，能够引导承运双方行为，遵守和执行法律规定。因此，在统一归责原则时一定要立足水路货运的立法现状，在《海商法》的基础上逐步推进，形成协调国内水路货物运输和国际海上货物运输的法律体系。

（3）保持国际的统一性与前瞻性。我国加入 WTO 后，海上货物运输繁荣发展，国内航运企业逐步走向国际市场，与国际公约规定保持统一可以增加国内企业对国际贸易环境的适应力。随着现代航海、通信和船舶技术在海运领域的应用，承运人责任制度的立法需要保持一定的前瞻性，才能保障我国航运立法能够适应发展变化，走在世界前列。

2. 统一归责原则的方案

统一归责原则是国际贸易发展的需要，也是航运业务发展的需要，如何实现归责原则的统一，是需要进一步思考的问题。

一方面，应将水路货物运输纳入《海商法》的规制范围内。考虑到《海商法》对于承运人责任制度的调整相较而言更加全面和完善，而水路运输规模较小，加之没有单独立法，只能依靠其他部门法来调整，因此将水路货物运输纳入《海商法》的规制范围内才更加合理。而且，国际航运市场的诸多机制和手段对于国内航运市场的完善和发展有着明显的借鉴作用。同时，随着全球经济一体化的推进，国内和国际市场在许多层面和领域内将更加会显现出不断融合的趋势。将我国水上货物运输全部纳入《海商法》的调整范围，将有助于我国的市场经济发展。

另一方面，国际海上货物运输和国内水路货物运输应统一实现不完全过失责任原则。不完全过失责任为多数国家所认可，继续实行不完全过失责任原则对我国目前海运发展是非常有利的。但是可以在原有基础上适当修改举证责任分配、首要义务等规定，顺应国际立法趋势，保护货方利益，完善我国的国际海上货物运输承运人责任体系。

第三节　承运人责任限制的法律风险

一、责任期间的实务风险与防控

（一）责任期间的法理分析

承运人的"责任期间"按照文理解释可以理解为与责任有关的期间。因此，在理解"责任期间"的含义之前，首先要明确"责任"在法律概念中的含义和"期间"的法律概念。

1. 法律责任的法理分析

无论是在日常生活，还是法学研究中，"责任"一词都是高频使用的词汇。这个词汇在日常生活的不同语境中有不同的含义，同样，学界关于法律责任的理解也各有不同，可以概括为以下几种：

（1）义务说

这种观点是将法律责任视为一类特别的义务，即因为一方当事人侵犯他人法定权利、不履行自己法定或者约定的义务而由法律规定而产生的新义务，包括赔偿损失、赔礼道歉等。责任是一种义务，这种义务产生的前提是一方当事人侵犯他人权利，或者不履行自身义务。该义务由国家专门机关认定，所以具有强制性。

（2）惩罚说

有学者认为责任是由于违反法律上规定而产生的不利后果。这种观点在日常生活和学术著作中的表述可以看出，比如说刑事责任包括徒刑、死刑等刑罚，民事责任包括违约责任、侵权责任等内容，这些表述就将责任等同于刑罚等不利后果本身。对于多数人来说，责任意味着惩罚，在自己或他人没有履行法定的义务时，所受到的法律规定的惩罚。

（3）法律关系说

该观点认为责任是公民与国家之间的一种特殊的法律关系，当事人在违反法律规定的情况下，国家有权对违法者本人采取某种人身或财产方面的强制措施。责任的法律关系主体是国家和公民，法律关系内容是法律规定的权利义务，法律关系客体是法律所保护的利益。责任符合法律关系的构成要件，但其特殊之处在于，法律关系的主体之一是国家，而且其内容和客体并非具体的某一事项，而是一种抽象的概念。

（4）应当说

"应当"二字包含着一种情理上的理所当然，义务主体需要在某种情况下实施某种行为，否则将承担某种不利后果。该观点认为指行为人的违法行为造成他人损害的，应当对此承担相应的法律后果，这种应当性就是责任。就比如说《刑法》第十七条规定：已满十六周岁的人犯罪，应当负法律责任。该法条中的"责任"就是连接"已满十六周岁的人"的主体、"犯罪"的行为与"负法律责任"的后果之间的应当性，而非"负法律责任"的现实性。在民事法律关系的背景下，"责任"有其明确的法律含义，是指当事人因实施了违反民事法律规定的法律义务的行为所应承担的民事责任，如违反合同义务而承担的违约责任。责任与民事债务具有完全不同的含义。债务是"法律规定或合同约定的当事人当为的行为，而责任是债务人不履行债务时国家强制债务人继续履行或承担其他负担的表现"。债务并不当然具有强制性，当民事法律关系中的债务人不履行义务时，债务人所承担的民事责任才具有民事强制性。

2. 期间的法理分析

从一个时间点为起点，到另一个时间点为终点，中间延续的时间即为期间。"期间"这一概念在民事领域被赋予了法律上的意义，由法律规定或当事人约定产生。期间在民法领域中应用广泛，在不同的法律关系中产生不同的法律效果。

（1）影响主体资格的认定

主体资格是指当事人具备某种权利义务的资格，对于当事人的主体资格是否适格，是法官在审前审查的要点，将非适格当事人作为原告或被告审判，将会因为主体错误被撤销或者重审、再审。而期间能影响主体资格的认定，当事人的主体资格仅在一段时间内存在，超过期间范围外的则不再具有主体资格，比如，公民下落不明满4年，通过法院宣告死亡，公民丧失民事权利能力，不再作为民事主体享有民事权利，履行民事义务。

（2）引起法律关系的产生、变更和消灭

期间是一种法律事实，而法律事实可以引起法律关系的产生、变更和消灭。比如说诉讼时效，一般民法上的诉讼时效为二年，超过规定期间后权利人行使请求权，法院将不再予以保护。又比如说，附期限合同，在期限届至时生效，在期限届满时失效。

（3）作为民事权利的存续期限

民事权利是当事人依据法律规定可以实施某种行为或取得某些利益的资格，但这个资格并非永久存在的，在时限方面约束当事人权利的获得和失去的就是期间。期间作为多数民事权利的存续期限，当事人的权利仅在期间范围内存在，超过期间的，当事人将失去该权利或者享有的权利的效力减弱。

（4）界定权利义务实际履行期限

期限是当事人行使权利、履行义务履行的时间界限。比如说，合同的履行期间，是指合同当事人在订立合同时双方约定的履行合同义务的期限，是界定按时履行义务和迟延履行义务的客观标准。合同的履行期间与合同有效期不完全相同，一般合同中两者期限范围一致，但是附期限合同中合同生效后，义务人是按照履行期间的规定，实际履行合同义务的，这种情况下有效期长于履行期间，不能按照有效期来要求义务人履行义务。

由此可见，"责任期间"在一般法律意义上指的是当事人违反合同义务承担责任的时间区间，在此期间之外承运人则不承担民事责任。《海商法》中承运人的"责任期间"是指违反法定或约定义务致使所托运的货物损毁，对此损失应当承担赔偿责任的时间区间。

（二）责任期间的实务风险

1. 不同运送方式责任期间计算方式不同

《海商法》第四十六条规定，以非集装箱货运方式运送货物的，责任期间是从货物装上船的那刻起算，到从船上卸载下来那刻终止的时间区间。但这条规定与《海商法》第四十一条关于运输合同的定义冲突，从该定义中可以看出，承运人的运输期间是从货物到达装货港至运达卸货港的时间区间，此期间范围与以集装箱货物运输方式运送货物的责任期间相同，但与非集装箱货物运输方式的责任期间不同。如果以第四十一条判断承运人违反运输合同的义务，那么对于非集装箱运输货物的承运人来说运输合同生效到装货前，以及卸货后到运输合同终止，这些时间区间内承运人的责任如何分配，相关规定还是空白的。

显然，《海商法》把集装箱货物和非集装箱货物运送的期间计算方式区分开来，这种区分实际上损害了非集装箱货主的利益，也未实现原本保护货方利益的立法目的，而且与国际普遍的立法理念相违背，容易出现法律适用的混乱。除此以外现有期间计算方式也不符合实际需要。

2. 仅适用货物损失结果发生在责任期间内的，由运方担责的规定并不合理

因为责任期间实际上是一种运方担有保证货物安全和完整义务的时间范围。由此，承运人负有的义务并非仅仅在该期间内保证货物的完好无损，因为如果运输途中运方出现管货不力，但货物在期间内并没有出现问题，而在责任期间届满后出现灭失或损坏的情况，依照第四十六条的规定承运人可能并无赔偿责任，对货方有失公平。

我国现行对于责任期间的规定偏重在货物出现损毁的结果发生在期间范围内时运方才对此负责，而《汉堡规则》提出将承运人引起货物损害灭失的行为也纳入责任期间规制期间范围内。相较而言，我国关于责任期间的规定忽略了当承运人违反义务引起货物损毁的原因发生在其责任期间，但货物损毁的结果却出现在期间之外的情况，这与海运实务脱节，在此情况下运方也应负有赔偿责任。

3. "舷至舷""港至港"的责任期间计算方式不适应现代海运环境

在实务中以船舷为界交接货物的方式已经较少使用了，"钩至钩""舷至舷"是否应该继续存在还有待讨论。而且由于集装箱货物运输方式被广泛适用，国际货物运输开始向多式联运发展，责任期间事实上已经延伸到港口以外的地方，甚至涵盖了货方仓库部分，继续使用"港至港"的计算方式已经不再适应现代海运的发展环境。①

【相关案例】

2003 年 5 月 21 日，甲石油化工公司从 T 国进口一批原油，交给乙公司所有、丙公司经营的"DQ"轮承运，乙公司签发四份正本清洁提单，提单上所记载运输的原油总计 7 700.56 吨，采用油罐装运。5 月 28 日"DQ"轮抵达目的港口，交付货物后甲派人验收发现所运载原油较提单记载少了 120.4 吨，后经查验油罐底部形成大量油泥渣无法泵出，甲公司依据保险合同索赔，保险公司赔付后取得代位求偿权，起诉乙公司和丙公司。丙公司以采用非集装箱装运方式运输的，承运人对于运输货物的责任至货物卸载离开货船时终止，而且货物在交付后油罐不在承运人掌管之下为由，拒绝赔偿损失。

根据我国《海商法》第四十六条规定，承运人对非集装箱装运的货物的责任期间，是指从货物装上船时起至卸下船时止，货物处于承运人掌管之下的全部期间。在承运人的责任期间，货物发生灭失或者损坏的，一般承运人应当负赔偿责任。但案例中"承运人对非集装箱货物的责任期间"与海上货物运输合同的起止时间不一致，使得非集装箱货物在运输合同开始后到装货前以及从卸货后到运输合同终止的两个时间区段内存在承运人责任的空白状态。

我国对集装箱货物和非集装箱货物的承运人责任期间的不同规定，从而导致了对非集装箱货物责任期间的理解的差异性，这就使得实践中关于这一问题出现的种种纠纷。承运人承担的合同义务来自于运输合同，那么承运人对于非集装箱货运的责任期间应该与海上运输合同义务相同。

---

① 胡正良，於世成，郏丙贵，等：《〈鹿特丹规则〉影响与对策研究》，北京大学出版社，2014 年，第 476 页。

（三）对责任期间的完善建议

我国关于责任期间的规定没有考虑到当运方在责任期间的行为导致货物损毁发生，但已经过了规定期间后损毁的结果才出现的情况，应当扩大现行规定的责任期间，将上述情况纳入规制范围。笔者认为修改《海商法》责任期间规定时可在一定程度上参考《鹿特丹规则》规定，即运方对货物的责任期间在于，承运人从托运人收到货物的时刻到承运人向收货人交付货物那一刻之间的时间段内其对货物损毁等原因导致的货方损失担责，因为在此期间货物实际上是在承运人管控之下的。

将集装箱和非集装箱货物的责任期间计算方式统一，这种以运输方式不同分别计算责任期间的方式，在我国海运业务发展之初起到了积极作用，但是在目前，无论是"舷至舷"还是"港至港"都不符合目前海运发展实际，承运人的运输方式扩大到港口以外，无论是集装箱货运还是非集装箱货运，其责任期间应该与承运人的运输期间和管货期间保持一致，货物实际处于承运人管控下时，承运人对此期间的货物损毁都负赔偿责任。

迟延交付赔偿责任中增加合理期间。当货物运输发生迟延交付的情况，货方因为不能及时收到货物而遭受经济损失时，运方需要对迟延交付的行为和导致的货方损失承担责任。但是迟延期间是签订合同时双方约定的期间，但是海上运输过程有极大的不确定，任何因素都有可能导致运输不及时，而要求运方一定要在约定时间内送达，不得拖延的规定，无疑是将这部分风险强加给了承运人，不利于海运业务的长远发展，而增加"合理期间"，规定货方在合理期间内将货物送达，就可以免于因迟延交付的而产生的赔偿责任，合理分配货运双方利益分配。

二、免责事由的法律风险分析

（一）免责事由的法律价值

1. 过失免责条款的法律价值

航海过失免责条款的产生，根植于当时的经济发展水平和航海贸易状况。航海过失免责意味着对承运人责任的减轻，这是在平衡船货双方的利益、并充分考虑当时历史条件下的航海水平和航海贸易状况决定的。《海牙规则》和《哈特法》都是19世纪左右的航海规则，当时科学技术水平相对落后，航海技术并不能保证只要尽到忠实勤勉义务，没有过失处理航行就可以避免各种航海风险，承运人也不具备可以抵御各种不可预测的海上风险的能力。即使承运人在航海过程中毫无差错、充分注意，仍然不能避免很多事故的发生。如果让承运人承担长途航海过程中发生的各种风险、预防各种非因本人发生的航海事故的责任，对承运人来说无疑责任太重。过失免责条款的产生是综合考虑了多方面因素的结果。主要有以下几点：一是考虑海上运输风险很大；二是海上运输是当时世界经济的重要组成形式；三是承运人难以对其代理人或者船员进行有效的控制和管理；四是关于航海运输的保险已经发展得相当完善。如果给承运人增添过重的责任义务，在很多航海风险不可避免的情况下，无疑会极大地阻碍航海运输业的发展。而航运市场如果不再像当时那种如火如荼的势头而日渐式微的话，那么航运市场可能无法满足国际贸易的运输需求。随之而来的就是航运运费上涨导致物价增高，影响国际货物贸易流通的积极性，阻碍国家经济乃至整个世界经济的发展。因此，以法律形式确立航海过失免责制度符合当时历史条件下的具体情况，也符合法律效率的价值目标，对推动航海业和国际经济贸易的发展都具有很大的推动作用。

火灾免责的社会背景和法律意义与航海过失免责类似。火灾免责适用的前提是承运人尽到了适航的义务。承运人具有更专业的知识和更丰富的经验来管理船舶、准备出航物品、防范海上风险，因此承运人来避免火灾的发生具有天然的优势性。且承运人前期已经投入了基础设施成本、雇佣具有较高航海能力的船长和船员的成本，因此承运人预防火灾发生的成本相较托运人而言可能会小很多。承运人在从事海上航行的行业时，必须预先设定海上火灾事故应急计划，尽可能完善船上的各类安全保障措施，恪尽职守，以便在火灾发生时能够迅速有效地进行干预，及时扑灭火灾，减轻货损。如果因火灾而导致货损，承运人未能尽到上述责任，则需承担赔偿责任。火灾免责对承运人的责任要求做了较多的规定，这在一定程度上平衡了船货双方义务比重。

2. 因托运人的行为免责条款的法律价值

因托运人对货物包装不充分或者货物本身的特质带来的自然减损，承运人因为对此类风险的预防能力有限，所以不负赔偿责任。货物毁损是由于托运人的原因发生的，与承运人的照管义务和行为没有因果关系。一般而言，承运人都是按照托运人的要求和嘱托照管货物。货物是基于托运人作为或者不作为，或者照管不周发生的毁损，在托运人的管领控制下，显然托运人更具有预防损失发生的能力和便利条件，此时再将责任归于承运人明显不公平。承运人对由于托运人的原因造成的货损免责，有助于厘清船货双方的责任义务，激励托运人在管理货物时更好地照看货物，采取有效的措施甚至形成相对稳定的行业常态，更好地规避风险。除了公平的法律价值，托运人行为导致的货损承运人免责还具有降低事故发生的风险的作用。倘若托运人的作为、不作为、包装不充分和货物特性带来的自然减损都由承运人担责的话，那么无形之间会使得托运人在交接货物时不会尽心尽力保证货物的完好状态，无法约束托运人在其管控货物期间的行为，如不对货物进行妥善包装、储存、运载，这可能会加大在航海过程中发生事故的风险。这样的法律设定不利于减少海上货物运输事故的发生率，也不能约束托运人、激励承运人。因此，从法的效率价值来讲，承运人不应为托运人的过失负责。

3. 不可抗力免责条款的法律价值体现

不可抗力在法律概念里是指不能预见、不能避免、不能克服的事情。即在航海过程中预先得知会发生什么风险的可能性很低、事故发生时以现有的海航技术难以规避货损风险、即使投入大量的预防成本也无法克服这类风险带来的损失。倘若要承运人避免因天灾等不可抗力导致的货损货差，承运人不仅要承担高额的预期防范风险的成本，而且就算做了万全措施也未能奏效。这种成本的投入就没有必要和价值。承运人为不可抗力导致的货损担责不符合法的效率价值，承运人不为不可抗力担责才更加具有效率价值。

（二）免责范围和部分免责事项去留的争议

关于免责事由，日本学者樱井玲二认为《海牙规则》中除了航海过失和火灾免责外，公约所规定的大部分免责事由实际上是不能将责任归于运方。①
也因此学术界关于免责事由的立法探讨主要集中在这两个部分的去留。而在
《鹿特丹规则》起草工作中有关是否取消这两个免责事由的商讨就引起了相
当大的争议。反对的观点居多，其中加拿大学者迪蒂尔-吕艾尔在《陆上保
险概要》中提到，如果取消航海过失免责会对当前的海上保险制度造成冲
击。美国学者达韦德—佩克也赞同这样的观点，进而认为这样的改变会导致
保险费增加，对经济效益造成极大的负面影响，这也是新公约推行困难的原
因之一。有人提出继续实行偏向运方利益的《海牙规则》并保留这两项免责
事由的观点，也有不少人表示反对，有美国学者认为船东会在提单中肆意添
加免责条款以逃避应承担的责任。② 在国际市场上货运力量对比已经发生变
化的背景下，适用什么样的归责原则是值得研究的。

　　我国海运承运人的免责范围可以包括两部分，法律规定的免责条件和合
同约定的免责条款。在实务中海商法与合同法对于承运人免责事由的规定有
时存在冲突，需要根据实际情况进行调整，而且当事人可以利用合同约定排
除我国海运适用《海商法》，不符合我国海上贸易运输利益，应当对两种免
责方式效力范围予以界定。另外，我国在归责原则上采用不完全过失责任
制，即运方对于在其货运过程中航海过失和火灾过失导致货物损失免责，但
是先进航海技术的应用大大增强了船只在海上抵抗风险的力量，对于是否取
缔航海过失和火灾过失免责事项学术界出现争议。而且由第五十二条第二款
内容可以了解到，承运人需要证明对除火灾以外导致货物损坏的是在法律规
定可以免责的事项范围内，但是火灾部分不同，其是由于承运人过失导致的
举证责任为索赔方担负，增加了货方负担，也有学者认为这样倒置规定并不
合理，容易致使司法审判过程中双方举证责任的混乱。

　　【相关案例】

　　1995 年 12 月 27 日，甲添加剂厂购买地砖 6 000 箱运送至国内 T 地，12

① ［日］樱井玲二：《汉堡规则的成立及其条款的解释》，张既义，等译，对外贸易教育出版社，1985 年，第 276 页。
② ［美］G. 吉尔摩，C.L. 布莱克：《海商法（上）》，杨召南，毛俊纯，王君粹译，中国大百科全书出版社，2000 年，第 187 页。

月30日向乙海运公司办理托运，乙作为承运人交由丙航运公司运输，该船由12月31日从S港出发，1月3日，在L岛附近因偏离航道而触礁沉没，该船未予打捞，推定货物全部损坏。甲厂向海事法院起诉，要求乙公司和丙公司赔偿损失。乙公司辩称，根据《海商法》第五十一条第一款规定，船长、船员在驾驶船舶过程中的过失，承运人不承担责任。

本案中丙公司作为实际承运人，在运输责任期间负有妥善谨慎地运输、保管和照料所载货物的责任。如果因其未尽义务而致货物灭失，应负赔偿责任。事故是由于船员驾驶船舶偏离航道所致，是船员驾驶船舶过失，属于责任事故。但是本航次是沿海运输，不适用《海商法》第四章的规定，船长、船员驾驶船舶中的过失不能使承运人免责。故判决丙公司赔偿货损及其利息，乙公司承担连带责任。

（三）对免责事由风险的防控

1. 确立同类规则解释概括性免责条款

我国的《海商法》的免责事由在最后一项设置了概括性的规定，但并没有确立解释规则，也没有同类规则可以解释。因此在司法适用的过程中难以适用。观《鹿特丹规则》之相关规定，较之《海牙规则》增加了两项免责事由，即第十四项："避免或者试图避免对环境造成危害的合理措施"及第十五项："对危险货物和因共同海损采取的措施免责"。我国虽然也做了类似的概括性规定，但没有具体的解释规则。因此应该借鉴英国法的经验和做法，用同类规则来解释合同中的概括性免责条款，并且确立同类规则的适用条件和举证责任，以免造成司法实践中的混乱。另外，"双轨制"的免责事由同样使得司法上的混乱，也避免当事人利用合同约定以排除我国相关法律适用从而逃避责任的漏洞，应予以统一。

2. 顺应时代发展逐渐淘汰航海过失免责

《鹿特丹规则》取消了《海牙维斯比规则》中航海过失免责，主要原因有以下几点：第一，由于航海技术的发展，船舶航海的安全性有了很大的提高，船东失去了特殊保护、豁免和特权。第二，技术性法规如《ISM规则》的实施将有利于减少管理船舶的过失，因为它对船长、船员驾管船能力和水平提出了更高的要求。而且，不难发现，管理船舶的过失往往归结于公司管理的过失甚至承运人本人过失。第三，在实践中，航海过失中的管船过失与管货过失很难区分。第四，目前国际铁路、公路运输公约中承运人均采用严格责任制度，是发展的趋势。采取完全过失责任制是世界航海法律的趋势，过失责任制也逐渐不符合现代社会的发展，我国应该逐渐取消过失责任制，建立完全过失责任制的免责事由体系。

3. 借鉴《鹿特丹规则》，增添环境保护、海盗等免责条款

关于免责事由相关规定的修改，国内相关立法可以顺应国际发展趋势。参考《鹿特丹规则》增添关于海盗、恐怖活动以及因保护环境致使货损或延付的免责事项以填补我国相关立法空白。一方面，随着航海技术的发展和航运体量的扩大，海盗活动也日益猖獗，如东南亚和马六甲海峡附近长期被海盗骚扰。在此背景下，承运人因为海盗、恐怖活动造成的货物损毁应该也列入免责事由之列。另一方面，随着世界环境议题的热化，环境保护成为世界各国集中力量重视的问题。我国也于2016年通过新的《环境保护法》。为了激励承运人保护海洋环境，也与我国《环境保护法》向配合，应该借鉴《鹿特丹规则》，增添"因避免或者试图避免对环境造成损害采取的合理措施"的免责事由。

三、赔偿责任限制的法律思考

（一）赔偿责任限制的理论依据

相较比陆地运输，海上运输所面临风险更大，一旦发生危险很可能是"船毁人亡"，为了减轻承运人的风险，需要规定承运人的赔偿责任限制，从而保护和促进航海业的发展。

1. 对承运人的责任限制性规定充分考虑海上运输特殊性的结果。众所周知，海上运输比陆地输运所面临和承担的风险更大。早期的航海技术落后，船舶等基础设施也十分简陋，抵御风险的能力有限，海上事故的发生较为频繁。因此，承运人在建立运输合同时，不断增加免责条款来保护自己。现如今的航海事业和航海技术都得到了极大的发展，海事运输对一个国家的战略

地位、经济发展和军事等均具有重要的作用和意义。为了保护和促进航海业的发展，许多国家都采取了一些政策性保护措施，来减轻承运人的责任。一般而言，都是采取在立法上对承运人承担的责任采取一定程度的限制措施。从航海技术和船舶制造技术等硬件条件来说，现在的船舶在航行的过程中所具备的抗风险能力已经极大的提高，那么承运人由于抗风险能力的提升所应承担的责任也应相应增加。但航海科技和海事运输业的发展也带来了新的风险。造船技术的提升使得船舶的承载力提高，大型船舶和巨型船舶是现在海运的主力军。在装货港的组装方式也多为集装箱、成组和单元化的货物，使得单位货物的价值增大。这极大地提高了运输的效率，也使得一旦发生航海事故，单位损失的价值更多。航海业的发展使得运输技术和储存技术提升，可以海运的货物种类增多，形态多样。且海上运输石油、天然气或者化学品和有毒有害等危险品的比例增大，使得保管和运输的风险提高。且随着世界经济贸易的发展，航海运输体量增大，船舶数量也越来越多。在港口停靠和主要水道航行的船舶密度增大，增加了发生事故的概率。在整个航海业的风险都有增多的情况下，对承运人的责任进行限制有利于保护承运人的利益，促进航海业的发展。

2. 对承运人的责任进行限制也是法律公平性的要求。承运人在海事运输合同里的责任与义务是按照托运人的要求在规定的时间以约定的方式将货物完好送到交货港，所享受的权利就是收取海运的费用。一般而言，在海上运输的惯例里，运费按照所运输货物的数量乘以距离来计算。承运人所挣取的运费与货物本身在流通环节的价值相比十分微薄，如果让承运人承担与货物交易的合同主体一样的责任，而所获利益却十分少，难免利益失衡，对承运人不公平，也不能体现民法上"权利与义务相符合"的准则。因此，对承运人承担的责任进行限制，使之相较于其他民事主体承担较小的民事责任更符合民法公平的原理，也帮助承运人实现权利义务的均衡。

3. 承运人的责任限制的立法态度符合民法上"以合理预见"为标准的损害赔偿原则。责任人只需对其签订合同时可以合理预见的损害承担赔偿责任。承运人订立海上运输合同，只需承担将货物从始发地运往目的地并恪尽职守按照托运人的要求对货物进行照管的义务即可。因此承运人所能预见的损失只是在运输过程中货物可能发生的损毁灭失，承运人不可能预见到自己的过错可能导致的运输环节以外的如流通环节货物可能发生的损失。因此，将承运人的责任限制在运输过程中也符合合理预见的损失的民法赔偿原则。

（二）赔偿责任限制规定的不足

1. 单位赔偿责任限额标准偏低

单位赔偿责任限制是在货方因运方过失等遭受损失要求运方对此赔偿时，运方对于单位货物的赔偿限制标准。该概念是海商法领域里独有的，是一种对承运人利益的特别保护措施，该规定出现的原因在于，一是因为海上贸易运输的特点决定的，海运风险极大，一旦出现事故往往是"船毁人亡"，运方面临巨额的赔偿责任，有时可能会致使其无力赔偿货方损失而破产；二是以防运方通过免责条款大幅削减其应该担负的责任。为激励海运业务发展，多数相关的海事法律都涉及了单位责任限制，但受到经济发展下行和通货膨胀的影响，各国对于该限制的标准不断提高。

但国内相关立法对此趋势却"无动于衷"，《海商法》第五十六条所要求运方的单位赔偿限额标准是 666.67 SDR/件或单位，或 2 SDR/公斤。该项规定基本是参照《海牙规则》规定，相较于《汉堡规则》《鹿特丹规则》，它所规定限额标准偏低，事实上不利于保护货方利益。同时考虑到通货膨胀以及国家经济发展，应当在合理范围内提高赔偿责任限额。

2. 迟延交付赔偿责任限额标准偏低

根据我国《海商法》第五十七条规定："承运人对货物因迟延交付造成经济损失的赔偿限额，为所迟延交付的货物的运费数额。货物的灭失或者损坏和迟延交付同时发生的，承运人的赔偿责任限额适用本法第五十六条第一款规定的限额。"从该条款内容来看，当货物迟延交付造成经济损失，货方能够得到的赔偿仅仅是运费，对于现代贸易来说，时间就是金钱，货方在其他交易方签订买卖合同，合同到期日不能交付货物往往面临巨额的违约赔偿。而且当货物的灭失或者损坏和迟延交付同时发生的时候，承运人只需要承担货物的灭失或者损坏的赔偿责任。《海商法》第五十七条对于迟延交付原因致使的货物损毁和迟延交付原因致使的经济损失两种类型没有进一步细化区分，并规定了不同的责任限额标准。

3. 受雇人或代理人对单位责任限制的适用

根据我国《海商法》第五十六条、第五十九条的规定，承运人在承担责任的状况下仍然可以援引单位责任限额的条款。这样规定完全是参照国际条约《海牙—维斯比规则》。对于单位责任限制的条款引用的不适用条件，我们规定在承运人故意或者轻率地作为或不作为造成货物发生损毁时，承运人不能享受单位赔偿责任限制的保护。承运人的受雇人或者代理人在故意或者重大过失导致货损发生的时候，同样不能再援引单位责任限制条款为自己减轻责任。这个规则规定在《海商法》的第五十九条，这条规则确立丧失限制赔偿责任的标准可以概括为"故意"或者"重大过失"的标准。承运人和受雇人因为自己的故意或过失将不能受单位责任限制条款的保护，那么，如果是受雇人或者代理人的故意或过失导致货损货差，承运人还能否适用单位赔偿责任限制的条款么？我国的《海商法》和《海牙—维斯比规则》均没有对此种情况做出规定。

（三）对赔偿责任限制规定的完善建议

1. 提高承运人赔偿责任限额

我国对于承运人的赔偿责任限额的规定参照了《维斯比规则》。当承运人与托运人没有在提单中载明约定好的赔偿数额，或者约定的赔偿数额高于本条所确定的赔偿数额时，有两种方式来计算承运人对货物毁损应承担的赔偿限额。第一种按货物的件数计算，每件货物或者每个运输单位的货物为666.67SDR；第二种是按照货物重量计算，每公斤货物为2个计算单位（此处重量为毛重）。然而人民币的通货膨胀率仅从1993年到2014年就增长至289%，至今年通货膨胀率将近400%。然而单位赔偿的限额并没有随着通胀而提升，这就意味着在1994年可以获赔6 000元的货物，在今天只能获赔不到一半的价值。因此，提升单位责任赔偿限额是势在必行，也更有利于保护货方的利益。人民币在2016年加入特别提款权货币篮子，这使得人民币对SDR的价格有些影响。尽管我国属于适用《维斯比规则》和《特别提款权议定书》但国内对赔偿限额另有规定的国家，将SDR换算成人民币来计算赔偿限额，但加入特别提款权货币篮子仍然使得在换算 SDR 时产生一些影响。因此，从货币换算和币值通胀的情况来说，也应该提高单位责任赔偿限额的标准。对此，我国《海商法》的修订意见稿做出了回应，规定将每件货物的赔偿限额提高至 835 计算单位，或者每公斤为 2.5 计算单位。倘若托运人在运输前已经明确申报货物的属性与价格，或者承运人与托运人已经另行约定了高于本规定的赔偿限额，则按照双方约定的价格来计算赔偿责任。

我国关于单位赔偿责任限制的规制不足主要体现在限制额度偏低，这不符合现代海运业发展需要，立法部门应当根据通货膨胀率和经济发展水平，在合理范围内立法修改提高承运人单位赔偿责任限额。另外应特别关注的是，对此方面规定修改时，对于迟延交付原因致使的货物损毁以及迟延交付原因致使的经济损失这两种不同情形区别对待，因为运方在其中应负的责任有所区别，应制定不同的赔偿限额。①

2. 提高迟延交付赔偿责任限额

承运人对于自身运输不及时而导致的迟延交付，对于货方的赔偿责任仅限运货物的运费，这个标准着实过低，因为海上货物运输之所以成为国际运输的主要方式，一大原因就是海运的运输成本低廉，所以运费往往也很便宜。如果迟延交付的赔偿仅仅赔偿运费，那么对货方的损失而言，这点赔偿显得微不足道。这样的规定目的在于减轻承运人的风险，但是赔偿限额过低反而会破坏货运市场运转的平衡。货方在衡量诉讼成本和诉讼可得利益后，往往会选择放弃诉讼，而违约的成本较低，使承运人按时履行合同义务的意愿就不是很强烈，不利于航运的发展。关于这部分的规定，我们可以参照《汉堡规则》，如果迟延交付的原因在运方，赔偿责任为运费的 2.5 倍，但不超过合同规定的应付运费总额。

3. 明确受雇人和代理赔偿责任限制的范围

一般而言，在海事运输的行业内，承运人的受雇人是指能够法定代表人、以法人名义从事经营活动的法人内部成员，即法人机关成员以外的成员，如船长、船员等。只有法定代表人和法人机关成员才能够代表法人，承

---

① 傅廷中：《海事赔偿责任限制与承运人责任限制关系之辨》，《中国海商法研究》，2018 年第 2 期。

运人的一般雇员的行为不能被认定为承运人的行为。因此，如果是因为一般雇员的行为，因故意或者重大过失导致货损货差的发生，一般雇员的故意或过失不能代表承运人的行为，即不代表承运人存在故意或者重大过失，承运人仍然可以援引第五十六条单位赔偿责任限制的条款。当然承运人应该为其雇员在航行过程中的过失承担责任，但承担责任份额的大小要看雇员的过失程度，以及在导致货损货差所起到的作用的大小。也就是说承运人普通雇员的故意或过失并不当然导致承运人无法享受单位赔偿限额条款的保护。

承运人的代理人在故意或重大过失的情况下对承运人的影响与受雇人不同。

承运人的代理人在故意或重大过失导致货物发生损毁的时候，承运人能否适用单位赔偿责任限制条款，关键在于承运人对代理人的行为是否知情、是否认可。代理人采取故意或者重大过失的行为导致货损发生是一种违法行为。如果承运人对代理人的行为知情并且没有明确反对，那么应该与代理人承担连带责任。代理人是丧失了责任限制的保护，那么承运人也丧失单位赔偿责任限制的保护。如果承运人对代理人故意采取某种行为致使货损，或者轻率的作为或不作为导致重大过失引起货物损毁，不知情或者即使知情也明确反对或者制止，那么代理人不能援引责任限制条款减轻责任，并不影响承运人援引单位责任限制的规定来减轻责任。因为承运人对代理人的行为表示过明确的反对，那么代理人的行为就不能产生代理的法律效果，即不能再代表承运人的行为，所以承运人无须与代理人承担连带责任。若想使得承运人失去援引责任限制条款的资格，需要索赔方举证证明承运人存在"故意"或"重大过失"的情形，并且损害后果与承运人的"故意"或过失存在因果关系。索赔人并不容易证明承运人故意或者明知可能造成损失而轻率的作为或不作为造成了货物损毁或者迟延交付，这是立法对承运人的倾斜性的保护，为了保持高限额和难于突破限额之间的平衡。在以往的经验里，我们存在一个误区，就是认为承运人无论在什么情况下都不会失去责任限制的保护。这种认知是从《海牙规则》第四条第五款中得来的。① 但这条规则原本并无这样的意图，在法院实体裁判中也从未认可这样的理解。即使在《海牙规则》下，承运人也并非在任何时候都享有责任限制的权力。当承运人不合理改变航行路线或者违反船货双方的约定将承运的货物装载在甲板上，都会剥夺承运人单位责任限制的权力。从承运人绕航来讲，承运人已经违反了根本合同义务，即完全走了一个未达成双方约定的航次，因此破坏了双方的合意，构成根本违约。此时，根本违约的承运人的身份就发生了变化，他已不再是海上运输合同下的承运人，而是成为货物的保管人，因为货物已经脱离了货方的行走路线意愿，完全由承运人控制。承运人也不再以《海牙规则》定义下的承运人身份享受权利和承担义务，他此时承担的是保管人的义务，不再享受诸如责任限制、一年的诉讼时效、免责抗辩和其他免责条款的权利。

---

① 《海牙规则》第四条第五款：承运人对每包或每单位或与货物有关的灭失或损害的赔偿，在任何情况下都不超过100英镑。

后 记

一部初生牛犊之作

此书即将付梓之际，我联想到了《庄子·知北游》中的一段话："德将为汝美，道将为汝居，汝瞳焉如新出之犊，而无求其故。"初生牛犊不怕虎，就是由这句话所延伸出的一句成语。言下之意，《海运租船合同与承运人相关法律风险问题研究》的研究成果，既是作者的开垦之作，更是一部初生牛犊之作。

其一，"牛犊"之茅庐。本书作者均系 20 世纪 90 年代后出生，且均在学生时代加入了中国共产党。他们虽初出茅庐，却崭露头角，充满朝气。凡超（男），安徽省合肥市人，研究生期间被吸收为中共党员，2019 年 6 月毕业于江苏大学法学院，获法律硕士学位，2019 年 8 月入职江苏路漫律师事务所；周宇航（男），江苏省连云港市人，研究生期间被吸收为中共党员，2019 年 6 月毕业于江苏大学法学院，获法律硕士学位，2019 年 8 月入职中国农业银行南京分行；刘舒（女），江苏省镇江市人，本科生期间（南京师范大学商学院）被吸收为中共党员，2015 年 4 月毕业于东南大学技术经济及管理专业，获管理学硕士学位，2015 年 8 月入职浦发银行南京分行，现为南京审计大学教师。

其二，"牛犊"之好学。本书作者在校期间均成绩优异，并荣获诸多荣誉。凡超，参加首届"江苏省研究生法律案例大赛""江苏大学公益创业科研创新实践大赛"等比赛项目，并取得优异成绩，获得优秀研究生、优秀毕业生等荣誉称号；周宇航，参加江苏省"挑战杯"、"江苏大学创青春"等比赛项目，并取得优异成绩，获得优秀研究生干部、优秀毕业生等荣誉称号；刘舒，在校期间获得国家奖学金，并获优秀学生干部、优秀毕业生等荣誉称号，工作期间在辅导员技能大赛中表现突出，成绩优秀。

其三，"牛犊"之憧憬。虽然三位年轻作者在不同的职业岗位，但由于法律职业或法学品性之使然，他们能够合作完成此"牛犊"之作。同时，他们也深刻认识到，工作实践永远需要专业理论的积累与支撑，因此，学习、研究、丰富专业理论知识，是拥有美好未来的坚实基础。凡超，现为江苏路漫律师事务所专职律师，正在努力向更高的专业学位层次迈进；周宇航，现为中国农业银行南京分行职员，主要从事金融法务工作，正在努力向更适合自己专业兴趣的法务岗位转型；刘舒，现为南京审计大学金审学院教师，正在努力积淀与丰富资产评估方面的法律知识，并力争形成自己的专业特色研究方向。

全书共分三编计六章内容，刘舒、凡超、周宇航分别负责完成第一编、第二编、第三编内容的撰写任务；全书提纲的初稿，以及统稿、校对等工作，均由凡超负责完成。在全书内容中，第二编、第三编是作者在硕士学位论文的基础上扩充、完善的结果。特别要强调的是，周宇航的硕士生导师是江苏大学人事处处长石宏伟教授，因此，本书第三编的内容也凝聚了石宏伟教授的心血，在此特别向他表示感谢。

另外，本书的顺利出版，离不开江苏大学出版社领导的支持、关心及资深编审林卉同志的辛勤付出，在此深表谢意！

一般而言，后记是作者自己对作品诞生过程的说明或心得体会。由于本人与撰写本书的三位作者有着特殊的缘分，而且远不止于在学业指导方面。同时，本人全程指导了三位作者的写作，联系出版、资助付梓等事宜，并以著作权人之一的身份与江苏大学出版社签订了图书出版合同。因此，这也许是本人有资格为此书作后记的缘由吧。

江苏大学法学院院长、教授　刘同君

2019 年 11 月 20 日